AHASVÉRUS

IMPRIMERIE DE DUCESSOIS, 55, QUAI DES AUGUSTINS.

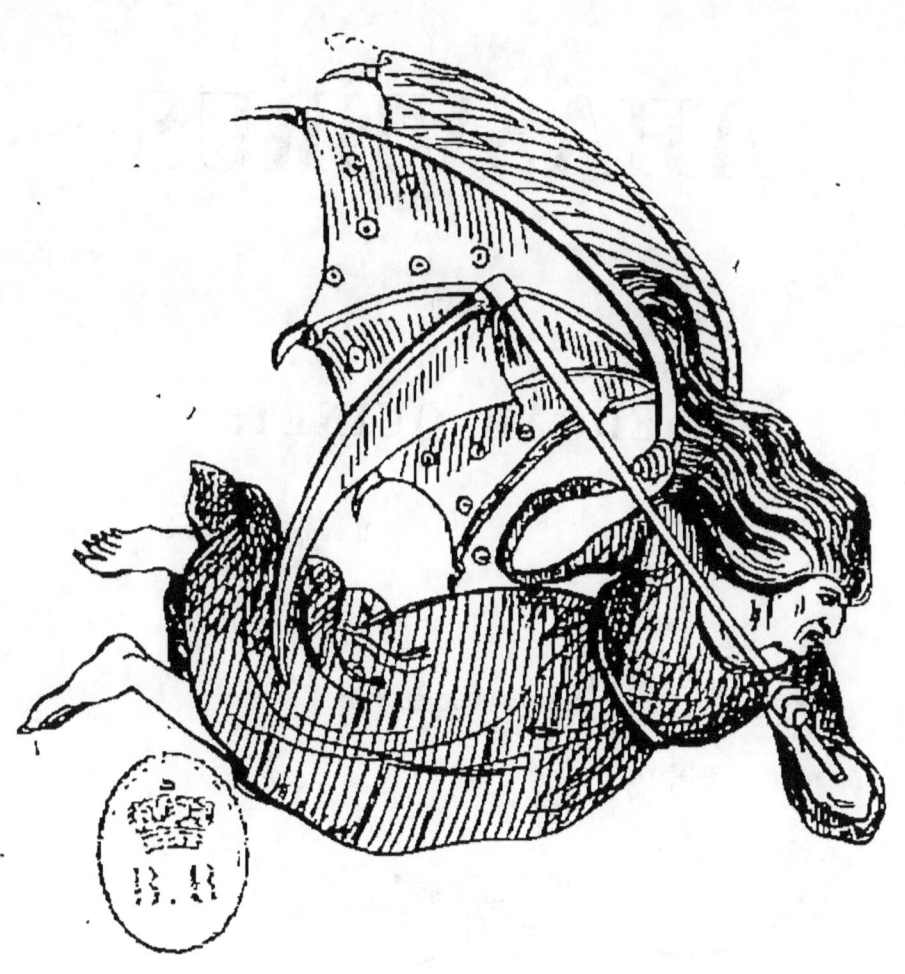

CAMPO-SANTO.

AHASVÉRUS

PAR

EDGAR QUINET.

> Il s'appelait Ahasvérus.
> LÉGENDE.

NOUVELLE ÉDITION.

PARIS
AU COMPTOIR DES IMPRIMEURS UNIS.
QUAI MALAQUAIS, 15.
—
1843

TABLE.

Avis des Éditeurs. IX
Étude sur le génie poétique, par M. Magnin . . . XIII
Prologue. 1
Première journée. La création. 9
Intermède de la première journée. 75
Seconde journée. La passion. 83
Intermède de la seconde journée. 125
Troisième journée. La mort. 137
Intermède de la troisième journée. 255
Quatrième journée. Le jugement dernier. . . . 273

AVIS DES ÉDITEURS.

On se rappelle combien fut vive et profonde la sensation que cet ouvrage produisit à son apparition. Les détracteurs furent violents, les admirateurs enthousiastes.

Quelques critiques ont cru voir dans l'Épilogue le dernier mot du désespoir poussé jusqu'à l'adoration du néant. C'est précisément le contraire de la pensée de l'auteur. Loin de chanter le néant, il l'abolit. Il suffit de relire les pages 399 et 400 de cette partie de l'ouvrage, pour reconnaître, au milieu même du désespoir, un chant de rénovation. Le Christ y est représenté enseveli dans le doute des temps modernes comme dans un autre sépulcre d'où il surgira *plus grand de vingt coudées*. De ce sépulcre doit sortir un *nouveau ciel* et un *nouvel Adam*. Ahasvérus n'a donc pas été inspiré seulement par le regret du passé, mais bien plutôt par la passion de l'avenir.

L'auteur s'est positivement exprimé à cet égard dans les paroles suivantes, qui ont précédé la publication de quelques fragments de son ouvrage :

« Une étrange maladie nous tourmente au-
« jourd'hui sans relâche. Comment l'appel-
« lerai-je? Ce n'est plus, comme la tienne,
« René, celle des ruines; la nôtre est plus
« vive et plus cuisante. Chaque jour elle ra-
« nime le cœur pour mieux s'en repaître.
« C'est le mal de l'avenir, mal aigu, sans
« sommeil, qui, à chaque heure, vous dit sur
« votre chevet, comme au petit Capet : Dors-
« tu? moi, je veille. Au fond de nos âmes,
« nous sentons déjà ce qui va être. Ce rien
« est déjà quelque chose qui palpite dans
« notre sein. Nous le voyons, nous le tou-

« chons, quoique le monde l'ignore encore.
« Ce qui nous tue, ce n'est pas la faiblesse
« de notre pensée ; c'est le poids de l'avenir
« à supporter dans le vide du présent. Pour
« nous guérir de notre fièvre, nous tenons
« sur notre bouche la coupe du lendemain,
« où des lèvres boiront, mais ce ne sont pas
« les nôtres. L'humanité est sourdement tra-
« vaillée dans ses entrailles comme si elle al-
« lait enfanter un Dieu.

« Cet ouvrage est le résumé de dix ans
« de vie. Continué à travers maints voyages
« et maintes peines, tant d'esprit que de
« corps, je peux presque dire que chaque
« partie a été écrite en présence de son objet,
« à pied, à cheval, en gondole, sur mer, dans
« les cathédrales d'Allemagne, dans les basi-
« liques de Rome, dans le couvent de Brou,
« dans les villas de Naples, dans les spitia de
« Morée. Il a pour but de reproduire quel-
« ques scènes de la tragédie universelle qui se
« joue entre Dieu, l'homme et le monde. »

Afin de reporter l'attention du lecteur sur la situation des esprits au moment où parut la première édition d'*Ahasvérus*, nous imprimons en tête de cette nouvelle édition l'étude que M. Magnin publia dans la *Revue des Deux Mondes*, sous le titre *de la Nature du Génie Poétique*. Cette étude, en effet, ne renferme pas seulement une saine appréciation de l'ouvrage de M. Edgar Quinet; elle offre encore une revue littéraire d'un goût exquis et d'une haute philosophie.

AHASVÉRUS

ET DE

LA NATURE DU GÉNIE POÉTIQUE [1]

Toutes les fois que le génie vient à réaliser dans l'art une conception longtemps rêvée, toutes les fois qu'il revêt d'une forme sensible et saisissable une fantaisie jusque-là invisible et flottante dans la pensée humaine (que cette forme soit pittoresque, poétique ou musicale; que l'œuvre soit une partition de Mozart, un poëme de Danté Alighieri, ou une figure sculptée par Michel-Ange), dès que cette idée est passée du monde de l'esprit dans celui de l'art et des formes, on peut dire d'elle et de l'ouvrier ce que l'Écriture a dit de l'artiste par excellence, du poëte éternel, après qu'il eut lancé dans l'espace son sublime et incompréhensible ouvrage : *tradidit mundum disputationi*[2]. C'est le propre du beau dans l'art,

---

[1] Cette étude qui a paru dans *la Revue des Deux Mondes*, le 1er décembre 1833, a été depuis reproduite et complétée dans deux volumes de Mélanges littéraires de M. Magnin, sous le titre de *Causeries et Méditations historiques et littéraires*. Paris, chez Duprat, libraire de l'Institut, rue du Cloître-Saint-Benoît, 7. (1843).

[2] *Ecclésiaste*, cap. III; XI.

comme du vrai dans la science, de soulever, à sa naissance, les plus vives oppositions, et de ne s'établir dans l'admiration humaine, comme la vérité dans la croyance, qu'après une lutte opiniâtre et prolongée. Et, ce qui n'est pas moins remarquable, c'est que dans ce conflit de l'enthousiasme et de la routine, de la prose et de la poésie, la violence de la lutte est en raison de l'excellence de l'œuvre qui la provoque. On n'a pas oublié la longue querelle qui s'éleva, vers la fin du dix-septième siècle, à Paris et à Londres, au sujet des poëmes homériques. Pindare, Eschyle, Aristophane, Platon, Hérodote n'ont guère été jugés d'une manière plus calme et plus unanime Nous avons vu la poésie biblique traitée, dans un même siècle, de sublime et de ridicule. On sait quels jugements ineptes le *Cid* eut à subir, quelles risées dédaigneuses ont insulté *Athalie*; Ossian fut, sous le Directoire, un objet de division et presque une cocarde de parti; Shakspeare et Schiller ont allumé, sous la Restauration, des animosités violentes. Grimm et Rousseau ont rendu immortelles les querelles musicales du dernier siècle. Dans les arts du dessin, les dissidences de systèmes et d'écoles ne sont, de nos jours, guère moins passionnées. C'est un malheur peut-être; mais l'esprit humain est ainsi fait. Il y a plus : toute chose dont on ne dispute pas, tout œuvre à qui le temps et la discussion ne font pas péniblement sa renommée, toute création qui ne conquiert pas, un à un, ses admirateurs, comme *Atala, René*, les *Méditations* de M. de Lamartine (pour ne parler ici que des résistances surmontées), toute composition qu'on envisage, à la première vue, de sang froid, sans frémissements d'impatience, sans cris de surprise, sans vertige de la pensée, peut bien être une œuvre raisonnable, de bon sens, de talent même; mais elle est assurément dénuée de poésie, sans durée probable, sans action possible sur l'avenir. Comme saint Paul, nous n'adorons guère que ce que nous avons blasphémé.

Nous sommes bien trompé, ou ce gage de longévité que donne aux productions de l'art la vivacité même des attaques dont elles sont l'objet, ne manquera pas à la grande fresque épique que vient de terminer M. Quinet. Nous n'avons pas la prétention de prophétiser ici la mesure du succès qui lui est réservé ; nous ignorons absolument quelle part de la faveur publique *Ahasvérus* doit obtenir. Un mouvement du télégraphe, un franc de hausse ou de baisse à la Bourse, le succès d'un vaudeville, peuvent absorber, pour le moment, tout ce qu'il y a chez nous d'attention disponible ; mais, à en juger d'après l'impression produite par les fragments que la *Revue des Deux-Mondes* a publiés[1], nous sommes persuadé qu'*Ahasvérus* ne peut manquer de faire, un peu plus tôt ou un peu plus tard, une sensation profonde, et de rouvrir, au moins pour quelque temps et pour quelques-uns, le champ fermé, depuis trois ans, des discussions théoriques.

Il y a, en effet, dans cette œuvre si inattendue, si poétique, et, par cela même, si propre à désorienter la routine, tout ce qui peut exciter l'admiration et aiguiser le sarcasme. Le fond et la forme, la pensée et la langue, le corps et le vêtement, tout, dans cet ouvrage, est empreint de force et éblouissant de nouveauté. Mais, il faut le dire, il y a excès de couleurs, abus de l'effet, dédain trop prononcé des demi-teintes et des ombres. Tout se presse, tout scintille et bouillonne. Au bruit de ce torrent lyrique, au fracas de cette cataracte d'écumante poésie, la pensée, même accoutumée aux jets les plus hardis de l'imagination, hésite à traverser ce tourbillon, et se cabre devant ces vagues. Ce n'est point ici de la poésie contenue, reposée, qui coule majestueusement entre ses rives ; c'est de la poésie enivrée, débordée, ruisselante, qui dévore son lit, et nous porte, avec la rapidité de l'éclair, aux dernières limites du connu. Dans ce voyage par delà les temps

[1] Livraison du 1er octobre 1833.

et les mondes, bien peu d'entre nous ont la vue assez ferme pour ne pas se troubler, ou pour jouir, à travers cette course, de leur propre vertige. Et ne cherchez dans l'art contemporain rien qui nous prépare à ces impressions. Byron, Goethe, M. Victor Hugo, qui ont creusé si profondément dans l'âme humaine, n'ont guère atteint l'infini au delà du cœur et du cerveau de l'homme. M Edgar Quinet cherche surtout l'infini dans la nature; c'est le secret de la création qu'il poursuit. Sans doute Goethe, Byron, MM. de Chateaubriand et de Lamartine, sont habiles à saisir les reflets de l'âme humaine dans les grands phénomènes naturels, et à retrouver dans le cœur humain l'image des grands spectacles de la création ; mais ce sont toujours de nouveaux aspects de l'homme qu'ils cherchent dans la nature. Le point de vue de M. Quinet est moins exclusivement humain. Son spiritualisme ne s'arrête à aucun échelon dans la série des êtres. Il interroge l'âme de l'Océan, la pensée des étoiles, le chant des fleurs, le silence du désert, avec autant d'amour que l'esprit des races, la voix des âges, les murmures de la foule, la pensée des cathédrales. Sa vocation est de déchiffrer les grands caractères que le doigt de l'Éternel a imprimés sur toutes choses, et de traduire en vibrations poétiques la secrète musique que le monde exhale du sein de tous les éléments et de toutes les créatures. Prédisposé par une organisation contemplative, préparé par de fortes études, par de nombreux voyages [1], exercé par une longue fréquentation du génie de Herder, dont il a traduit un des chefs-d'œuvre [2], M. Quinet s'est fait une manière à part, où l'instinct, que j'appellerai *cosmogonique*, est le fait dominant. Il n'a de commun avec les écrivains célèbres de notre époque que le talent d'agir puissamment sur l'imagination.

[1] Voyez *De la Grèce moderne et de ses rapports avec l'antiquité*, par M. Ed. Quinet, 1 vol. in-8º.
[2] *Idées sur la philosophie de l'histoire de l'humanité*, 3 vol. in-8º.

Et, à ce propos, félicitons l'art actuel d'avoir compris, enfin, que les ouvrages dits, fort improprement jusqu'à cette heure, d'*imagination,* doivent être composés dans la vue de plaire à l'imagination. Cet heureux changement dans l'art date des premières années du dix-neuvième siècle. A la suite des grandes commotions sociales qui ont ébranlé l'Europe, de 1792 à 1816, nous avons fini par nous apercevoir que l'homme, même sous notre ciel tempéré, n'est pas seulement doué de raison et de sensibilité ; qu'il y a encore en lui une autre faculté tout à fait distincte de ses deux compagnes, une faculté dont l'analyse a été à peu près oubliée par la philosophie écossaise et kantienne ; faculté plus énergique assurément et plus exigeante sous d'autres climats, mais qui, même sous le nôtre, a besoin d'exercice et d'aliments. Toute l'école poétique actuelle, dont M. de Chateaubriand est le chef et le père, reconnaît pour premier dogme que l'imagination est la source de toute poésie. Pour elle, une des plus importantes lois de l'art est que l'imagination doit teindre de ses couleurs la raison elle-même et la sensibilité. Le dix-huitième siècle, au contraire, avait poussé si loin le culte du rationalisme et la manie de la sentimentalité, qu'il n'avait pas laissé la moindre place à la poésie. Aussi, qu'a produit l'art de cette époque ? Des tragédies philosophiques, des romans déclamatoires, des odes morales et des drames bourgeois. Dans tout cela, il y a peu de chose pour la poésie et l'art ; car l'art et la poésie, tels que nous les comprenons, n'ont pas à agir directement sur la sensibilité ni sur la raison, comme l'éloquence et la philosophie ; mais doivent s'adresser à l'imagination et n'agir sur la raison et la sensibilité que secondairement et par contre-coup. Le dix-huitième siècle avait une si grande aversion de la fantaisie, qu'il l'avait bannie, même d'un art qui n'existe que par et pour elle. Il avait réduit la musique à n'être qu'une déclamation un peu plus sonore, un peu plus

b.

accentuée, mais presque aussi restreinte dans ses effets que
la voix parlée. Aussi, supposez qu'un auditoire de 1770,
accoutumé à trouver dans le principe de l'imitation vocale
les motifs de tous les chants d'un opéra, eût été, par impos-
sible, transporté brusquement, et sans transition, devant une
de ces partitions vraiment musicales, dans lesquelles le com-
positeur charme d'abord l'oreille et enivre l'imagination,
pour arriver plus sûrement à toucher le cœur, un tel audi-
toire se serait perdu dans cette route détournée ; il n'aurait
rien compris à cette manière indirecte, mais infaillible, de
frapper l'âme ; il eût déclaré les mélodies de Weber et de
Rossini extravagantes, et eût accusé de folie le compositeur
et les chanteurs. Dans ces fantaisies enivrantes, il n'eût pas
reconnu la voix humaine ; il aurait cru entendre le bruisse-
ment des vagues ou des chants d'oiseaux.

L'esprit seul, l'*humour*, comme disent les Anglais, porté,
au dix-huitième siècle, jusqu'à la hauteur de la poésie dans
Voltaire et dans Beaumarchais, produisit alors sur les masses
cet ébranlement de la pensée, cette exaltation cérébrale, ce
plaisir désintéressé que nous causent, dans l'ordre poétique,
un conte arabe, une comédie d'Aristophane, une ballade de
Bürger, un chœur d'Eschyle. Cette faculté lyrique, ce pou-
voir d'ébranler l'imagination qui a trop manqué à notre poé-
sie jusqu'à ces derniers temps, les Grecs l'ont possédé au
suprême degré. Ils regardaient le génie dithyrambique comme
la poésie élevée à sa plus haute puissance. Chez eux, les fa-
cultés de l'imagination étaient l'objet d'un culte ; ses dons
étaient réputés divins. Ils laissèrent même pénétrer indûment
l'imagination dans des genres où elle ne doit avoir que peu
ou point d'accès, dans l'histoire et dans la critique, par
exemple. Chez nous, au contraire, l'imagination, ce pouvoir
créateur, cet instinct investigateur souvent si merveilleux et
si sûr, a été longtemps subordonné à la plus restrictive de nos

facultés. On croyait, dans le dernier siècle, être suffisamment poli envers l'imagination en l'appelant, avec Malebranche, la *Folle du logis*; on ne lui permettait que le conte de fée. Mais ce dédain ne pouvait durer; la nature ne perd pas ainsi ses droits: l'homme ne possède pas aujourd'hui une faculté de moins qu'il y a mille ans. Au bruit du canon des Pyramides, de Marengo, de la Moskova, nos imaginations, quelque temps engourdies, se sont réveillées. Nous n'avons pas touché vainement le sol de l'Égypte et battu des mains à la vue des murs de Thèbes; nous ne nous sommes pas assis impunément au foyer de l'Allemagne, cette terre de la rêverie; nous n'avons pas bivouaqué en aveugles sous les créneaux moresques de l'Alhambra; Napoléon n'a pas fait inutilement appel à cette faculté qui enfante des miracles. Après le grand drame de l'Empire et de Sainte-Hélène, la France eût été la plus idiote des nations si elle se fût rendormie platement dans la poésie du dix-huitième siècle. Une ère nouvelle d'enthousiasme devait s'ouvrir, et elle s'est ouverte. Dans tout ce qui est art, la *Folle du logis* est redevenue reine et maîtresse. Maintenons-la dans sa royauté; empêchons seulement qu'elle ne s'élance hors de ses frontières. Ne la laissons pas rentrer dans les positions qu'elle a justement perdues, dans l'histoire, dans la philosophie, dans la critique; sa part est assez belle pour qu'elle s'y tienne. Tout ce que la science n'a pas éclairé, voilà son empire. Tout le côté inexploré de l'intelligence, tous les siècles obscurs de l'histoire lui appartiennent. Jamais circonscriptions ne furent mieux établies; jamais hémisphères n'ont été plus nettement séparés. Géographes de l'intelligence, écrivez sur la carte de l'esprit humain : à ce pôle, la science; à cet autre pôle, la poésie.

Il ne fallait pas moins que la révolution intellectuelle qui a réintégré l'imagination dans tous ses droits, pour qu'on pût songer à demander un ouvrage sérieux et poétique à la fable populaire du *Juif errant*. Avant la chanson de Béranger, cette légende n'avait inspiré chez nous que quelques romans critiques qui n'ont obtenu aucun succès. En Allemagne, au contraire, pays de foi, de récits merveilleux, d'histoires surnaturelles, ce sujet a tenté le génie des plus grands poëtes. Aucun d'eux, il est vrai, n'a pu terminer l'œuvre; mais plusieurs, comme nous le verrons, l'ont ébauchée. En France, et à Paris surtout, où l'on est assez peu soucieux de la littérature ambulante que les porte-balles de nos campagnes colportent dans les hameaux, c'est à peine si les plus curieux d'entre nous ont jamais lu *l'Admirable histoire du Juif errant, qui, depuis l'an 33 jusqu'à l'heure présente ne fait que marcher*. Tel est pourtant le titre d'un opuscule de quinze à vingt pages, imprimé sur papier gris et réimprimé tous les ans, suivi d'une complainte, et précédé d'une image gravée sur bois, petit livret qui peut bien ne pas se rencontrer dans nos bibliothèques savantes, mais qui ne manque, croyez-moi, dans l'armoire de noyer d'aucun villageois. L'étrange aventure qu'il contient n'est rapportée ni dans les évangiles approuvés, ni dans les évangiles apocryphes, ni dans les Actes des Apôtres, ni dans les œuvres d'aucun des anciens pères de l'Église Quel est donc l'origine et la date de cette légende? Je la crois, comme celle du voile de sainte Véronique et généralement comme toutes les histoires relatives à la Passion, née vers le quatrième siècle, à Constantinople, et contemporaine de sainte Hélène et de la découverte de la vraie croix. Mais ces traditions sont restées longtemps orales. Marianus Scotus, au onzième siècle, est le premier écrivain qui donne le récit du voile de sainte Véronique, d'après un certain Methodius, qui le lui avait communiqué [1]. Au treizième siècle, Matthieu Paris, moine de Saint-Albans, a le

---

[1] Voyez *Zedler, Universal Lexicon.*

premier, je crois, mentionné dans sa grande histoire d'Angleterre, une des versions relatives au Juif errant : je dis une, car il existe de ce récit deux versions au moins et fort différentes. Celle que nous a conservée Matthieu Paris avait cours en Orient. La voici, un peu abrégée.

« Cette année (1229) un archevêque de la Grande-Arménie vint en Angleterre visiter les reliques des saints et les lieux vénérables, comme il avait fait en d'autres contrées. Il était porteur de lettres de recommandation du seigneur pape pour les hommes religieux et les prélats de ce royaume. S'étant rendu à Saint-Albans pour adresser ses prières au proto-martyr de l'Angleterre, il fut reçu avec honneur par l'abbé et par le couvent. Pendant son séjour en ce lieu, il fit à ses hôtes plusieurs questions relatives aux rites et aux usages de l'Angleterre, et, en revanche, leur raconta plusieurs particularités de son pays. On l'interrogea, entre autres choses, sur ce fameux Joseph dont il est si souvent question parmi les hommes ; sur ce Joseph qui fut présent à la Passion du Christ, et qui existe encore comme une preuve vivante de la foi chrétienne. On lui demanda s'il ne l'avait jamais vu, ou s'il n'en avait pas entendu parler. Un officier de la suite de l'archevêque, natif d'Antioche, qui lui servait d'interprète, et qui était connu de Henri Spigurnel, un des domestiques du seigneur abbé, répondit dans la langue qu'on parle en France (*Gallicana lingua*), que son maître connaissait parfaitement cet homme, et que même un peu avant son départ pour l'Occident, il l'avait reçu à sa table. Quant à ce qui s'était passé entre ce Joseph et Jésus-Christ, voici le récit de l'Arménien : Lorsque Jésus fut entraîné par les Juifs hors du prétoire pour être crucifié, Cartaphilus, portier de Ponce-Pilate, le poussa par derrière avec le poing, en lui disant d'un ton de mépris : Jésus, marche plus vite : pourquoi t'arrêtes-tu ? Alors le Christ, arrêtant sur cet homme un regard triste et sévère, lui répon-

dit : Je marche comme il est écrit, et je me reposerai bientôt;
mais toi, tu marcheras jusqu'à ma venue. Au moment de la
Passion, Cartaphilus avait environ trente ans; toutes les fois
qu'il atteint sa centième année il tombe dans une sorte d'extase d'où il sort rajeuni et revenu à l'âge qu'il avait au jour
de son arrêt. Cartaphilus se convertit à la foi chrétienne; il
fut baptisé par Ananias, le même qui baptisa saint Paul, et fut
appelé Joseph. Il habite ordinairement dans l'une et l'autre
Arménie; c'est un homme pieux et de conversation édifiante;
il vit surtout avec les évêques; il parle peu, et seulement
quand il en est requis par de hauts dignitaires de l'église ou
par de saints personnages; alors il donne de curieux détails
sur la Passion et la résurrection du Christ, sur le symbole, la
dispersion et la prédication des apôtres, et cela *sine risu et
omni levitate verborum*. Enfin, le digne archevêque, ajoute
Matthieu Paris, *narrationem sigillo rationis confirmavit*,
de sorte qu'il n'y a pas à douter de la moindre partie de cette
relation; le tout étant, d'ailleurs, attesté par un brave chevalier, Richard d'Argenton [1], qui visita l'Orient, et qui mourut
ensuite évêque [2]. »

Ce récit diffère, sur plusieurs points, de la tradition occidentale. L'archevêque arménien nomme le Juif coupable Cartaphilus, et le suppose portier du prétoire, tandis que l'autre
légende le nomme Ahasvérus, et après son baptême Buttadæus, et le fait cordonnier à Jérusalem. Je crois cette tradition beaucoup plus ancienne en Europe que celle que rapporte
Matthieu Paris, qui n'a, je pense, enregistré *in extenso* la
narration de l'archevêque arménien, que parce qu'elle différait du récit reçu dans les contrées soumises à l'église latine.
Cependant, je ne vois pas le nom d'Ahasvérus mentionné

---

[1] *Richardus de Argentomio*. Peut-être d'Argentan.
[2] *Matthæi Paris major historia Anglorum;* Londini, 1571, p. 476 sqq.

avant l'année 1547. Voici le plus ancien document que j'aie rencontré où soit nommé ce personnage : c'est une lettre que Chrysostomus Dudulæus de Westphalie, écrivait en 1618, à un de ses amis, habitant de Reffel [1] :

« En l'année 1547, M. Paulus de Eitzen, docteur de la Sainte-Écriture, et évêque de Schlesswig, a vu dans une église de Hambourg, un dimanche, en hiver, très-mal chaussé et très-mal vêtu, le vieux Juif qui erre dans le monde depuis la Passion du Christ. Il lui parut d'une taille élevée, et d'environ cinquante ans, ayant les cheveux longs et pendants sur les épaules. Il assistait au sermon, et l'écoutait avec beaucoup de piété. En sortant de l'église, le docteur entra en conversation avec cette homme ; le Juif dit avec modestie qu'il était né à Jérusalem, où il exerçait l'état de cordonnier ; qu'il se nommait Ahasvérus, et avait assisté au crucifiement de Jésus-Christ. Ensuite il parla des apôtres. Puis, il ajouta que, le Christ ayant voulu se reposer du poids de sa croix en s'appuyant contre le mur de sa maison, il l'avait repoussé, et lui avait dit durement de passer son chemin ; à quoi le Christ lui avait fait la réponse qui est si connue. Ce Juif avait le maintien très-posé et très-discret. S'il venait à entendre quelqu'un blasphémer, il disait, avec un soupir et dans une horrible angoisse : O malheureux homme ! malheureuse créature ! faut-il que tu abuses ainsi du nom de Dieu et de son cruel martyre ? Si tu avais vu, comme moi, combien l'agonie fut pesante et amère au Christ; tu aimerais mieux pour l'amour de toi et de moi, souffrir les plus grands maux que de blasphémer son nom ! Quand on lui offrait de l'argent, jamais il ne prenait plus de deux schellings, et encore en distribuait-il sur-le-champ une partie aux pauvres, déclarant que Dieu pourvoirait bien lui-même à ses besoins. Jamais on ne l'a vu rire.

---

[1] Cette lettre, écrite en allemand, est citée par Martin Zeiller dans son *Recueil de lettres*, pars II, epist. 507, p. 700, seq.

Dans quelque lieu qu'il allât, il parlait toujours la langue du pays ; c'est ainsi qu'à cette époque il s'exprimait en très-bon saxon. Il y a beaucoup de gens de qualité qui ont vu ce Juif en Angleterre, en France, en Italie, en Hongrie, en Perse, en Pologne, en Suède, en Danemark, en Écosse et en d'autres contrées ; comme aussi en Allemagne, à Rostock, à Weimar, à Dantzig, à Kœnigsberg. En l'année 1575[1], deux ambassadeurs du Holstein, et particulièrement le *secretarius* Christophe Krauss, l'ont rencontré à Madrid, toujours le même de figure, d'âge, de manières et de costume. En l'année 1599, il se trouvait à Vienne, et en 1601, à Lubeck. Il a été rencontré, l'an 1616, en Livonie, à Cracovie et à Moscou, par beaucoup de personnes qui se sont même entretenues avec lui. »

Ces témoignages datés de la fin du seizième siècle et du commencement du dix-septième, ces certificats de présence, signés par des hommes graves, tels que le *secretarius* Christophe Krauss et le docteur Paulus de Eitzen, sont infiniment plus extraordinaires et plus curieux, vu leur date récente, que ceux que nous trouvons au treizième siècle dans Matthieu Paris. Il fallait que cette légende singulière eût jeté de bien profondes racines au moyen âge, pour avoir ainsi survécu, en Allemagne, à la réforme de Luther, et être restée admise presque comme une vérité de dogme, même par les communions dissidentes.

Plus près de nous encore, nous trouvons des traces de cette croyance. En 1641, un baron autrichien, et, en 1643, un médecin qui revenait de la Palestine, ont raconté qu'un capitaine turc avait montré Joseph à un noble Vénitien nommé

---

[1] Rodolphe Bouthrays, *Botereius, regis historiographus latinus*, avocat au parlement de Paris, qui écrivit, en 1610, un ouvrage intitulé : *De rebus in Gallia et pene toto orbe gestis*, rapporte, libr. XI, p. 172, avec une très-légère nuance d'incrédulité, l'histoire du Juif errant, et signale notamment son passage à Hambourg en 1564.

Bianchi. Le pauvre Juif était alors retenu sous bonne garde au fond d'une crypte à Jérusalem; il était vêtu de son ancien costume romain, exactement comme au temps du Christ. Il n'avait pas d'autre occupation que de marcher dans la salle sans rien dire; de frapper de sa main contre le mur et quelquefois contre sa poitrine, pour témoigner son regret d'avoir frappé la sainte face du Seigneur. Je trouve ces détails dans un ouvrage anonyme publié en allemand au milieu du dix-septième siècle, sous le titre singulier de *Relation, ou bref récit de deux témoins vivants de la passion de notre Sauveur.*

L'idée bizarre de faire servir l'existence du Juif errant à la démonstration des vérités évangéliques, s'aperçoit déjà dans la narration de Matthieu Paris, qui se sert, en parlant de Cartaphilus, de ces mots remarquables : *Argumentum christianæ fidei.* Mais ce qui est bien plus extraordinaire, et ce qui prouve la vitalité indestructible de cette tradition, c'est une dissertation théologique imprimée à Jéna en 1668. L'auteur de cette thèse [1], Martin Droscher, comme celui de l'opuscule anonyme, profite de la double tradition relative au Juif errant, pour tâcher de produire *deux* témoins au lieu d'un, de la passion du Christ. La majeure partie de cet opuscule est employée à établir la dualité du Juif et à prouver que Cartaphilus et Ahasvérus sont bien deux personnages différents. Quant à la vérité du fait lui-même, il la met à peine en question.

Cette légende, créée d'abord, comme toutes les légendes, par l'imagination populaire, laborieuse ouvrière qui tisse

---

[1] Cette pièce singulière est intitulée : *Dissertatio theologica de duobus testibus vivis passionis dominicæ, quam auxiliante Jesu Nazareno crucifixo, sub umbone Domini Sebastiani Niemanni S. S. Th. D. in inclyta propter Salam academia publico eruditorum examini subjicit Martinus Droscher ad diem xiij octobris.* Jéna, 1668, in-8°. — Le savant Schudt, qui cite cette pièce dans son *Compendium historiæ Judaicæ*, l'attribue, par une bien singulière distraction, à Sébast. Niemann.

incessamment sa trame poétique, accaparée peu après par la scolastique, et employée aux besoins de la controverse, devait finir par rentrer dans le domaine de l'art, auquel surtout elle appartient. Un homme aujourd'hui vivant, et qui a été contemporain du Christ, un homme qui a conversé avec les premiers martyrs, qui a vu de ses yeux la chute du colosse romain, l'invasion des barbares, le moyen âge, avec ses arts, ses croyances, ses monuments; un homme rassasié de jours et qui ne peut mourir; un homme condamné à disparaître le dernier de la création, dont les mains doivent fermer les paupières de l'humanité et ensevelir le monde dans le linceul du néant; une fiction à la fois si grandiose et si populaire, devait finir par passer du répertoire des ménétriers de village sur les lyres des plus grands poëtes. Gœthe, dans sa jeunesse et dans la pleine vigueur de son génie (en 1774, l'année même de la publication de *Werther*), eut l'idée de prendre cette histoire pour le sujet d'une épopée.

« A cette époque, dit-il dans le quinzième livre de ses Mémoires, toutes les pensées dont je m'occupais avec amour formaient aussitôt une sorte de cristallisation poétique. Comme j'étudiais alors les opinions des Frères Moraves, je conçus l'idée singulière de prendre pour sujet d'un poëme épique l'histoire du Juif éternel, gravée depuis longtemps dans ma mémoire par la lecture des livres populaires. Je voulais me servir de cette légende comme d'un fil conducteur pour représenter toute la suite de la religion et des révolutions de l'Église. Voici comment je disposais la fable de ce poëme et le sens que j'y attachais : Il existait à Jérusalem un cordonnier nommé Ahasvérus. Mon cordonnier de Dresde me fournissait les principaux traits de la physionomie de ce personnage. Je lui donnais la bonne humeur et l'esprit jovial d'un artisan tel que Hans Sachs, et j'ennoblissais son caractère par l'inclination que je lui prêtais pour le Christ. En travaillant dans sa boutique, Ahasvérus aimait à causer avec les passants : il les raillait et parlait à tous leur langage, à la manière de Socrate. Ses voisins et d'autres gens du peuple s'arrêtaient volontiers à l'écouter ; des pharisiens, des sadducéens, venaient le voir, et le Sauveur lui-même, avec ses disciples, le visitait quelquefois. Cet artisan, qui n'exerçait son esprit que sur les intérêts de ce monde, se sentait cependant une affection décidée pour notre Seigneur, et le meilleur moyen qu'il trouvât pour prouver son attachement à l'être supérieur dont il ne comprenait pas les intentions, était de tâcher de l'amener à sa manière de voir et d'agir. Il pressait le Christ de renoncer à sa vie contemplative, de cesser d'errer par les chemins au milieu d'une foule oisive, et de ne plus détourner le peuple du travail pour l'emmener au désert. Un peuple rassemblé, lui disait-il, est bien près d'être un peuple révolté, et il n'y a rien de bon à en attendre.

« Le Seigneur, au contraire, tâchait de lui faire comprendre par des paraboles son but et ses vues élevées ; mais ces paroles ne pouvaient porter de fruits dans cet esprit grossier. Lorsque le rôle de Jésus-Christ, de plus en plus éclatant, lui eut donné l'importance d'un personnage public, le bon artisan insistait plus vivement. Il représentait à Jésus qu'il s'ensuivrait des troubles et des séditions ; bientôt il serait contraint à se déclarer chef de parti, et ce ne pouvait être son intention. Or, l'événement arriva comme on le sait. Jésus fut pris et condamné : l'irritation d'Ahasvérus ne fit qu'augmenter quand il vit entrer chez lui Judas, traître en apparence envers le Seigneur, et qui lui raconta, dans son désespoir, ce qu'il avait fait, et le mauvais succès de son action. Ce disciple s'était persuadé, comme beaucoup d'autres partisans très-habiles de Jésus, que le Christ finirait par se déclarer chef du peuple. Il avait voulu, par un moyen désespéré, pousser vers ce dénoûment les temporisations jusque-là invincibles de son maître. Dans ce but, il avait excité les prêtres à prendre des mesures violentes, devant lesquelles ils avaient jusqu'alors reculé. De leur côté, les disciples s'étaient pourvus d'armes ; et le succès n'eût pas été douteux, si le Seigneur ne s'était livré lui-même et n'eût empêché leur résistance. Ahasvérus, loin de montrer de l'indulgence à Judas, augmenta le désespoir de l'ex-disciple, qui jugea n'avoir plus rien à faire que de s'aller pendre aussitôt.

« Cependant Jésus, conduit à la mort, passe devant la boutique du cordonnier. C'est alors que s'ouvre la scène que l'on connaît[1]. Le Sauveur succombe sous le fardeau de la croix, et Simon le Cyrénéen est contraint de la porter ; Ahasvérus s'avance alors avec la dure opiniâtreté d'un pédagogue qui, voyant un homme malheureux par sa faute, loin d'en avoir compassion, augmente son malheur par des reproches déplacés ; il sort de sa maison, rappelle au Christ tous ses précédents avis, les transforme en autant d'accusations véhémentes, auxquelles il se croit autorisé par son affection pour le patient. Jésus garde le silence ; mais à ce moment la pieuse Véronique couvre d'un voile la figure du Sauveur, et comme elle le retire et l'élève, la face du Christ apparaît à Ahasvérus, non pas avec l'empreinte de la douleur présente, mais transfigurée et rayonnant de la gloire céleste. Ébloui de cette apparition, Ahasvérus détourne les yeux et entend résonner ces paroles : « Tu marcheras sur la terre, jusqu'à ce que je t'apparaisse dans le même éclat. » Lorsqu'il revint de sa stupeur, la foule s'était déjà précipitée vers le lieu du supplice ; les rues de Jérusalem étaient désertes ; cédant alors à un ai-

---

[1] Le traducteur des *Mémoires* de Gœthe intercale en cet endroit trois mots singulièrement malencontreux : « Ici, dit-il, s'ouvre la scène du *Nouveau-Testament*. » Ce qui pourrait faire croire qu'il est question d'Ahasvérus dans l'Écriture Sainte. Cette méprise devrait bien corriger messieurs les traducteurs de l'habitude qu'ils ont contractée d'ajouter au texte des mots parasites.

guillon intérieur, Ahasvérus commence son éternel voyage.

« Peut-être, ajoute Gœthe, aurai-je occasion de parler de ces courses et de l'événement par lequel je terminais ce poëme, quoiqu'il ne fût pas achevé. Je n'en avais écrit que le début, quelques fragments et la fin. Je manquais alors du recueillement et du temps nécessaires pour me livrer aux études sans lesquelles je ne pouvais donner à cette figure une physionomie telle que je la concevais..... »

On voit que la portion de cette histoire que Gœthe a le plus négligé de féconder, le côté dont il ajourne le développement, est précisément celui où résident le plus vif attrait et la plus grande difficulté du sujet, l'éternel voyage de l'homme qui, *depuis l'an 33 jusqu'à l'heure présente, ne fait que marcher.* J'ignore si, dans quelques parties de ses œuvres posthumes, Gœthe aura laissé l'indication de la catastrophe par laquelle il terminait son poëme. Une confidence expresse pourrait seule nous révéler le sens qu'il attachait à cette légende; car, malgré la promesse placée à la tête du morceau précédent, sa pensée à cet égard est restée pour nous fort obscure. Le plan des premières scènes, tel qu'il l'a esquissé, nous offre moins les linéaments d'une vaste évolution épique, que des matériaux condensés, propres à composer une tragédie, ou une tragi-comédie; car le caractère d'Ahasvérus, voulant ramener Jésus à son étroite manière de voir, est surtout une conception comique. En faisant figurer dans la scène du Calvaire le voile de sainte Véronique, sur lequel Ahasvérus lit son arrêt, Gœthe a montré un sentiment profond de ces deux légendes; mais, d'une autre part, c'est avoir méconnu bien malheureusement l'esprit de la tradition, que d'avoir voulu faire d'Ahasvérus, prédestiné à une vie et à une douleur éternelles, une espèce de joyeux compagnon à la manière de Hans Sachs. Il est probable que, même après la catastrophe, le poëte nous eût montré son sardonique voyageur raillant éternellement le monde de son éternelle folie. Mais cette humeur joviale est le contre-pied de la tradition. *On ne l'a jamais vu rire*, disent les relations qui, sur ce point, sont unanimes. Enfin, si l'on veut savoir toute notre pensée sur ce canevas, il nous semble que l'auteur de *Faust* est infiniment éloigné d'avoir compris la haute portée de ce sujet. Son plan est spirituel et ingénieux à la manière moderne, mais peu poétique et nullement religieux. Aussi est-il resté dans le portefeuille du grand artiste, qui paraît en avoir jugé comme nous.

Un autre célèbre poëte allemand, Schubart, a entrepris aussi cette épopée, mais sans pouvoir non plus la mener à bien. On trouve, dans ses œuvres, un fragment lyrique, *Eine lyrische Rhapsodie*, sur le Juif éternel. Ce fragment, composé d'une centaine de fort beaux vers, est resté dans la mémoire de tous les Allemands instruits. C'est un morceau d'une très-éclatante et très-harmonieuse poésie, et qui perdrait la meilleure partie de son mérite à être traduit. Le poëte décrit dans cette pièce, avec la plus grande énergie, les continuels et inutiles efforts que fait Ahasvérus pour sortir de la vie. Ce malheureux s'expose à toutes les tortures de la mort, et ne peut mourir. Il se précipite dans le gouffre de l'Etna, et il en est rejeté vivant; il marche au-devant de la mitraille, et il ne peut mourir! Il cherche la rencontre des animaux féroces, la hache des bourreaux, la colère des tyrans, et il ne peut mourir! Enfin, après avoir, dans un monologue beaucoup trop déclamatoire, à mon gré, exhalé sa rage d'anéantissement, il est porté par l'ange qui lui avait annoncé son arrêt, sur une des cimes du mont Carmel; là il apprend que Dieu lui a pardonné, et il s'endort dans un doux sommeil; dénoûment bien simple et bien paisible, ce nous semble, pour clore une aussi singulière légende.

Cependant, s'il faut en croire les biographes de Schubart,

ce poëte avait entrevu une partie de la grandeur de ce sujet. Le morceau imprimé dans ses œuvres n'est qu'un fragment détaché d'un plus vaste ensemble. Schubart, au rapport de Jördens[1], voulait placer sur un mont élevé le Juif éternel de son imagination, et là, lui remettant sous les yeux l'océan infini des choses qu'il a vues, lui faire composer, dans une suite de descriptions, une grande peinture épique de toutes les merveilles et de toutes les révolutions de la nature et des empires auxquelles il a assisté.

« C'était un bonheur, dit Louis Schubart, dans la vie de son père, de l'entendre à table, devant son grand verre, parler de cette idée favorite. Il animait un être surnaturel et qui n'a pas son semblable dans tout le monde réel ou fabuleux, un être élevé au-dessus de l'espace et du temps, et qui portait cependant tous les traits de l'humanité. Cet homme avait assisté à toutes les révolutions de la nature, à la naissance et à la chute de tous les royaumes; il avait assisté à l'immense épopée des Gaules, de l'Angleterre, de l'Espagne, de l'Allemagne; il avait vu tous les grands hommes qui, comme des colonnes de feu, ont brillé dans la nuit, et les œuvres du génie, et les découvertes des sciences, et les monuments des arts; en un mot, toutes les hauteurs, toutes les profondeurs de l'humanité, pendant un espace de près de deux mille ans; toute cette infinité d'objets qui donne le vertige, il avait tout vu; il avait visité les diverses parties du monde, et à cette expérience étaient proportionnés ses souvenirs et ses jugements; Ahasvérus était ainsi parvenu à envisager toutes choses d'un point de vue où n'atteignit jamais aucun fils d'Adam[2].... »

Schubart avait donc entrevu, comme Gœthe, et même plus

---

[1] *Lexicon deutscher Dichter und Prosaisten*, t. IV, p. 639, sqq.

[2] Jördens a cité ce passage dans l'article qu'il a consacré à Christ. Fréd. Dan. Schubart.

clairement que Gœthe, ce que cette fiction contenait de grandeur et de poésie. Il avait bien senti que l'histoire de l'humanité tout entière se trouvait au fond de l'histoire du Juif errant. Mais ni lui ni Gœthe n'avaient pu dégager l'idée de la légende et tirer de cette fable une véritable individualité poétique. Ils voulaient, l'un et l'autre, représenter le Juif éternel comme le témoin et le spectateur de l'humanité depuis dix-huit siècles; ils n'avaient pas songé à nous montrer Ahasvérus comme étant l'humanité elle-même, le symbole incarné de la vie moderne, la personnification du genre humain depuis l'ère chrétienne. M. Edgar Quinet a franchi ce pas immense; son Ahasvérus est la vie turbulente et voyageuse de l'humanité. Cette idée est bien vraiment celle de la légende; et c'est pour l'y avoir vue distinctement le premier, et pour avoir su l'en dégager, que M. Quinet a fait une œuvre vraiment originale et grandiose.

Une autre difficulté, qui avait brisé les ailes de Gœthe et de Schubart, c'était l'incertitude de la forme à donner à ces pages d'histoire successive. Comment lier entre elles toutes ces épopées diverses? Comment établir l'unité poétique dans ce chaos d'épisodes? L'embarras des deux poëtes devant ce problème fut si grand, que Gœthe n'esquissa que la partie du drame dont la scène se passe à Jérusalem; et, quant à Schubart, il n'avait, comme on a vu, imaginé rien de mieux qu'une vision sur le sommet d'une montagne, triste réminiscence d'une assez triste fiction du *Paradis perdu*. La forme épique et purement narrative était, par elle-même, trop diffuse et trop peu concentrique pour rallier et condenser ce sujet qui tendait naturellement à s'épandre. Aussi M. Quinet jugea-t-il, avec raison, qu'il fallait le contenir dans une espèce de cadre dramatique; mais dans un cadre assez souple pour admettre à la fois l'épopée, l'ode et le drame. Il adopta donc la forme de nos anciens Mystères, cette forme si malhabilement essayée par Byron, et qui n'a pas encore produit, à beaucoup près, tout ce qu'on a droit d'en attendre ; forme si flexible, si universelle, si catholique, pour ainsi dire ; dont l'anachronisme est la loi, et qui offre avec la tradition d'Ahasvérus tant de points d'analogie et de ressemblance, qu'elle et la légende semblent avoir été faites l'une pour l'autre. En effet, comme Ahasvérus, la poésie de nos anciens Mystères est née du christianisme ; comme Ahasvérus, elle marche à travers le temps et l'espace ; comme lui voyageuse, elle enjambe les vallées, les mers et les siècles.

Une fois la figure principale et le procédé plastique arrêtés, l'exécution devenait possible. Le point d'Archimède était trouvé ; le poëte pouvait essayer de soulever le monde.

M. Quinet a divisé son drame en quatre journées qu'il a coupées par trois intermèdes, et encadrées dans un prologue et un épilogue. Nous allons exposer la série des idées qui se déroulent dans cet ouvrage.

Le prologue d'*Ahasvérus*, comme celui de presque tous les Mystères, se passe dans le ciel. Notre planète a cessé d'exister. Depuis trois mille ans et plus, la trompette du jugement a retenti dans la vallée de Josaphat. Le dernier monde était mauvais ; Dieu veut que celui qui va sortir de ses mains soit meilleur. Il annonce aux saints de la loi nouvelle, à saint Thomas, à saint Bonaventure, à saint Hubert, que c'est à leur garde qu'il confiera le nouvel univers. Mais, avant de se remettre à l'œuvre, il ordonne à ses archanges de représenter devant les saints, en figures éternelles, le vieux monde et les temps écoulés : il veut que ses séraphins retracent cette histoire d'environ six mille ans, et jouent devant son trône la grande comédie du passé. Chaque époque, chaque siècle parlera son propre langage ; les lacs, les rochers, les fleurs trouveront une voix pour révéler les secrets qu'ils recèlent sous leurs eaux, dans les joncs de leurs grottes, et au fond de leurs calices. A la voix du Père Éternel, l'assemblée des élus se tait et le spectacle commence.

La première journée, intitulée *la Création,* s'étend bien au delà de ce que le titre annonce. C'est à la fois la création et la jeunesse du monde ; c'est comme un second prologue qui nous mène jusqu'à la venue de Jésus-Christ.

Créé avant toutes choses, l'Océan solitaire se plaint au Seigneur de ne voir que lui seul dans son immensité : ses abîmes appellent à grands cris de nouveaux êtres. Bientôt le Léviathan, l'oiseau Vinateyna, le Serpent, le poisson Macar, peuplent les eaux, la terre et les airs. Ces nouveaux hôtes de l'univers, à peine sortis du néant, examinent curieusement leur demeure. S'y voyant seuls, ils s'en proclament les maîtres ; et dans leur orgueil, dont se rit le vieil Océan, ils s'écrient en chœur : C'est nous qui sommes Dieu ! Mais bientôt sortent des cavernes les Géants et les Titans, fragments de montagnes, pour ainsi dire, réveillés d'un long sommeil, et animés d'un souffle de vie. Ces fils de la terre se mettent aussitôt à l'œuvre, écrasent sous leurs pieds les crocodiles, broient de leurs mains les pierres et le limon, élèvent des murs gigantesques, dressent en aiguille les rochers qu'ils chargent de runes et d'hiéroglyphes. Cette race ouvrière ne voit rien au delà de la terre et du firmament. Irrité, le Père Éternel envoie son fidèle Océan effacer sous ses flots cette ébauche de vie dont il est mécontent. L'Océan noie la terre dans le déluge.

Sur le sol à peine étanché, s'agitent de nouvelles tribus moins grossières et moins terrestres. Elles cherchent en tous lieux les pas du Créateur ; elles le demandent à toute la nature ; inquiètes, pour le trouver, elles se mettent en route, comme les oiseaux voyageurs quand l'heure du départ est venue. Une de ces tribus descend le long des rives du Gange, ombragées de figuiers et de pamplemousses ; l'autre prend le griffon pour guide jusqu'au pays d'Iran ; la troisième suit le vol silencieux de l'ibis qui s'abat dans les plaines où les sphinx de pierre se creusent un lit dans le sable. Ainsi commencent les longues migrations de l'humanité.

Dans une claire nuit d'Orient, la lune, une étoile, une fleur du désert et les flots de l'Euphrate qui murmurent sous les saules, nous révèlent les délicieux mystères de la nature orientale, doux concert que viennent attrister un soupir d'esclave, une parole de roi, un chœur de prêtres. L'histoire des siècles qui n'ont pas d'annales nous est racontée par la bouche des sphinx. A ce chant bizarre viennent se mêler les voix de Thèbes, de Ninive, de Persépolis, de Palmyre. Tout à coup, Babylone, l'aînée de ces villes, propose de ne faire qu'un seul dieu de tous leurs dieux. Que chacun jette en un même creuset ses amulettes et ses images sacrées; et qu'il sorte de la fournaise une idole immense, aussi grande que l'univers. On se met à l'œuvre; mais, avant la fin du travail, Jérusalem accourt en messagère; elle n'apporte pas d'idoles, mais une nouvelle : cette nuit, avant le jour, ses prophètes lui ont montré dans Bethléem un Dieu né dans une étable. Une étoile brille au firmament; trois rois Mages, députés de l'Orient, viennent adorer le Dieu nouveau-né. Dans sa chaumière, au-dessus de laquelle chantent les petits oiseaux et les rossignols, le Christ qui s'éveille reçoit les Mages et les bergers. Les rois lui offrent un grand calice de vermeil, dans lequel ont bu tous les rois du monde, et une pesante couronne garnie de clous de rubis. L'enfant s'en effraie; il préfère les dons innocents des bergers aux dons des rois, qui s'en retournent en pleurant; et les chariots et les mules, qui voient que les présents des Mages ont moins de prix aux yeux de Jésus que l'offrande des esclaves, refusent de suivre plus longtemps les rois. Le soleil de l'antique Orient s'obscurcit; le jour de l'Occident se lève.

A cette première journée succède, comme intermède, une

danse de démons qui critiquent la création. Belzébut, Lucifer, Astaroth s'égaient aux dépens de la céleste comédie ; le premier acte leur paraît ridicule. Ils parodient Dieu, le chœur des villes d'Asie et les discours de l'Océan. Nous invitons ces trois hypercritiques, à relire comme étude poétique, dans le *Prométhée* d'Eschyle, les chants sublimes de ce même Océan, consolant, au bruit de ses vagues, le Titan cloué sur le rocher.

La seconde journée (*la Passion*) commence par une lamentation du Désert. Il gémit à la vue du Christ montant l'âpre sentier qui mène au Golgotha ; il s'efforce de combler de ses flots de sable les rues de Jérusalem, avant que le Christ soit parvenu au Calvaire ; mais sa marche est trop lente. Déjà la foule, avide de douleurs, suit Jésus chancelant sous la croix. Ahasvérus, debout devant sa porte, partage toutes les mauvaises passions de la multitude : « Est-ce toi, Ahasvérus ? lui dit le Sauveur.

AHASVÉRUS. Je ne te connais pas.
LE CHRIST. J'ai soif, donne-moi un peu d'eau de ta source.
AHASVÉRUS. Mon puits est vide.
LE CHRIST. Prends ta coupe, et tu la trouveras pleine.
AHASVÉRUS. Elle est brisée.
LE CHRIST. Aide-moi à porter ma croix par ce dur sentier.
AHASVÉRUS. Je ne suis pas ton porte-croix ; appelle un griffon du désert.
LE CHRIST. Laisse-moi m'asseoir sur ton banc, à la porte de ta maison.
AHASVÉRUS. Mon banc est rempli, il n'y a de place pour personne.
LE CHRIST. Et sur ton seuil ?
AHASVÉRUS. Il est vide, et la porte est fermée au verrou.
LE CHRIST. Touche-la de ton doigt, et tu entreras pour prendre un escabeau.
AHASVÉRUS. Va-t'en par ton chemin.
LE CHRIST. Si tu voulais ton banc deviendrait un escabeau d'or à la porte de la maison de mon père.
AHASVÉRUS. Va blasphémer où tu voudras. Tu fais déjà sécher sur pied ma vigne et mon figuier. Ne t'appuie pas à la rampe de mon escalier. Il s'écroulerait en t'entendant parler. Tu veux m'ensorceler.
LE CHRIST. J'ai voulu te sauver.

Ahasvérus. Devin, sors de mon ombre. Ton chemin est devant toi. Marche, marche !

Le Christ. Pourquoi l'as-tu dit, Ahasvérus ? C'est toi qui marcheras jusqu'au jugement dernier, pendant plus de mille ans. Va prendre tes sandales et tes habits de voyage ; partout où tu passeras, on t'appellera : *le juif errant.* C'est toi qui ne trouveras ni siége pour t'asseoir, ni source de montagne pour t'y désaltérer. A ma place, tu porteras le fardeau que je vais quitter sur la croix. Pour ta soif, tu boiras ce que j'aurai laissé au fond de mon calice. D'autres prendront ma tunique ; toi, tu hériteras de mon éternelle douleur. L'hysope germera dans ton bâton de voyage, l'absinthe croîtra dans ton outre ; le désespoir te serrera les reins dans ta ceinture de cuir. Tu seras l'homme qui ne meurt jamais. Ton âge sera le mien. Pour te voir passer, les aigles se mettront sur le bord de leur aire. Les petits oiseaux se cacheront à moitié sous la crête des rochers. L'étoile se penchera sur sa nue pour entendre tes pleurs tomber goutte à goutte dans l'abîme. Moi, je vais à Golgotha ; toi, tu marcheras de ruines en ruines, de royaumes en royaumes, sans atteindre jamais ton Calvaire. Tu briseras ton escalier sous tes pieds, et tu ne pourras plus redescendre. La porte de la ville te dira : Plus loin, mon banc est usé ; et le fleuve où tu voudras t'asseoir te dira : Plus loin, plus loin, jusqu'à la mer ; mon rivage, à moi, est plein de ronces. Et la mer aussi : Plus loin, plus loin ; n'êtes-vous pas ce voyageur éternel qui s'en va de peuples en peuples, de siècles en siècles, en buvant ses larmes dans sa coupe, qui ne dort ni jour ni nuit, ni sur la soie, ni sur la pierre, et qui ne peut pas redescendre par le chemin qu'il a monté ? Les griffons s'assiéront, les sphinx dormiront. Toi tu n'auras plus ni siége, ni sommeil. C'est toi qui iras me demander de temple en temple sans jamais me rencontrer. C'est toi qui crieras : Où est-il ? jusqu'à ce que les morts te montrent le chemin vers le jugement dernier. Quand tu me reverras, mes yeux flamboieront ; mon doigt se lèvera sous ma robe pour t'appeler dans la vallée de Josaphat.

Un soldat romain. L'avez-vous entendu ? Pendant qu'il parlait, mon épée gémissait dans le fourreau ; ma lance suait le sang ; mon cheval pleurait. J'ai assez longtemps gardé mon épée et ma lance. En écoutant cette voix, mon cœur s'est usé dans mon sein. Ouvrez-moi la porte, ma femme et mes petits enfants, pour me cacher dans ma hutte de Calabre.

La foule. Qu'ai-je à faire de monter plus loin jusqu'au Calvaire ? S'il était par hasard un Dieu d'un pays inconnu, ou bien encore un fils que l'Éternel a oublié dans sa vieillesse ? Avant qu'il nous puisse reconnaître, allons nous enfermer dans nos cours. Éteignons nos lampes sur nos tables. Avez-vous vu la main d'airain qui écrivait sur la maison d'Ahasvérus :

le juif errant? Que ce nom ne reste pas sur la pierre ! Que celui qui le porte soit le bouc de Juda ! Quand il passera, Babylone, Thèbes, et le pays d'alentour, ramasseront une pierre de leurs ruines pour la lui jeter. Mais nous, sans plus jamais quitter notre escalier et notre vigne, nous remplirons pour la Pâque nos outres de notre vin du Carmel [1].

Cependant, Ahasvérus est resté comme frappé du tonnerre; un peu revenu de sa stupeur, il veut rentrer chez lui et demander à sa sœur Marthe de lui chanter un cantique; il espère ainsi chasser la voix d'airain qui résonne à ses oreilles. Mais qu'aperçoit-il, en se retournant, à la porte de sa maison? Un ange de malheur, saint Michel, appuyé debout sur la crinière noire d'un cheval qui sue le sang. C'est le cheval Séméhé, qui errait, nuit et jour, depuis le matin du monde. Il faut le monter, et partir dès que la nuit sera venue. Il obtient de l'ange d'embrasser son père, sa sœur et ses petits frères, et de dire un dernier adieu au banc et au seuil paternels. Enfin, précédé par les oiseaux de nuit, les émérillons et les vautours, Ahasvérus se met en marche pour l'Occident. Après un premier tour de la terre, les pieds de son cheval frappent les feuilles mortes de la vallée de Josaphat. Au voyageur, fatigué dès le premier pas, cette vallée aride paraît plus belle qu'une ville bruyante avec ses minarets, ses palais et ses caravansérails. Il voudrait s'y reposer sur une pierre, boire une goutte d'eau de sa source limoneuse; mais la vallée impitoyable le repousse : la nature répète contre lui la malédiction prononcée par le Christ. Il n'obtient pour réponse à chacune de ses prières qu'un écho de l'arrêt du Golgotha.

Cependant, pour venger la mort du juste, d'autres voyageurs, éperonnés par Dieu même, franchissent les forêts, les monts et les fleuves sur leurs étalons sauvages. Les Goths, les Huns, les Hérules accourent à l'envi, au lieu où s'est abattue

---

[1] *Ahasvérus*, p. 119-124. — Nous nous sommes permis quelques légères suppressions.

la cavale de Rome que leurs serres vont déchirer. L'Éternel, qui voit passer cette meute de barbares, les lance contre le vieux monde romain, comme jadis il avait lancé contre le jeune monde oriental les eaux du déluge.

Ici survient un second intermède.

Le hennissement des coursiers d'Attila rappelle au poëte la France et ses chevaux de bataille, ces bons chevaux qui se souviennent quelle herbe sanglante ils ont rongée à Lodi, à Castiglione, à Marengo, et qui crient encore : Menez-moi paître au champ de gloire ! Quant à nous, leurs maîtres, qui les conduisons aujourd'hui par la bride dans un chemin où ne croit que la honte, le poëte ne nous adresse que des paroles rudes et sévères, dans le goût des âpres conseils qu'Aristophane adressait, par la voix du chœur, aux Athéniens dégénérés.

Avec la troisième journée, intitulée *la Mort*, nous entrons dans le moyen âge. La voix mélancolique que nous entendons sortir, à minuit, de cette tour crénelée, qui se penche sur le Rhin et qui ressemble à un tombeau, c'est pourtant la voix d'un monarque, mais d'un monarque chrétien. Dans ce donjon, le vieux Dagobert s'entretient avec saint Éloi : ils s'attristent des signes manifestes qui dénotent l'approche de la fin du monde. La terre a vieilli ; la mort a beaucoup moissonné. Mob, l'implacable Mob, éternelle comme Ahasvérus, va commencer à se mesurer de plus près avec l'humanité. Le drame se complique : la lutte approche. Mob ne peut rien sur la vie d'Ahasvérus ; mais elle peut glacer son cœur, refroidir sa foi, tuer ses illusions ; elle peut mêler son spectre hideux à tout ce qui doit être la consolation de la vie humaine. Ainsi fait-elle. Un ange autrefois, aujourd'hui une femme, Rachel a eu pitié d'Ahasvérus. Au moment où le Christ l'a maudit, elle a oublié le Dieu souffrant pour l'homme condamné et malheureux. Bannie du ciel, Rachel a dû quitter la ville de Dieu, pour venir habiter la maison de Mob ; elle est sa servante ; mais, si Rachel déchue n'est plus la foi céleste, elle est sur la terre l'amour idéal, la foi éternelle, le complément d'Ahasvérus. Celui-ci n'est pas seulement la vie ; il est la matière, le doute, la douleur ; Rachel est l'espoir qui console, l'amour qui guérit : il fallait ces deux éléments pour compléter l'humanité ; Rachel est une âme d'ange exilée dans un corps de femme ; c'est un de ces êtres tombés tout exprès d'en haut pour la réhabilitation de l'homme ; une essence presque divine, qui doit passer par l'amour humain avant de remonter à son premier séjour. Mob, l'impitoyable Mob, raille incessamment la pauvre fille sur ses souvenirs d'autrefois. « Qu'as-tu à faire de regarder toute la journée, assise sur ta chaise de paille, un coin du ciel, à travers la vitre de ta fenêtre ? Tu n'y rentreras plus dans ce monde des rêves. » Elle y rentrera pourtant, mais plus tard ; elle y rentrera quand elle aura triomphé de Mob ; après un rêve infini d'amour terrestre, elle se réveillera dans l'infini de l'amour divin.

La rencontre que fait Ahasvérus de Mob et de Rachel à Worms change toute sa destinée. Il approchait de cette ville, haletant, épuisé, comme un autre Mazeppa, et implorant la mort. Son pauvre vieux cheval trop éperonné, trop chargé des soucis de son maître, a senti le premier le voisinage de Mob ; il tombe et meurt à la porte de la ville. Ahasvérus n'éprouve qu'une défaillance. Il entre dans la cité où, pour la première fois, les bourgeois le fêtent : il a été à demi reconnu par Rachel, qui conserve de sa vision du Calvaire un indéfinissable souvenir. Il est aimé d'elle ; la malédiction du Christ pèse moins lourde sur sa tête : son arrêt même commence à recevoir une exécution moins littérale. Son voyage est fini ; a trouvé un cœur qui l'aime ; pour lui le reste du monde est vide ; il n'y a plus de monde. Où irait-il ? n'a-t-il pas traversé les mers, les lacs, les forêts, les déserts ? Il ne lui manquait qu'une place dans un cœur de femme ; il l'a trouvée, il sait aujourd'hui où se reposer. Ses courses ne seront plus qu'autour de la cité qu'elle habite ; ses yeux ne perdront plus son toit de vue. Ce ne sont plus ses pieds, c'est à présent son cœur et sa pensée qui doivent parcourir ce nouvel univers. Il ne sera pas moins agité ; mais ce sera l'agitation intérieure et convulsive d'une âme qui souffre et se tord sur elle-même.

Les progrès de l'amour de Rachel sont peints avec une vérité pleine de grâce. Voyez comme elle est troublée depuis la venue du bel étranger ; tout lui répète le mot qu'elle ne peut éviter, son sansonnet, son bouquet de giroflées, sa mandore. Les fées, pendant son sommeil, chantent doucement leurs airs d'amour à son chevet : elle veut prier ; mais, entre chaque verset de sa prière, les fées espiègles jettent mille distractions terrestres. Et dans le jardin de Berthe, ces questions de Rachel à l'étranger, ces questions et ces réponses, qui toutes sont des demi-souvenirs, comme elles forment bien un double écho de la terre et du ciel ! Et comme elle est pâle et aride, cette Mob édentée ! Elle pénètre de son souffle de glace le cœur d'Ahasvérus, ce cœur qui voudrait s'ouvrir à la foi et se dilater dans l'espoir. Il faut lire et relire la longue et belle scène où Mob se complaît à parcourir toutes les illusions de la vie, et à verser, goutte à goutte, sur chacune d'elles le poison mortel de son ironie ; il faut voir avec quelle cruauté de scepticisme elle met tout au néant, poésie, science, religion, amour. Puis, quand elle a brisé le cœur d'Ahasvérus, elle le quitte en ricanant, secoue sa robe, déploie ses longues ailes noires, prend, à minuit, sa sombre volée, et plane, au clair de lune, au-dessus des cités frissonnantes, telle qu'Orcagna l'a si bien peinte, à Pise, dans les fresques du Campo Santo.

Rachel, qui se dévoue à l'amour d'Ahasvérus avec un si

d.

complet abandon, ne sait pas encore le nom que porte son bien-aimé ; elle ignore qu'il soit maudit. Une fois, il est vrai, au milieu de ses transports, elle a cru voir briller dans son regard la flamme des damnés ; une autre fois, le crucifix de Rachel a versé des larmes ; mais un serrement de main d'Ahasvérus lui a rendu toute sa confiance. Mob essaie vainement de les désunir ; il ne lui reste plus à employer qu'un moyen. Elle est scrupuleuse, Mob ; elle aime que les amants recourent à la bénédiction nuptiale ; elle se plaît aux fiançailles et aux noces ; surtout elle prend plaisir à se placer entre deux époux dans leur couche nouvelle. « Sus donc, bel épousé ; j'entends mon cheval qui piaffe dans la cour ; c'est l'heure de la danse des morts ; charge ta fiancée sur sa croupe, et tiens-toi ferme avec elle sur ses arçons. Adieu Heidelberg et son bosquet fleuri sous le balcon de l'électeur ! A Strasbourg ! à Strasbourg ! La grosse cloche de la cathédrale nous appelle. »

Une cathédrale ! c'est le résumé en pierre de la pensée, des arts, des joies, des frayeurs, des espérances du moyen âge. Le long du chœur et de la nef sont écrites en bas-reliefs toutes les histoires de la Bible et des saints. Une cathédrale ! c'est le livre toujours ouvert où chacun, seigneur ou serf, vient lire ses devoirs envers Dieu et l'Église. Ici, tout promet ou menace. Ces griffons dont la tête supporte les piliers ; ces serpents, ces colonnes de marbre, qui pendent des arceaux des voûtes ; ces salamandres et ces gorgones, rampantes mosaïques que le peuple foule aux pieds, ces évêques qui prient agenouillés sur leurs tombeaux ; ces rois chevelus, immobiles dans leurs niches ou droits sur leurs chevaux de bataille ; ici des démons de pierre qui emportent une âme pécheresse ; là, presque nue, la mort qui se glisse au chevet d'un pape : toutes ces choses, nous allons les voir, mais animées, mais mouvantes : le marbre hennit, les vitraux frémissent, saint Marc s'effraie, Jésus-Christ parle sur son vitrail, les évêques se lèvent, les griffons glapissent, les tombeaux s'entr'ouvrent, les morts quittent les couleuvres de leurs dalles : Dansez! dansez! rois et reines, enfants et femmes! Donnez-vous la main ; faites une grande ronde dans la nef ; à votre valse vous mêlerez des chants. Que dites-vous ? vous vous lassez d'attendre l'heure prédite ; mille ans et plus sont écoulés ; vous niez le Christ qui vous avait annoncé la résurrection. Patience! il n'est pas temps ; voyez Mob, votre reine, qui vient avec deux compagnons. Et vous, beaux fiancés, approchez ; voici le squelette du pape Grégoire qui va vous unir ; il ne faut que dire vos noms. Ahasvérus hésite ; c'est Jésus, du milieu de sa rosace flamboyante, qui le nomme : un cri de malédiction s'élève, l'anathème du Golgotha est répété par la ronde du genre humain. Le ciel et l'enfer frappent Ahasvérus ; mais, quand tout l'accable, une femme le soutient, une femme le bénit : Rachel a fait monter jusqu'au ciel un cri de miséricorde.

Après cette scène nous avons besoin de relâche. Un intermède va vous faire changer d'émotions. Cette fois, c'est de lui-même que le poëte nous entretient. Assis, non plus dans la cathédrale d'Erwin de Steinbach, mais dans la nef de la petite église de Brou, où Marguerite de Savoie, *la gente damoiselle*, dort dans son lit de noce près de son époux, le poëte, le front penché, repasse en lui-même sa vie si triste et que le chagrin a rendue errante. Ce qu'il murmure comme à regret, ce sont quelques mots à peine articulés d'une douloureuse et chaste histoire ; ce sont quelques souvenirs pleins de larmes, quelques soupirs entrecoupés ; c'est une blessure de poëte, une douleur mâle et contenue. On dirait une des pages les plus tristes et les plus pénétrantes de la *Vita nuova*.

Cet intermède nous conduit jusqu'à la dernière limite du temps présent.

La quatrième journée (*le jugement dernier*) est consacrée tout entière à l'avenir. Déjà le bruit des villes et des hommes s'est affaibli sur les grèves du vieil Océan. Ses vagues commencent à tarir. Le doute impie, qui avait déjà saisi les morts, glacé les vivants, et a pénétré jusque dans l'âme de la création. Soleil, fleuves, étoiles, fleurs des prairies ont perdu la foi. Le lion de saint Marc, l'aigle de saint Jean, fatigués du paradis, demandent à leur maître la permission de descendre un moment sur la terre ; bientôt ils reviennent effrayés des symptômes de destruction qu'ils y rencontrent. L'esprit de Mob dissout le monde ; Rachel seule a conservé sa foi. La grotte, le rocher, le flot, la vallée, le firmament, n'ont plus ni voix ni prière ; seule, Rachel prie et aide Ahasvérus à boire le calice de douleur que lui a légué le Christ sur le Calvaire.

Enfin, la dernière heure du monde a sonné. Que l'étoile éteinte, la fleur séchée, le fleuve tari se lèvent et accourent ! que les peuples se réveillent ! que les villes sortent de leur tombe et se rendent dans la vallée de Josaphat ! L'ange du jugement a répété partout : réveillez-vous ! réveillez-vous ! Déjà Athènes et Rome sont debout ; mais qu'elles sont lentes les cités de l'Orient ! Babylone, la belle, voudrait rester couchée sur le coussin de son désert. Les villes de l'Occident sont plus agiles : Paris, au bruit de la trompette céleste, croit entendre le clairon des batailles et se lève joyeuse, comme au matin de Bovines et d'Austerlitz. Et, cependant, la science humaine retourne sans relâche son insoluble problème. Au fond de son laboratoire, Albertus Magnus ne s'est pas aperçu que le monde et sa pensée elle-même finissaient. Depuis hier, il croit avoir trouvé la méthode : il faut pour l'arracher à sa rêverie que l'ange du jugement vienne lui toucher l'épaule et ferme pour jamais son livre.

A la voix de la trompette, notre poëte soulève aussi la pierre de son sépulcre. Son cœur le premier a retrouvé sa chaleur; mais ses yeux sont encore pleins de la terre du cimetière. Ce n'est pas la voix de l'archange, ce sont des voix de femmes... que dis-je? c'est la voix d'une femme qui achève de le ressusciter.

Cependant, sur le monde en ruines, les destinées d'Ahasvérus et de Rachel s'accomplissent; l'amour les a si étroitement unis qu'ils semblent avoir changé d'âmes; Rachel, l'exilée du ciel, ne songe plus à y remonter; pour suivre Ahasvérus, elle vivra sur un débris de la terre, sans Dieu, sans Christ, sans soleil. Mais Ahasvérus est las de la terre. Rachel elle-même ne lui suffit plus; il aspire au ciel; il veut aller plus loin, toujours plus loin, jusqu'à la source infinie de tout amour. La transfusion de ces deux existences est accomplie. Elles peuvent paraître devant leur juge.

Déjà toute la création, les fleurs, les étoiles, l'Océan, et tous les peuples et toutes les villes, guidés par Mob, ont défilé comme une procession de Pâques devant le Père Éternel; tous ont confessé leurs fautes, exposé leurs œuvres; tous ont reçu du Juge une parole douce ou sévère; tous ont été bénis ou maudits. De tout ce qui fut bon dans l'ancien univers l'Éternel a composé sa cité nouvelle, cette cité des âmes, où tous les royaumes ne feront qu'un royaume, toutes les lois qu'une loi, toutes les langues qu'une langue qu'on appellera *poésie*. Il ne reste plus à juger qu'Ahasvérus et Rachel; les voici aux pieds du Christ.

Le Christ. « Je t'avais chargé de cueillir après moi ce qui restait de douleur dans le monde. Est-tu bien sûr de l'avoir toute bue?

Ahasvérus. D'un regard vous aviez rempli mes yeux de larmes éternelles. J'ai versé déjà tous mes pleurs pendant la nuit que j'ai vécu. Vous m'aviez laissé en héritage ma coupe pleine de fiel. Rachel, en en buvant sa part, l'a vidée avec moi ce matin.

Le Christ. Puisque tu as fini ta tâche, veux-tu que je te rende ta maison en Orient?

AHASVÉRUS. Non; je demande la vie et non le repos. Au lieu des degrés de ma maison du Calvaire, je voudrais, sans m'arrêter, monter jusqu'à vous les degrés de l'univers. Sans prendre haleine, je voudrais blanchir mes souliers de la poussière des étoiles; monter, monter toujours, de mondes en mondes, de cieux en cieux, sans jamais descendre, pour voir la source d'où vous faites jaillir les siècles et les années...

LE CHRIST. Mais qui voudra te suivre?

VOIX DANS L'UNIVERS. Non pas nous...

RACHEL. Moi! je le suivrai; mon cœur n'est pas lassé.

LE CHRIST. Cette voix t'a sauvé, Ahasvérus. Je te bénis le pèlerin des mondes à venir. Rends-moi le faix des douleurs de la terre. Que ton pied soit léger; les cieux te béniront, si la terre t'a maudit..... Tu fraieras le chemin à l'univers qui te suit. L'ange qui t'accompagne ne te quittera pas. Si tu es fatigué, tu t'assiéras sur mes nuages. Va-t'en de vie en vie, de monde en monde, d'une cité divine à une autre cité; et quand, après l'éternité, tu seras arrivé, de cercle en cercle, à la cime infinie où s'en vont toutes choses, où gravissent les âmes, les années, les peuples et les étoiles, tu crieras à l'étoile, au peuple, à l'univers s'ils veulent s'arrêter : « Monte, monte toujours; c'est ici. »

Le monde promis par l'Eternel est créé; le *Mystère* est fini; on n'entend plus qu'une douce harmonie de voix et d'instruments qui chantent dans la cité nouvelle. De ce concert ineffable, nous ne citerons que cette strophe :

LA LYRE. Deux âmes amoureuses qui ont longtemps pleuré, et dont un poëte m'a parlé, vivent ici dans un même sein, dans un même cœur, et ne font plus qu'un ange. Comme la couvée d'une hirondelle de printemps, tous deux ils se voient rassemblés en un seul être sous une même aile transparente. Dans une seule poitrine tressaillent deux bonheurs, deux souvenirs, deux mondes. Moitié homme, moitié femme, pour deux vies ils n'ont qu'un souffle. Et, quand ils effleurent mes cordes, ils n'ont tous deux qu'une bouche pour dire : Est-ce ta voix? est-ce la mienne? Je n'en sais rien. »

Un mot, un rien sonore, vibre encore là-bas : c'est *l'Épilogue*. La nouvelle cité a longtemps vécu; Marie est morte; tous les anges, l'un après l'autre, ont replié leurs ailes; l'Eternité a clos les yeux du Père; Jésus reste seul au firmament. Un immense ennui l'oppresse; il veut rejoindre son père; il lègue les mondes à l'Éternité, pour les aimer à sa place ; mais l'Éternité n'a ni amour, ni haine, ni joie, ni douleur. Impassible, elle reçoit les adieux de Jésus, et lui prédit une nouvelle incarnation, une nouvelle passion, un nouveau champ du potier. Cette fois seulement, tout sera agrandi : le firmament sera sa croix ; les étoiles d'or seront les clous de ses pieds ; les nuages, en passant, lui donneront leur absinthe ; il ne meurt que pour retrouver un plus grand tombeau, un meilleur monde, un nouveau ciel.

Le Christ. Tout est fini : mets-moi dans le sépulcre de mon père ; ainsi soit-il.

L'Éternité. Au Père et au Fils, j'ai creusé de ma main une fosse dans une étoile glacée qui roule sans compagnie et sans lumière. La Nuit, en la voyant si pâle, dira : c'est le tombeau de quelque Dieu..... Et à cette heure, je suis seule, pour la seconde fois. Non, pas encore assez seule ; je m'ennuie de ces mondes qui, chaque jour, me réveillent d'un soupir. Mondes, croulez ! Cachez-vous !

Les Mondes. En quel endroit ?

L'Éternité. Là, sous ce pli de ma robe.

Le Firmament. Faut-il emporter toutes mes étoiles, comme un faucheur l'herbe fleurie qu'il a semée ?

L'Éternité. Oui, je les veux toutes cueillir ; c'est leur saison.

Le Sphinx. Quand vous avez sifflé, pour m'appeler en messager, je vous ai suivie en tous lieux, et j'ai creusé de ma griffe votre noir abîme ; laissez-moi encore me coucher à vos pieds.

L'Éternité. Va-t-en comme eux. J'ai déjà jeté dans l'abîme mon serpent qui se mord la queue de désespoir.

Le Néant. Au moins, moi, vous me garderez ; je tiens peu de place.

L'Éternité. Mais tu fais trop de bruit : ni être ni néant ; je ne veux plus que moi.

Le Néant. Qui donc vous gardera dans votre désert ?

L'Éternité. Moi !

Le Néant. Et, si ce n'est moi, qui portera à votre place votre couronne ?

L'Éternité. Moi !

Ce *moi* de l'Éternité solitaire, remplissant les abîmes de l'infini, survivant au monde des idées comme à celui des formes, et s'asseyant seule à la place de tout ce qui fut, même de ce qui fut Dieu, est le dernier mot de cette épopée dithyrambique. Je dis épopée, parce que je trouve empreint dans cet ouvrage le véritable caractère épique. En effet, ce qui distingue l'épopée de toutes les autres sortes de composition, c'est la confluence dans un même lit des trois grandes sources qui alimentent toutes les autres branches de poésie : à savoir, Dieu, la nature et l'homme. Ce n'est pas assez pour l'épopée de faire vibrer, comme la tragédie, les cordes les plus douloureuses du cœur humain, ou de reproduire, comme la muse paysagiste et descriptive, le miroir des lacs, l'azur du ciel, la voix des montagnes ; au delà de l'homme et du monde, la poésie épique cherche Dieu ; elle n'est pas seulement humaine et cosmogonique, elle est surnaturelle et divine. Point d'épopée sans merveilleux, a-t-on dit avec raison ; c'est-à-dire, point d'épopée si ce n'est à la condition d'apporter ou d'exposer de nouvelles solutions religieuses. Envisagé de ce point de vue, qui est le seul vrai, le *Discours* de Bossuet *sur l'Histoire universelle* est incomparablement plus épique que la *Henriade*. En effet, une épopée n'est pas seulement une narration métrique, partagée en douze ou en vingt-quatre chants ; c'est une tentative ou une application plus ou moins hardie, plus ou moins nouvelle de théodicée.

Ce qui a surtout manqué aux poëmes chrétiens qui ont suivi celui de Dante, c'est précisément ce caractère de nouveauté religieuse. Si la *Messiade* et le *Paradis perdu*, malgré la puissante inspiration biblique qui les a dictés, n'ont pas produit sur l'imagination des peuples le même ébranlement que la *Divine Comédie*, c'est que ces deux épopées ne contenaient pas, comme cette dernière, de grands et nouveaux aperçus religieux ; c'est qu'elles n'offraient pour toutes variantes, que les négations presbytériennes et les restrictions du luthéranisme ; c'est enfin que, sous le rapport de la conception théosophique, elles manquaient sinon de grandeur, au moins de nouveauté. L'épopée chrétienne par excellence, c'est le poëme de Dante. La *Divine Comédie* est l'expression poétique du christianisme orthodoxe, du catholicisme plein de jeunesse et de foi. En s'affaiblissant, ou, pour mieux dire, en marchant de nos jours vers un développement plus ou moins panthéistique, le christianisme a soulevé de nouveaux problèmes, ouvert de plus vastes perspectives, et rendu ainsi, de nouveau, la grande poésie, la poésie religieuse, l'épopée possibles. *Ahasvérus* est l'expression de ces croyances encore à l'état de chrysalide et à la veille de déployer leurs ailes. Nous ne voulons pas rendre à M. Quinet le mauvais service de comparer son livre né d'hier à un poëme justement admiré depuis cinq siècles. A Dieu ne plaise! Mais nous devons dire que l'auteur d'*Ahasvérus* a voulu faire l'épopée de nos trente dernières années, de notre christianisme à demi transfiguré, comme, au quatorzième siècle, Dante a fait l'épopée du christianisme encore intact, du christianisme de saint Augustin, de saint Thomas et de saint Bernard.

Le tort le plus grave que l'auteur d'*Ahasvérus* ait à nos yeux, est de n'avoir pas imprimé à sa pensée le sceau indestructible du mètre; c'est d'avoir gravé sur bois, pour ainsi dire, ce qui devait être ciselé profondément dans l'airain. Les tables de la loi ne furent pas tracées sur des feuilles de palmier, et Gœthe écrivit en vers les chœurs de *Faust*. On se tromperait cependant beaucoup si on concluait de cette observation que la forme soit négligée dans cet ouvrage. La langue de M. Quinet, à la fois savante et populaire, est riche, pure, originale, quoique peut-être moins originale que sa pensée. Ce qui lui nuira auprès d'un certain nombre de lecteurs, c'est que sa manière est trop pleine et trop *feuillue*, comme disait Diderot de *La nouvelle Héloïse*; c'est qu'il y a partout dans son livre un luxe trop peu réprimé de pensées et d'images. On dirait une de ces forêts vierges du Nouveau-Monde, où la végétation la plus énergique, où les plus beaux arbres centenaires, où les plus belles fleurs en nombre infini, s'entre-croisent, et, tout en excitant l'admiration du voyageur, arrêtent ou du moins retardent sa marche. On voudrait pouvoir élaguer ces futaies vigoureuses et trop touffues et s'y frayer sa route en coupant, ici et là, ces lianes qui sont à la fois une parure et un obstacle.

Nous n'insisterons pas sur ces reproches. Quand un écrivain fait bon marché de l'art et le sacrifie au succès du moment, la critique doit se montrer inexorable et sans merci ; mais quand le poëte, au contraire, sacrifie l'espoir du succès aux saintes lois de l'art, le devoir de la critique est de se montrer bienveillante et sympathique. D'ailleurs, il est peu à craindre que l'on oublie de signaler les imperfections de cet ouvrage J'appréhenderais plutôt qu'on n'en méconnût les beautés. Jamais contre une œuvre grande et forte les petites chicanes n'ont manqué. L'auteur n'a pas fait ce qu'on avait fait avant lui : le délit est patent ; les conclusions faciles à prévoir. Je ne suis pas OEdipe, *Davus sum*, et pourtant, je gagerais que toutes les critiques que l'on fera d'*Ahasvérus* pourront se résumer en deux mots : on accusera ce poëme d'être *obscur* et *extravagant* au premier chef.

Si cette critique n'atteignait qu'*Ahasvérus*, nous le laisserions se défendre et gagner son procès lui-même. Mais la poésie et l'art sont ici en cause. Si ce n'était ici qu'une question individuelle, nous ne ferions nulle difficulté de reconnaître que ce *Mystère*, comme l'auteur l'a nommé, laisse parfois sortir de son cratère enflammé quelques tourbillons de cendre et de fumée mêlés avec la flamme. Mais savez-vous que cette manière de juger n'irait à rien moins qu'à rendre toute poésie impossible. Avec ces deux mots, *obscurité* et *extravagance*, il n'y aurait pas de poëte au monde, depuis

Eschyle jusqu'à Dante et depuis Aristophane jusqu'à Rabelais, qui n'eût pu, à bon droit, être envoyé aux petites-maisons. Le *Songe d'une nuit d'été* est-il parfaitement clair? La cérémonie du *Bourgeois gentilhomme* est-elle parfaitement sage? Les fables de La Fontaine elles-mêmes, où la cigale converse avec la fourmi sa voisine et la traite de *ma commère*, sont-elles parfaitement raisonnables? C'est avoir une singulière idée de la poésie, que de la vouloir sage comme un article du Code civil, et lucide comme la démonstration du carré de l'hypoténuse. Il est temps de rétablir les principes. Les plaisirs de l'imagination ne sont presque jamais fondés que sur quelque chose d'obscur ou d'inadmissible à la raison, et je me fais fort de prouver que la nature de la poésie, au moment où elle se montre, est d'être folle ou, tout au moins, de le paraître.

Ces deux propositions ne sont point un paradoxe; c'est une théorie fort sérieuse, que je demande la permission de développer en peu de mots.

Remarquez, d'abord, qu'il y a pour un écrivain deux manières fort différentes d'être obscur. On peut obscurcir un sujet naturellement lucide, et alors on commet la faute la plus impardonnable dans laquelle puisse tomber quiconque se sert d'une plume; ou bien, on peut ne pas éclairer de tout le jour désirable un sujet naturellement obscur; ce qui est infiniment plus excusable. C'est même une chose digne d'éloge, que d'apporter dans un sujet couvert de ténèbres une clarté, si faible qu'elle soit. Or, les matières habituellement traitées par la poésie, et en particulier par M. Edgar Quinet, Dieu, la nature et l'homme, ne sont pas, par elles-mêmes, tellement lumineuses, que la poésie soit inexcusable de laisser flotter sur elles quelques-uns de leurs nuages primitifs.

Quelque bizarre que cette assertion puisse paraître, il est de fait qu'un sujet est poétique en raison inverse de sa clarté.

Aussi la poésie n'a-t-elle absolument aucune prise sur les vérités mathématiques ni sur la partie démontrée des sciences physiques et d'observation. Ce qu'elle aime, ce n'est pas la lucidité de l'analyse et l'évidence de la démonstration, c'est le demi-jour de la conjecture et l'éclair de la découverte. L'homme, en effet, est né pour connaître ; c'est un des buts principaux de sa destinée. Or, pour y parvenir, il lui a été donné deux instruments, la raison qui poursuit et atteint la science, et l'imagination qui n'atteint que la poésie qu'on peut appeler la *demi-science*, et, mieux encore, la *prescience*. L'imagination est l'avant-courrière de la raison. Elle la devance en éclaireur : c'est la colonne demi-lumineuse et demi-obscure qui nous conduit dans la nuit du désert. Par une sorte d'instinct divinatoire que la philosophie n'a pas assez étudié, l'imagination saisit des rapports trop fins pour être perçus par d'autres qu'elle. La poésie jette, à pleines mains, dans le monde les vérités anticipées, dont la science n'a plus, par la suite, qu'à trouver la démonstration. Quand rien n'était science, tout était mystère, obscurité, poésie. Dans les temps mythologiques, Apollon était à la fois le dieu des vers, de la médecine, de l'astronomie, de la musique. Au temps de Solon, les poëtes étaient à la fois devins, prêtres, historiens, législateurs. Au moyen âge, la démonomanie, l'astrologie judiciaire, la transmutation des métaux, formaient la demi-science ou poésie de cette époque de profond travail intellectuel. Peu à peu, la raison et la science ont empiété sur le domaine de la poésie. Esculape détrôna son père Apollon ; Hippocrate remplaça Esculape ; de nos jours, en expliquant les phénomènes de l'extase, la médecine a fait disparaître la sorcellerie ; l'astronomie a mis au néant l'astrologie judiciaire ; Lavoisier a éteint les fourneaux des alchimistes. Nos grands poëtes dramatiques et nos romanciers ont, par leurs chefs-d'œuvre de psycologie sentimentale, rendu vulgaire et presque scientifique la connaissance des mouvements de l'âme et des passions. Aussi le champ de la poésie va-t-il se rétrécissant de siècle en siècle ; la raison et la prose s'avancent, comme une marée montante, et couvrent peu à peu les rivages où se jouait la poésie. Forcée de se retirer toujours plus avant dans les replis les plus reculés de la nature et du cœur humain, celle-ci doit s'ingénier, de plus en plus, pour arriver à ces régions vierges et inexplorées, les seules où elle se complaise. Aussi, voyez Hoffmann auscultant, à l'aide d'un nouvel instrument poétique, les plus délicates et les plus bizarres sensations d'artiste. Voyez-le exposer dans *Kreisler* les plus singuliers phénomènes du cœur et de l'organisation ; voyez-le, dans le *Violon de Crémone*, surprendre les plus mystérieux effets de ce magnétisme intellectuel qui lie des êtres sensibles à d'autres êtres soi-disant inanimés, et signaler, le premier, ces lois encore inconnues, et, par cela même si poétiques, qui passeront bientôt peut-être dans le domaine des vérités d'observation, et deviendront ainsi, un jour, aussi prosaïques que le sont aujourd'hui les lieux communs de la plus triviale sentimentalité.

Pour exprimer la sensation singulière, et, en quelque sorte, électrique que nous causent les créations du genre de celles de Hoffmann, il manquait un mot à notre langue : on a adopté, dans ces derniers temps, celui d'*œuvre fantastique*. Pour atteindre à cette idée, l'ancien mot, le mot propre, le mot *poésie,* ne suffisait pas. Il a trop longtemps servi à désigner des productions qui n'excitent plus en nous, quoiqu'elles aient excité jadis, ce délicieux ébranlement qu'il est dans la nature de la poésie de nous causer. Il est certain que nous avons besoin de deux mots : l'un, pour exprimer la sensation, en quelque sorte, galvanique, que la poésie présente produit sur nous ; l'autre, pour exprimer l'impression que nous recevons de la poésie passée, de la poésie d'hier, de celle où la surprise et la nouveauté n'ont plus de part. Au reste, qu'on ne s'y trompe pas ; tout grand poëte, Virgile ou Racine, par exemple, a produit sur ses contemporains, et produit encore sur nous, quand nous savons nous mettre à son point de vue, la même commotion fantastique que Gœthe, Hoffmann, M. Victor Hugo nous ont fait successivement éprouver. Certes, le premier qui imagina de faire deviser un loup et un agneau, dut paraître fou à tous les gens sensés de son voisinage, et charmer, en même temps, tous les hommes d'imagination. En France, où nous craignons tant le ridicule, et où nous fuyons si soigneusement l'inaccoutumé, nous n'avons guère abordé dans la poésie que les genres les moins poétiques, la satire et le drame, entre autres. Eh bien ! même dans le drame, quand la poésie s'est montrée un peu plus à nu que d'ordinaire, elle a produit, au premier aspect, son effet habituel ; elle a paru déraisonnable aux esprits exacts. Racine lui-même, Racine, avant que ses hardiesses admirables fussent devenues, avec le temps, la langue de la raison, passa pour extravagant aux esprits prosaïques, et fit jeter les hauts cris à tout ce qui se piquait de bon goût et de jugement. Certes, le style de la *Phèdre* de Pradon est infiniment plus sage et moins métaphorique que celui de la *Phèdre* de Racine, et, pour cela même, il suscita moins de clameurs et de parodies. Enfin, quand Racine s'éleva, dans *Athalie*, à la hauteur de la vraie poésie lyrique ; quand il écrivit la prophétie de Joad :

Comment en un plomb vil l'or pur s'est-il changé ?
. . . .
Quelle Jérusalem nouvelle
Sort du fond du désert brillante de clarté ?. . .

son œuvre, à peine comprise, fut conspuée par les beaux-esprits du temps ; il fallut qu'*Athalie* attendît près d'un demi-siècle que le peuple lui rendît, comme au *Cid*, son rang parmi les chefs-d'œuvre. L'imagination a beau parler un langage parfaitement clair et lucide pour l'imagination, elle ne peut se faire entendre que de l'imagination ; toutes les fois que la raison seule s'avise de vouloir juger l'œuvre du poëte, celle-ci doit être sûre d'être déclarée folle et fantasque.

Mais, dira-t-on peut-être : De même que toute poésie paraît d'abord nécessairement folle, toute folie paraît-elle aussi nécessairement poétique ? suffit-il d'avoir le transport au cerveau pour obtenir un brevet de poëte ? Si cette question m'était adressée sérieusement, je répondrais que la poésie ne paraît folle qu'aux hommes privés d'imagination, et que la folie proprement dite paraît folle à tout le monde, même aux autres fous. Si la raison vulgaire ne comprend pas la poésie, la raison supérieure, l'intelligence complète, dont l'imagination fait partie, la comprend et l'admire. Il peut arriver que la disproportion soit trop grande entre le génie du poëte et l'imagination de tel ou tel individu, de telle ou telle classe même de lecteurs, qui le jugent pourtant et le jugent mal ; mais nul écrivain, fût-ce Dante, n'a plus d'imagination que le public en masse. Voilà pourquoi l'intervention du temps qui accroît le nombre et la compétence des juges, est si nécessaire à la légitimité des arrêts rendus en matière de goût ; voilà pourquoi l'heure vient toujours où il se trouve assez d'imagination dans la société pour rendre justice aux vrais poëtes.

D'ailleurs, on m'aurait mal compris, si l'on concluait de ce qui précède qu'il y a opposition ou dissonnance entre la poésie et la raison. Nullement ; elles ne sonnent pas, il est vrai, à l'unisson ; elles suivent en cela la loi des accords ; l'intervalle est plus ou moins hardi, plus ou moins difficile à saisir ; mais il est exact et harmonique : il ne faut que posséder un sens assez délicat pour le percevoir. Il existe entre la poésie et la raison une conformité secrète et finale que le temps révèle ; quelques anneaux de la chaîne qui les unit ont beau n'être pas visibles, la chaîne existe ; il n'y a aucune solution de continuité. Le rapport de la science à la poésie n'est pas un rapport de simultanéité, mais de précession, pour ainsi dire ; c'est le rapport du jour à l'aurore, du parfum à la fleur. Ces harmonies délicates peuvent échapper aux sens vulgaires, mais n'échappent pas au sens poétique ; la science elle-même, un peu plus tôt ou un peu plus tard, les découvre et les manifeste. Pour être appréciée à sa valeur, la poésie a besoin d'être jugée par l'imagination d'aujourd'hui et par la science de demain.

Nous avons dit que la philosophie moderne, qui a fait plusieurs beaux travaux psycologiques, a trop négligé l'étude de l'imagination. Nous trouverions, au besoin, la preuve de cette assertion dans un des morceaux, en petit nombre, où l'école psycologique actuelle a essayé de déterminer la nature et les fonctions du génie poétique. On lit le passage suivant dans une dissertation de M. Jouffroy, pleine d'ailleurs de vues élevées et profondes :

« La poésie chante les sentiments de l'époque sur le beau et le vrai. Elle exprime la pensée confuse des masses d'une manière plus animée, mais non plus claire, parce qu'elle sent plus vivement cette pensée, sans la comprendre davantage. La philosophie la comprend. Si la poésie la comprenait, elle deviendrait la philosophie et disparaîtrait. Voilà pourquoi Pope et Voltaire sont des philosophes et non des poëtes. Voilà pourquoi la poésie est plus commune et plus belle dans les siècles les moins éclairés, plus rare et plus froide dans les siècles de lumières ; voilà pourquoi, dans ceux-ci, elle est le privilége des ignorants. »

M. Jouffroy a bien vu, comme nous, que toute vraie poésie est un peu confuse ; mais nous différons entièrement avec lui sur la cause de cette obscurité. M. Jouffroy regarde la poésie comme aussi peu intelligente que la pensée des masses ; et nous, nous la croyons très-intelligente. Nous la croyons plus claire que la pensée des masses ; car, en supposant qu'elle fût la même, ce serait cette pensée, plus une formule. Si elle a quelque obscurité au moment où elle se montre, c'est que, sans cela, comme dit très-bien M. Jouffroy, ce serait la philosophie ou la science, et non la demi-science ou la poésie. Mais, si la poésie n'a pas l'évidence scientifique, ce n'est pas, suivant nous, parce qu'elle est en arrière, c'est tout au contraire, parce qu'elle est en avant de la science. La poésie paraît obscure, non parce qu'elle ne comprend pas ce que la philosophie démontre ou cherche à démontrer ; elle paraît obscure parce qu'elle fait rayonner ses *ténèbres visibles* au delà du point où la philosophie peut atteindre. Étranges ignorants que Gœthe, Schiller, Hoffmann et Jean Paul! Certes, s'ils sont obscurs, ce n'est pas qu'ils ne comprennent les problèmes agités par Kant, Schelling ou Fichte ; c'est qu'ils dépassent ces problèmes et cherchent, par la voie de l'imagination, des solutions encore inaccessibles à la philosophie, à moins que celle-ci n'emprunte les procédés poétiques, comme a presque toujours fait l'ontologie.

M. Jouffroy continue :

« La nature de la poésie la soumet à la loi de changer avec les sentiments populaires, autrement elle cesserait d'être vraie. Le poëte ne peut sentir les sentiments d'une autre époque ; s'il les exprime, il ne peut qu'en copier l'expression : il est classique ; ce qu'il produit n'est pas de la poésie, mais l'imitation d'une poésie qui n'est plus. Voilà pourquoi la mythologie n'est plus poétique ; voilà pourquoi le christianisme ne l'est plus guère ; voilà pourquoi la liberté le serait tant, si nous la comprenions moins. Les vrais poëtes expriment les sentiments de leur époque... »

Si M. Jouffroy voulait dire seulement que jamais un siècle ne doit se servir des formules poétiques d'un autre siècle, et que, pour produire l'impression fantastique dont je parlais tout à l'heure, chaque siècle doit trouver une nouvelle langue et de nouveaux symboles, je serais entièrement de son avis ; mais ce n'est pas là seulement l'idée qu'il a émise. M. Jouffroy pense que la poésie d'une époque ne peut exprimer que les sentiments de cette époque. Le vrai poëte, à son avis, ne saurait être que le chantre de son propre temps. C'est ne comprendre que la poésie personnelle, c'est anéantir la poésie d'imagination.

L'imagination (et par conséquent la poésie) ne se plaît nulle part aussi peu que dans le temps présent ; sans cesse elle se retourne vers le passé ou s'élance vers l'avenir. La double face de Janus serait son plus juste emblème. Ce que les poëtes aiment surtout, c'est de reconstruire le monde païen, ou demi-païen, comme Gœthe dans la *Fiancée de Corinthe* ; c'est de réfléchir la nature lointaine et les mœurs étrangères, comme Byron dans le *Giaour* ; c'est de réveiller les tournois, les pas d'armes, et de s'asseoir au foyer des vieux manoirs écossais ou saxons, comme Walter Scott dans *Ivanhoe*, ou dans les *Puritains*. La mythologie grecque peut même encore être poétique ; car dans le système qui, à son déclin, créa Psyché, il reste place encore pour bien des ravissantes créations. Le christianisme est encore pour bien longtemps poétique, car les plus belles époques chrétiennes du moyen âge sont encore couvertes de mystères. Partout où la science n'a pas terminé son œuvre, il y a place pour la conjecture, pour le rêve, pour la poésie. Sans doute, les vrais artistes sont toujours de leurs temps, en ce sens que c'est toujours du point de vue actuel qu'ils se retournent vers le passé, ou plongent leurs regards dans l'avenir ; mais le présent n'est pas leur point de mire ; il n'est tout au plus que le point d'appui de leur télescope, le lieu d'où ils observent et où ils rapportent leurs observations ; ce qu'ils sont le moins aptes à reproduire poétiquement, c'est le temps où ils vivent. Le lointain est nécessaire à la poésie. La plus grande figure des temps modernes, la figure de Napoléon, n'apparut poétique, même à Béranger, que posée sur le piédestal de Sainte-Hélène. L'œil de l'imagination ne sait voir qu'à distance, comme les yeux du corps qui, placés trop près d'une colonnade ou d'une pyramide, n'en distingueraient ni les proportions ni la hauteur. La critique de tous les temps a commis la faute immense de confondre l'impression du beau avec l'impression poétique. Il n'existe pas, à proprement parler, d'objets poétiques : il y a des objets qui paraissent instantanément grands, beaux ou sublimes ; il n'y a pas d'objets qui paraissent instantanément poétiques. L'impression du beau, pour se transformer en impression poétique, a besoin de la magie de la distance, et cette magie peut rendre poétique le laid lui-même. Aussi rien n'est-il plus faux que le fameux axiome, *ut pictura poesis*, surtout avec les conséquences qu'on en a déduites. Les arts plastiques ont seuls pour mission de nous donner l'impression du beau ; la sculpture, en particulier, limitée, comme elle l'est, aux formes humaines, reconnaît la beauté pour règle unique. La peinture, qui reproduit les couleurs aussi bien que les formes, et qui réfléchit le ciel, la terre et les eaux, admet déjà dans la beauté plus d'éléments et de combinaisons ; enfin, l'architecture plus compréhensive encore, plus indépendante du principe d'imitation, l'architecture, qui est comme l'épopée des arts plastiques, développe peut-être encore plus sûrement le sentiment poétique que le sentiment du beau.

Mais, dira-t-on, qu'est-ce que le sentiment poétique ?

Je ne pense pas qu'il y ait un seul homme assez dépourvu d'imagination pour n'avoir pas éprouvé, au moins une fois en sa vie, cette surexcitation de l'intelligence, ce vertige momentané du cœur et de la pensée que j'appelle *état poétique*. Ce phénomène est un des faits psycologiques les moins étudiés, quoique assurément des plus dignes de l'être. J'ai dit, tout à l'heure, qu'aucun objet, soit dans l'art, soit dans la nature, ne nous cause immédiatement l'impression poétique. On m'objectera que la vue d'un beau ciel, le bruit de la mer qui bat ses rivages, les sons d'une symphonie de Beethoven, le silence d'une cathédrale gothique, passent généralement pour produire ce que je viens d'appeler l'*état poétique*. J'en conviens ; mais il faut bien remarquer que ni la vue du ciel, ni le bruissement de la mer, ni le silence de la cathédrale ne nous donnent l'idée poétique de la mer, du ciel, de la cathédrale. Si, devant ces objets, nous rêvons poétiquement, nous rêvons à ce qui n'est pas eux. Ce qui nous émeut poétiquement, ce n'est pas la sensation directe, c'est une sensation occasionnelle, oblique, en quelque sorte, engendrée par de secrètes affinités que notre imagination découvre. Vous êtes assis au bord de la mer : est-ce aux flots blanchissants et murmurants, est-ce aux oiseaux de mer qui rasent les vagues, que vous pensez là pendant des heures ? Non ; vous songez probablement aux premiers jours de votre jeunesse, à vos années écoulées, à l'incertitude de l'avenir, à Dieu peut-être, ou aux hommes. Il en est de même de l'impression causée par une œuvre d'art. L'impression poétique que nous en recevons n'est pas l'impression de cet objet. Vous voilà sous les arceaux gothiques de la cathédrale de Reims ou de Notre-Dame de Paris ; si vous examinez ces deux édifices en artiste attentif, vous éprouverez le sentiment du beau et du grand ; mais si, cessant de penser à l'œuvre, vous vous abandonnez à l'impression poétique qu'elle fait naître, l'idée de la cathédrale disparaîtra ; vous penserez à Dieu, à la faiblesse de l'homme, que sais-je ? à la Marguerite de Gœthe, ou bien au cercueil de toutes les jeunes filles qui ont passé, avant le temps, sous l'ogive de ce portail ; et votre âme, selon son rêve de la veille, suivant l'heure du jour, la couleur du ciel, la clarté des vitraux, tombera dans une rêverie, véritable *état poétique*, vision et musique intérieures, que vous pourrez traduire par des chants ou des vers, si vous êtes poëte ou musicien, par des lignes ou de la couleur, si vous êtes peintre ou statuaire. Eh bien! cette même cathédrale que vous oubliez quand vous y êtes, un jour, lorsque vous serez loin d'elle, un chant d'église, entendu en traversant un village, vous la rappellera tout à coup. Vous la verrez alors des yeux de l'imagination, dans toute sa hardiesse poétique; vous suivrez dans le ciel son clocher merveilleux, vous reverrez sa nef et ses chapelles, vous entendrez la voix de son orgue et l'appel de son bourdon, vous découvrirez son génie intime et ses rapports avec votre âme; et, si vous êtes Schiller, vous ferez la *Cloche*, et, si vous êtes Victor Hugo, vous écrirez *Notre-Dame de Paris*.

Ce que la poésie a le pouvoir d'exprimer, ce n'est donc pas la sensation immédiate que nous recevons des objets, mais le sentiment intérieur qui se forme en nous à l'occasion de ces objets : ce qu'elle est apte à exprimer, ce sont des rapports. Si la poésie n'avait qu'à transcrire la sensation présente, il faudrait que le poëte, au milieu de la tempête, saisît son carnet pour y décrire la tempête; qu'au milieu d'une nuit de délices, il prît son album pour y déposer la confidence de son bonheur. Rien de cela n'arrive. Les belles tempêtes de Camoens n'ont pas été décrites au milieu de la tourmente, mais quand il était rentré dans le port; ce qu'il chantait sous le ciel brûlant des tropiques, ce n'était pas cette belle nature grandiose qui s'étalait sous ses yeux, c'étaient les fleuves de sa patrie absente et le *ninho paterno*, comme il l'appelle.

L'éloquence peut s'inspirer de la sensation immédiate; la poésie ne peut guère que la mettre en réserve pour un autre temps. La femme que vous adorez vous a trahi; vous souffrez l'agonie du désespoir; vous lui reprochez sa perfidie;

f

vous pouvez être éloquent, vous êtes passionné ; vous parlez, sous l'inspiration d'une douleur véritable. Mais est-ce assez pour être poëte? Non. La langue poétique a beau vous être familière, l'inspiration poétique est exclusive de toute sensation violente. Demain, quand vous souffrirez moins, ou que vous souffrirez autrement, quand votre plaie toujours vive sera moins saignante, quand vous pourrez regarder votre peine à distance, alors vous la sentirez peut-être se changer en émotion poétique ; alors vous pourrez rencontrer la poésie de la douleur. Trop agitée par la sensation présente, trop émue par la passion actuelle, il faut à la poésie le souvenir de la sensation, et rien que le souvenir. L'éloignement est indispensable pour trouver dans l'expression poétique une jouissance et non une distraction au bonheur, et, dans la peine, une consolation plutôt qu'un redoublement de la souffrance. Si l'éloquence est la traduction, et, en quelque sorte, la voix de la sensation, il n'en est pas ainsi de la poésie. Celle-ci ne réflète pas seulement les images ou les sensations reçues ; elle en crée qui sont à elle, c'est-à-dire que des rapports qu'elle découvre entre deux images ou entre deux idées, elle tire une troisième image ou une troisième idée, expression de ce rapport, et qui est son propre ouvrage. C'est en ce sens que la poésie est créatrice. Remarquons que ce phénomène qui se produit dans l'imagination, et qui constitue le génie poétique, a son analogue dans l'intelligence ou la raison. Entre deux idées, résultats de la sensation, la raison intervient, et le produit de cet acte libre de l'intelligence est ce qu'on appelle un jugement, qui ne résulte pas immédiatement de la sensation, mais de l'activité intellectuelle et qui est à ce titre l'œuvre de la raison.

La nature, qui n'est pas moins attentive à protéger la génération dans l'ordre intellectuel que dans l'ordre physique, a attaché à la formation des idées ainsi qu'à celle des êtres, une volupté qui nous y invite. A côté de la raison, dont les actes sont réfléchis et volontaires, elle a, dans sa prévoyance infinie, donné à l'intelligence un autre instrument générateur qui agit spontanément et sans attendre l'ordre de la volonté. L'imagination est cet agent, et l'on peut juger de sa puissance, en étudiant les littératures populaires. On peut encore se faire une idée de son énergie, en voyant comment l'imagination fait et défait les langues. La raison, il est vrai, les perfectionne et les règle ; mais c'est l'imagination qui les invente, qui les entretient, et, quand il en est temps, qui les brise et les renouvelle. Une langue ne meurt que quand elle n'offre plus rien à faire à l'imagination. Est-ce ici un emblème et un symbole ? En sera-t-il ainsi de tout le reste ? Pour mon compte, je le crois. Le jour où la poésie aura accompli sa tâche ; le jour où l'imagination, après avoir épuisé toute la série possible des rapports qui lient Dieu, la nature et l'homme, n'aura plus rien à faire dans le monde ; le jour où la science aura trouvé et proclamé le mot qu'elle cherche et dont elle a aujourd'hui à peine épelé quelques syllabes, l'ensemble des phénomènes actuels que l'on nomme *Univers* devra se présenter à nous sous un nouvel aspect. Quand l'homme et le monde se seront compris, l'un ou l'autre devra disparaître, comme une langue usée disparaît pour faire place à un idiome plus compréhensif, à un autre Verbe.

PROLOGUE.

<small>VOIX DANS LE CIEL.</small>

Hosannah! Hosannah!

<small>GABRIEL.</small>

Silence! le Seigneur va parler.

<small>LE PÈRE ÉTERNEL.</small>

Écoutez, saint Michel, Thomas, Bonaventure, grand saint Hubert qui fûtes évêque à Liége, et vous Pythagoras, Joseph le Juste et Marcus Tullius. Depuis mille ans et plus vos épreuves sont faites, et vos âmes ont monté des limbes au plus haut escabeau du paradis, comme autrefois la rosée des joncs de marécage, quand le soleil l'apportait sous mes pieds. Vous le savez, les temps sont accomplis. Il y a tantôt trois mille cinq cents ans que le jugement dernier se fit dans Josaphat. Voyez! au fond des cieux, la terre en tremble encore; éperdue, elle roule et ne sait plus son chemin. Voyez si jamais une feuille tombée d'un bouleau des Ardennes, à la fête des morts, courut par plus de monts et par plus de sentiers qu'elle, en roulant sans savoir où, avant de s'engouffrer dans mon puits de colère. Vous vous en souvenez. Quand l'épervier d'Allemagne ou de Judée se levait, dès le matin, au-dessus des bruyères, tout oiseau dans les champs, tout oiseau dans les villes, allait cacher sa tête sous un brin de ramée, et retenait sa voix. Voyez si tous ces mondes qui poudroient dans l'abîme, ne voudraient pas se blottir sous un sillon de chaume, sous l'herbe d'une source, ou sous le manteau d'un homme, tant que je tiens sur leurs nichées mes ailes étendues dans un cercle éternel? Le silence est profond. Entendez-vous, du haut de l'Empirée, ce soleil qui bourdonne si loin que la nouvelle ne lui est point encore venue, et l'Hosannah des Chérubins qui tombe d'un monde sur l'autre, plus monotone que la goutte de pluie dans le lac d'une grotte? C'est assez de repos; encore cent ans, ce serait trop. Si l'Univers est las de sa première journée en le touchant de l'aile, mon ange Gabriel, vous irez réveiller l'ouvrier dans ma vigne. Je vous l'ai dit : la terre était mauvaise, j'en vais demain créer une autre. Je ferai, cette fois, l'homme d'une argile meilleure; je le pétrirai mieux. Les arbres auront plus d'ombre, les monts seront plus hauts. Ni votre chape, saint Hubert, ni votre lance, ni votre écu tout azuré, ni votre mitre de diamants ne brilleront autant que la lumière de demain, sur une mer d'or. Les jours seront plus longs, et votre expérience sauvera mieux ce monde de toute tentation que n'ont pu faire anciennement ni Chérubins ni Séraphins, en sortant tout candides du berceau du néant. Mais, quel que soit l'état où s'en aille tomber jamais le monde qui va naître, pour vous mieux préparer à le tenir en votre garde, je veux qu'on vous retrace ici, en figures éternelles, le bien, le mal, et tous les gestes et le sort accompli de cet univers où vous avez vécu. Je veux qu'on vous dévoile le secret que je recélai, de ma main, dans le creux des rochers et dans le ciel frissonnant des lacs. Je veux qu'on vous montre la terre depuis qu'elle échappa de ma main comme le grain du semeur pour produire son ivraie, jusqu'au jour où je la moissonnai toute sèche et fanée dans la vallée de Josaphat. Femme adultère qu'avant-hier je lapidai au bord du chemin, vous la verrez sans voiles, sous sa ceinture de mers, de vallées et de forêts qu'elle délia le soir de sa nuit éternelle. Vous verrez par quels longs soleils et quelles arides nuits, la coupe où mon nom et ma vie débordaient peu à peu s'altéra, et ne garda que la lie et l'univers au fond.

SAINT BONAVENTURE.

Seigneur, quand l'hirondelle allait partir pour l'Afrique ou l'Asie, ses petits secouaient à l'avance leurs ailes sur les toits de Florence la belle. Ainsi, nous nous hâtons, hirondelles divines, pour vous suivre à jamais dans les mondes futurs qui dorment en vous-même et que vous allez créer. Ce monde sera-t-il, Seigneur, un autre monde de Calabre, avec des monastères et des cellules de diamant? Seront-ce des cyprès avec une mer endormie sous leurs feuillages d'ivoire, des barques sur des flots sans fond avec des voiles de lumière, et des frères avec leurs auréoles, assis parmi des ruches et des abeilles d'or?

SAINT HUBERT.

Seront-ce point, Seigneur, des cathédrales d'or massif, d'épaisses voûtes en pierreries, des vitraux faits d'un pan de votre robe? Seront-ce point, à l'entour, des bouleaux et des frênes d'argent, et des balcons en marbre sur un fleuve grand six fois comme le Rhin de Cologne?

SAINTE BERTHE.

Seront-ce point, Seigneur, des enfants tout endormis que vous bercerez sans fin, dans vos bras, au-dessus des nuages? Seront-ce pas des âmes dans des villes d'ivoire et qui vivront cent ans des larmes d'une rose?

LE PÈRE ÉTERNEL.

Je vous l'ai dit déjà; avant de créer seulement une étoile de plus, je veux vous expliquer et vous faire connaître le mystère du monde d'où vous sortez. Vous y avez passé sans savoir ce qu'il est. Les uns l'ont vu en Terre-Sainte, les autres en Brabant, les uns dix ans, les autres cent; mais pas un de vous tous n'a tenu dans sa main ce fruit tombé de mon rameau pour y chercher le ver rongeur; pas un n'a soulevé le sceau des mers et des villes ruinées et des tombeaux des peuples que j'entassais toujours pour cacher mes trésors; pas un ne s'est baissé pour voir verdoyer, dans l'abîme, le germe de mes moissons nouvelles, sous le nuage de la terre.

SAINT HUBERT.

Seigneur, longtemps j'ai voyagé dans l'Europe et l'Afrique; j'ai vu des orangers plus hauts que de grands chênes, autour des monastères, des flots plus bleus que la tunique de votre fils unique, sur le chemin de Jéricho, des paillettes et des sables d'argent, aux arbres du désert, la gomme et l'encens de Noël, et dans des roses de Joppé, des larmes de cristal. Serait-il bien possible, mon divin Créateur, que sous ces bois de myrtes, sous ces rivières et ruisseaux transparents, sous ces rochers et murs écroulés, vous eussiez mis encore des merveilles et des trésors magiques qu'aucun homme n'a vus ni touchés de ses doigts?

LE PÈRE ÉTERNEL.

C'est une longue histoire qui m'oppresse moi-même. Mes Séraphins vont célébrer devant vous ce terrible mystère; tous y auront leur place; chaque temps, chaque siècle que je secouai, l'un après l'autre, des plis de mon manteau, s'expliquera, par eux, dans son propre langage. Des montagnes et des plaines, fleurs, ouvrez-vous; trouvez une voix pour dire ce secret que vous gardâtes si bien au fond de vos calices. Les enfants morts en naissant répèteront ici, sur le sein de leurs mères, vos pensées endormies, vos rêves embaumés. Terre, ouvre-toi pour montrer ton génie. Le chœur des archanges redira tes paroles à son de trompe. Que les étoiles brillent comme la lampe du veilleur quand elle était pleine d'huile. Venez, troupe d'élus, comme l'herbe fauchée, vous entasser autour de moi; penchez-vous sans rien craindre chacun sur vos nuages, regardez dans l'abîme et soyez attentifs; le spectacle va durer approchant six mille ans.

PREMIÈRE JOURNÉE.

LA CRÉATION.

PREMIÈRE JOURNÉE.

LA CRÉATION.

I.

L'OCÉAN, LE SERPENT, LÉVIATHAN, L'OISEAU VINATEYNA, LE POISSON MACAR.

L'OCÉAN.

Grâces, Seigneur, assez de flots amoncelés; votre urne est pleine, elle déborde goutte à goutte en sortant de la source. L'abreuvoir est rempli; quand viendront boire les troupeaux? Votre souffle m'épuise; vous flagellez mes flancs, vous déchirez ma croupe; je ne puis courir plus vite, ni lécher, de mes vagues, le ciel qui s'enfuit, ni bondir plus de fois sous l'aiguillon de votre fouet. Je ne puis mieux creuser l'abîme de mes pieds ruisselants, ni secouer plus loin ma crinière d'écume, ni mieux rouler en tourbillons mon poitrail et mes flancs. Seigneur, où allons-nous? Depuis longtemps je pousse et j'entasse mes flots sans arriver jamais; toujours n'entendrai-je que hennir mes vagues; toujours ne verrai-je que moi dans mon immensité? Hier quand un rayon de la lune en naissant vint raser par hasard la cime de mes flots, ce me fut une fête; je crus que votre main caressait ma poitrine et voulait m'enchaîner avec un fil d'or, ou qu'une aile de flamme passait à travers mes crins échevelés; mais sitôt qu'il m'eut touché, le rayon dégoutta comme une source et jaillit en écume. Ah! si jamais je trouvais un rivage, un monde autre que moi, je m'y ferais un lit d'écume blanche, de la poussière des perles, des cristaux du corail, des racines de l'algue, des coquilles de pourpre; mes eaux s'y suspendraient, Seigneur, comme le glaive pend à votre ceinturon. Toute la nuit je baiserais le sable sur mes rives; mes vagues haletantes se gonfleraient sans murmurer; il n'y a que vous qui pourriez dire: C'est là qu'elles sommeillent.

LÉVIATHAN, *en s'élançant des eaux sur la terre ferme.*

Qui m'a jeté hors du gouffre? qui m'a donné mes écailles polies, mes mâchoires béantes, ma queue couleur des herbes de la grève? l'eau rampe sur la plage, les îles s'accroupissent dans la brume, le vent miaule dans les rochers, l'abîme ouvre sa gueule, les vagues s'enflent en mamelles; les flots se poussent comme un troupeau de crocodiles qui se pendent à leur mère; les crêtes des montagnes brillent comme des écailles broyées entre les dents de Léviathan.

L'OISEAU VINATEYNA.

Océan, mer transparente, plus bas, encore plus bas ; replie tes larges eaux comme je replie mes ailes quand je veux m'arrêter ; encore, encore ! laisse-moi voir jusqu'au fond de ton lit comme ils sont beaux mes pieds d'or, mon bec d'or, mon envergure de vingt coudées ; toi qui sais tout, dis-moi où j'étais ce matin. Avais-je donc plié mon col sous mon aile au bord du chaos, ou si je dormais dans mon duvet sur un rocher d'argent ? Dis-moi qui m'est venu prendre dans mon nid, qui m'a posé sur un nuage ; depuis cette heure, je vole, je vole sans repos ; regarde, c'est de mon bec qu'ils tombent un à un les grains de vie qui font les plantes et les forêts ; je laisse tomber le lis des eaux dans les vallées, le tamala sur le limon, le baobab dans les plaines, la fleur de vigne dans le creux du rocher, la fleur de saule au bord des sources, la bruyère sur le haut des montagnes. Les feuilles frissonnent, les joncs glapissent ; déjà les étoiles s'envolent comme une couvée d'oiseaux aux ailes d'or qui se mettent à partir pour des pays lointains.

LE SERPENT.

Ah ! si j'avais des ailes comme toi, avant que de parler je monterais sur le plus haut nuage, je saurais ce qui est autour de nous ; puisqu'il le faut, ce sera moi qui me dresserai de la fange pour regarder si l'univers est né ; voici l'arbre du monde, je grimperai autour de son tronc, je me nouerai à ses branches. Voyez ! ma queue touche la terre, mes mille têtes se dressent à sa cime ; par dessus son feuillage, mes langues dardent leur venin aux quatre vents; qui veut cueillir ces fleurs de sang? Mais vraiment je ne vois rien que des montagnes qui replient leurs anneaux, rien que des fleuves qui se glissent comme des couleuvres sous les forêts, rien que le cheval Séméhé qui court sans s'arrêter jamais sous les griffes des djïns; il sue le sang, le vent secoue sa queue d'argent; à son poitrail, deux yeux flamboient; à tout instant sa couleur change : il est pâle, il est noir, il est bleu comme le ciel, meurtri comme le venin qui tombe de ma bouche. Oh! c'est une pitié.

LÉVIATHAN.

Regarde encore du côté de la mer.

LE SERPENT.

Là aussi je ne vois que le poisson Macar qui a volé sa trompe à Béhémoth; si j'avais ses nageoires liées à mes anneaux, je saurais, avant que tu eusses fait un pas, ce qui gronde au fond des flots.

LÉVIATHAN.

Donc, tu ne vois rien qui soit au-dessus de nous; nous sommes encore les maîtres; la création s'est arrêtée à nous. Oh! j'ai longtemps frémi de peur que les rochers en s'élevant ne nous vomissent un maître aux écailles de pierre, et qu'il ne me fallût rentrer dans l'abîme d'où je viens de sortir. Et toi, n'as-tu rien vu?

L'OISEAU VINATEYNA.

Je suis monté jusqu'à la plus haute branche de l'arbre du monde; j'ai suivi dans son vol la plus rapide des étoiles; je suis descendu dans les vallées jusqu'où la la pluie ne descend pas; je n'ai trouvé partout que l'alouette matinale, que les djïns aux ailes noires, que le loriot qui pendait son nid à deux fils de soie, et qui berçait ses petits sur le monde naissant.

LÉVIATHAN.

Et toi, dis-nous ce que tu as vu au fond des eaux.

LE POISSON MACAR.

Avec ma trompe j'ai sondé les tourbillons d'écume. Jusqu'au fond, j'ai plongé dans le gouffre de la mer : on n'entend que l'eau mugir, on ne voit que le flot verdir dans les palais de corail.

LÉVIATHAN.

Ainsi nous sommes seuls. Ni là, ni là, ni en haut, ni en bas, personne autre que nous. La fange s'est formée pour que j'y laisse ma trace à chaque pas. Le monde s'est déroulé pour que le serpent l'enveloppe de son cercle. Maintenant que l'éternel vautour l'emporte dans ses serres, qu'il fuie avec sa proie à toutes ailes; partout, dans tous les cieux, c'est nous qui serons dieux.

TOUS.

Oui, Léviathan, tu l'as dit, c'est nous qui sommes dieux.

L'OCÉAN.

Cherchez, cherchez encore. Soulevez les branches des forêts; partagez mieux les eaux des sources. Creusez loin, plus loin dans le limon. Qui a fouillé dans cette fente de marbre? qui a secoué le pli de ce nuage? C'est là qu'il s'est caché pour vous entendre. Quand vous êtes venus, je lui parlais. Léviathan, il a un glaive qui résonne mieux que tes écailles; oiseau au bec d'or, il a des ailes plus larges que les tiennes; serpent à mille têtes, il a des morsures plus venimeuses que celles de ta bouche. Avant le jour, toute la nuit, il a poussé mes flots devant lui comme le lion de mer pousse ses lionceaux. Il m'a réveillé quand tout dormait; il a disparu dès que le soleil a lui.

TOUS.

Mensonge! Malédiction sur tes vagues plus vertes que le venin des vipères. Que les djïns trempent leurs ailes dans ton écume! que le pont Tchinevad s'écroule sur tes eaux! Mêlons ensemble tous nos cris; le froissement des écailles, le battement des ailes, le frôlement des anneaux. Que l'ongle s'aiguise sur le tronc, le bec sur la branche, l'ivoire sur le granit; que la corne du pied retentisse sur le sable, la nageoire sur le flot, la queue autour des flancs. Murmures des feuilles et des savanes, naseaux brûlants, crinières bondissantes, cris, sifflement, hurlement, que le bruit s'enfle et se prolonge. Le roc branle, l'avalanche s'écroule. Dis-nous, vieil Océan, si sa voix était plus forte que la nôtre. Les dives tournoient dans les airs; le griffon creuse de sa corne la crête des nuages; l'éternité met sa couronne sur le front des lions. La vie fourmille, la vie bourdonne, la vie ruisselle; la croupe bondit, la sueur dégoutte des naseaux comme la lumière des naseaux du soleil. Crins plus voltigeants au vent que les lianes des bois, plumes diaprées, perles rampantes, regards tombés des nues sur l'ombre d'une feuille, soif de vie, soif de mort, dis-nous, Océan, si ce n'est pas assez pour être Dieu. Les jours viendront, les temps s'entasseront ; jamais aucun temps ne verra nos griffes s'user, ni le bout de nos ailes se salir de limon, ni leurs couleurs s'éteindre sous la pluie. Après mille ans, la source tarissante réfléchira comme aujourd'hui nos aigrettes qui naissent, notre duvet qui vient à poindre. Toujours nous passerons par le même chemin sans nous lasser jamais ; toujours nous étendrons nos ailes dans les nues sans jamais les fermer ; toujours nous partirons pour le même voyage. Que les oiseaux commencent à se former en pointe pour fendre le vent ; que le plus léger prenne ses ailes. Trois jours, trois nuits, qu'il vole droit au ciel ; qu'il crie aux quatre vents : Où est le roi des mondes ? et Léviathan descendra en rampant dans les marais, et répondra des gouffres de la terre : C'est nous qui sommes Dieu.

II.

CHOEUR DES GÉANTS ET DES TITANS.

Frères, c'est l'heure, sortons de nos cavernes. Notre sommeil a été long, plus long le rêve qui a pesé sur nos poitrines dans cette immense nuit. Avant que d'être, l'univers, comme un songe qui se détruit, qui se refait toujours, a passé dans nos âmes et nous a fait tressaillir sur nos lits de rochers. Quelles ombres monstrueuses qui ne seront jamais ont pesé, en esprit, sur nos seins haletants! Frères, vous en souvient-il de cette attente sans fin qui dormait en nous-mêmes, de ces mondes à demi nés qui rampaient sans relâche sur nos pensées d'hier, de cette parole sur nos lèvres depuis mille ans, de cette soif de vie, de cette ombre d'Océan qui tarissaient sur nos chevets, de ce fantôme de Dieu qui nous versait les songes à pleins bords, de ces langes de lumière qui n'étaient ni la vie, ni la mort, ni le jour, ni la nuit, et de ces serpents qui couvaient sous leurs ailes fétides le spectre de l'univers éclos dans nos rêves?

UNE GÉANTE.

Vous souvient-il aussi d'un soupir confus qui sortait des abîmes et que tout être répétait? Vous souvient-il d'une goutte de sang qui pendait de la voûte, et qui gémissait en tombant dans un lac invisible? Ce rêve nous présage pour notre veille une éternelle douleur. Plût à Dieu que nous puissions retourner dans notre sommeil, et n'en plus jamais passer le seuil!

CHOEUR DES GÉANTS ET DES TITANS.

Courage, compagnons, mettons-nous tous à l'ouvrage; faisons-nous des villes souterraines. Pendant que le limon est humide, pétrissons les rochers au fond de leurs lits. Foulons aux pieds les fougères plus hautes que les palmiers; écrasons sous nos pas les crocodiles de cent coudées qui se vautrent sous des forêts de joncs. Mêlons à l'argile des marbres la fleur des fougères, à la fleur l'écorce du palmier, au palmier la mâchoire du serpent, le bec de l'aigle, l'écaille du poisson avec les dents de l'éléphant. Broyons le limon entre nos mains, étendons l'ardoise sur sa couche. Courage, l'ouvrage monte comme un mur. Sur les troncs des forêts s'amassent les carcasses des monstres échoués sur la grève. Que nos pensées géantes s'élèvent avec le roc et s'inscrivent sur ses flancs. Runes, hiéroglyphes, lettres de porphyre, de jaspe bigarré et de granit, conservez à tout jamais la langue et l'histoire des géants. Courbons, roulons la voûte des cavernes aussi bien qu'une natte dans nos mains. L'arbre géant de l'univers frémit déjà à l'haleine du matin. Sous son ombre, le puits des temps passés se creuse; l'éternité s'est ridée sur ses bords. Nos siècles de vie vont commencer plus touffus que son feuillage; notre empire sera plus dur que l'écorce de son tronc, plus grand que son ombre le soir, plus fort que la serre du vautour qui y a bâti son nid. Voyez déjà notre Dieu qui se lève de son siége; il a pour crâne le firmament, il a pour chevelure les lianes des bois; pour ceinturon, il a l'Océan noué autour de ses reins; pour glaive, il a la lumière dont chaque étincelle est une étoile.

UNE GÉANTE.

Malédiction! c'est sur nous qu'il l'a levée.

(L'île s'engloutit.)

III.

LE PÈRE ÉTERNEL, *à l'Océan.*

Comme un mot mal écrit dans mon livre, va effacer la terre.

L'OCÉAN.

J'y cours. A la cime du monde, il ne reste plus déjà que la tour d'un roi où il fait son banquet dans des plats de vermeil. Mon déluge entrera, avant une heure, dans la salle.

LE ROI, *à table, au milieu de ses princes.*

Le déluge, comme un lac, noie les lieux bas, il remplit l'auge des esclaves. Que l'Océan gronde, s'il veut, il ne viendra pas jusqu'ici; mes gardes l'arrêteront à l'endroit de mon royaume.

PREMIER SATRAPE.

S'il venait, roi des rois, ce serait pour lécher la plante de vos pieds.

SECOND SATRAPE.

Ou pour vous apporter un diadème de ses perles.

LE ROI.

I.

A ma table, sont assis mille rois. Toutes les grandeurs de la terre ont monté, ce matin, mon escalier. Cent dromadaires légers ont apporté sur leur dos le vin pour la soif, et cent chameaux de race le pain pour la faim.

II.

Le vin se boira et le pain se mangera. Avant ce soir, aussi, les étoiles auront fini leur banquet de lumière, et l'Océan aura versé dans sa coupe la dernière goutte de son outre. Mais nos vies de patriarches, ni ce soir, ni demain, jamais ne finiront.....

Silence! Qu'est ce bruit? J'ai entendu, je crois, un flot qui s'approche.

PREMIER SATRAPE.

Ce n'est rien ; c'est un soupir de votre peuple.

LE ROI.

Le bruit augmente.

SECOND SATRAPE.

C'est un sanglot de votre empire.

LE ROI.

Recommençons donc, en chœur, à chanter jusqu'à minuit. La pluie tombe, l'éclair brille. Sous nos yeux, la barque du monde vient se briser pour notre amusement. En mourant, l'Univers, à nos pieds, ne demande, de nos lèvres royales, rien qu'un sourire; sifflons sur sa ruine.

II.

Océan, mer lointaine, as-tu bien compté d'avance les marches de ma tour? Il y en a plus de cent de marbre et d'airain. Prends garde, pauvre enfant en colère, que ton pied ne glisse sur mes dalles et que ta salive ne mouille ma rampe. Avant d'avoir monté la moitié de mes degrés, honteuse, haletante, te voilant de ton écume, tu rentreras chez toi en pensant : je suis lasse.

III.

Dans les cavernes, dans les antres, dans les grottes où tu passes tremblant, le lion rencontre sa proie tremblante; le serpent se cache sous le pied de la femme, et des villes de géants attendent, muettes, un pied dans ta fange, que l'autre s'y noie aussi jusqu'aux genoux.

IV.

L'épervier, l'aigle de mer fuient devant toi; le pied traînant, ils grimpent sur leur roc pour abriter, contre toi, leur couvée sous leur poitrail; du bec, de l'aile, et de leur œil de flamme, hérissés, ils font peur à ton flot. Poursuis l'épervier et l'aigle de mer, si tu veux prendre, dans l'œuf, leurs petits coiffés de duvet.

V.

Ici, dans mon aire impériale, ce ne sont rien que couvées de rois coiffés de rubis; montés au plus haut de leur gloire, comment ta vague sur ta vague monterait-elle jamais si haut? De notre festin, nous te jetterons une miette; va, passe ton chemin.

PREMIER SATRAPE.

On frappe à la porte.

LE ROI.

Secourez-moi.

SECOND SATRAPE.

C'est ton héritier; je ne te connais plus.

LE ROI.

Qui est là?

L'OCÉAN.

Ouvrez, ouvrez-moi.

LE ROI.

Miséricorde! Mer des îles, Océan tout d'écume, que

veux-tu à ma porte? Si tu demandes mon manteau, le voici.

L'OCÉAN.

Votre manteau, beau sire, est trop petit pour mes épaules.

LE ROI.

Si tu veux ma coupe d'or, pleine de vin pour t'enivrer; prends-la dans ta vague.

L'OCÉAN.

Que votre coupe, sur mes lèvres, me désaltère!.. c'est pour rire, mon maître.

LE ROI.

Eh bien! voici ma couronne; mets-la sur ton front.

L'OCÉAN.

Fi de votre couronne! j'aime mieux, pour bandeau, ma poussière d'écume.

LE ROI.

Que veux-tu donc?

L'OCÉAN.

M'asseoir là, à votre table, à votre place. Allez régner sur mes grains de sable. Encore un pas, et je suis sur votre trône. M'y voici; qu'on y est à son aise! Là où était un monde, là est un flocon d'écume; à mon tour, je suis donc roi. Avec le sceptre je veux jouer, avec la tiare odorante, avec les vases du banquet; je lèche les coupes des convives jusqu'au fond. Ce vin de roi m'enivre; mes vagues, qui chancellent, sont mes sujets. Çà! qu'on se courbe jusqu'à terre. A présent qu'on soupire ; à présent qu'on se taise ; à présent qu'on sanglote. Mes fleuves, en foulant, comme des vendangeurs, les pampres de leurs rives, sont mes échansons qui m'apportent à boire. Ce flot est trop amer ; qu'il retourne à sa source ! Un autre, un autre, et puis cent, et puis mille. A mon caprice que tout se ploie ! D'un souffle, je fais, je défais mes villes mugissantes ; mes murailles, pour me défendre des larrons, ne me coûtent, à bâtir jusqu'aux nues, qu'une haleine. Mon royaume n'a point de bords ni de portes pour sortir. La flèche empanachée ne me peut rien ; l'épée qui me frappe se rouille dans mon sein. Au loin, auprès, il n'est pas un voisin qui me pense détrôner. Si je me souille, j'ai de quoi laver ma tache ; et rien ne laisse de trace derrière moi que mon manteau, quand le soleil l'empourpre.

LE PÈRE ÉTERNEL.

Assez, majesté d'écume, goutte d'eau à ton tour, déjà trop enivrée. Voilà, pour ta peine, une herbe déracinée, avec un peu de mousse, à ronger sur mon rivage.

IV.

TRIBUS HUMAINES RASSEMBLÉES SUR LE SOMMET DE L'HIMALAYA.

UN ENFANT.

Père, voyez au loin, bien loin, au milieu de la mer, l'eau qui se couvre d'écume ! Oh ! dites-moi, est-ce un grand aigle qui l'a touchée de son aile blanche? N'est-ce pas plutôt le petit d'une hirondelle qui n'a pu rejoindre son nid, et qui s'est noyé dans la mer?

UN AUTRE ENFANT.

Va, c'est la fleur du dattier que j'ai effeuillée dans le ruisseau, et qui s'enfuit toute seule de flots en flots, de rives en rives, bien loin, là où il n'y a plus de branche pour la bercer, comme un enfant qui dort dans son berceau.

UN VIEILLARD.

Non, ce n'est pas le petit d'une hirondelle qui s'est noyé dans la mer; non ce n'est pas la fleur du dattier qui blanchit comme l'écume. N'entendez-vous pas une plainte qui sort de chaque vague, un murmure qui s'achève dans le lit de la mer? La plainte des vagues ni le murmure de la mer ne monterait pas plus haut, si tout un monde venait de s'engloutir. Il me semble entendre mille voix qui s'éteignent, mille secrets des temps passés qui s'accroupissent et s'endorment peu à peu, comme des vieillards chenus sous les sables et les coquillages de la mer.

CHOEUR DE JEUNES FILLES.

Oh! mon père! ne regardez plus si longtemps du côté de la mer. Ce frémissement est celui des feuilles de lotus qui se réjouissent de naître. Ce murmure est celui des sources qui cherchent leur chemin et le demandent aux bananiers et aux fleurs qu'elles rencontrent : bananier au vert ombrage, diamant qui reluis au soleil, petit oiseau qui viens boire de mon eau, dis-moi, quel chemin prendrai-je pour descendre dans le fond de la vallée? — Source fraîche d'hier, où je baigne le bout de mon aile, où mes branches s'inclinent, où mon cou d'azur reluit, viens, passe sous mon ombre. Épands-toi sur tes gradins, suis à mesure mes pieds légers, tu trouveras dans le fond de la vallée l'Océan qui t'attend. Il t'attend sur un sable doré avec des flots bleus, couleur du ciel. Oh mon père! ne regardez plus du côté de la mer; ce sont là les voix que vous entendez balbutier autour de nous.

CHOEUR DES TRIBUS.

Jour, salut! salut, nuit fille du jour! salut, mer, fleuves, montagnes! comme la rosée du premier jour du monde gonfle la fleur du Tamala avant que le soleil l'ait bue, comme l'eau bondit dans sa source avant d'avoir franchi ses bords, comme les petits des éperviers et des vautours de Malaya s'ébattent dans leurs nids de feuillée avant de connaître le sommet ni la plaine qui s'étendent sur leurs têtes de duvet, ainsi nos tribus écloses aujourd'hui, se pressent dans leur aire, et restent suspendues sur le monde. La feuille du palmier tremble dans la forêt, l'eau du lac se ride à sa source, l'âme frissonne dans notre sein. Oh! qui dira à notre âme dans notre sein, à la feuille du palmier, à l'eau de la source, qui a fait le jour si brillant, qui a fait la nuit si noire, qui a fait le vent si rapide? Qui dira à la montagne, qui a fait le flot si bleu pour la baigner; à la mer, l'étoile pour s'y plonger; au crin du cheval, le vent pour le hérisser; au caillou, le lit pour le rouler? Flot bleu, couvert d'écume, je te ferai un lit de coquillages et d'or, si tu me dis qui t'a poussé sur mes pieds. Sycomore aux cent rameaux, je t'arroserai d'une eau de source qui vient de naître, si tu me dis qui t'a donné ta chevelure de feuilles ; serpent, beau serpent tout diapré de couleurs, je te ferai un chemin de sable pour t'y rouler, si tu me dis où est celui qui t'a donné le bleu du firmament, l'or des montagnes pour peindre tes écailles. Rochers, appelez-moi pour me montrer où il a marqué ses pas de cent coudées ; je le suivrai jusque sur la montagne d'or. S'il descend dans la vallée, je descendrai. Le petit du ramier, quand il bat des ailes, a son père pour le conduire hors de son nid. Et moi, où est mon père pour me montrer mon chemin ?

VOIX DE FEMMES.

Faut-il donc déjà partir ?

CHOEUR DES TRIBUS.

Ah ! oui, il faut partir. Ne voyez-vous pas déjà les hirondelles qui prennent leur vol du côté de la mer ? Mon âme se soulève dans mon sein, comme la cigogne dans son nid quand le jour du départ est arrivé. Les nuages ne se pressent-ils pas à l'horizon, comme des voyageurs sous des tentes de lin ? Le fleuve ne se hâte-t-il pas, de peur d'arriver une heure trop tard ? Les îles ne passent-elles pas dans la brume comme des sarcelles ? Le vent balaie les éperviers de mer, il secoue la crinière des chevaux sauvages ; où donc vont-ils tous ? N'y a-t-il que nous qui ne franchirons pas notre seuil ? nous, qui nous sommes levés dans la nuit, comme la source de terre qui ne sait pas où elle passera le soir. Puisque tout s'ébranle, partons, suivons la foule.

VOIX DANS L'UNIVERS.

Venez, venez.

V.

PREMIÈRE TRIBU.

Je choisis, moi, pour me conduire, le grand fleuve du Gange; c'est lui qui a les bords les plus larges, et des flots profonds comme le ciel.

DEUXIÈME TRIBU.

Je sais bien qui sera mon guide : c'est le griffon. Il est fort comme le lion, il est rapide comme l'aigle, il a sur sa tête une couronne; quand il s'arrête dans le désert, tous les lions se taisent.

TROISIÈME TRIBU.

Je connais un guide qui court plus vite que le fleuve, qui sait plus de choses que le griffon : c'est l'ibis au bec d'or, aux pieds d'argent. Quand il se repose sous les palmiers, il prophétise l'avenir; quand il se traîne sur un rocher, il se rappelle le passé.

(Ils partent.)

PREMIÈRE TRIBU.

Fleuve du Gange, tu cours plus vite que la gazelle. Arrête un moment tes flots pour que nous y étanchions notre soif.

LE FLEUVE.

Pas encore, pas encore; nous sommes encore loin du bord où vous vous reposerez. Avec mon onde qui me suit, je roule un lis blanc comme un vase; dans le lis blanc est le breuvage de l'Ammirééta qui donne l'immortalité. Vous en approcherez vos lèvres quand nous serons arrivés.

PREMIÈRE TRIBU.

Dis-nous au moins, avec tes îles murmurantes, dis-nous, avec ta blanche écume, comment sera le bord où nous nous arrêterons.

LE FLEUVE.

Sous des figuiers d'Inde et des pamplemousses, j'ai déjà creusé ma vallée pour que vous y répandiez vos flots. Comme je la remplissais chaque jour de l'eau de ma source, vous la remplirez, vous, à votre tour, de larmes, de sueur, d'hymnes et de tombeaux. Votre nom germera dans les siècles comme le lotus germait dans mon limon. Vos dieux s'amasseront autour de vous, semblables aux coquillages de mes bords. Dans vos songes ils s'épanouiront comme le fruit de l'amlaka par une nuit d'automne.

PREMIÈRE TRIBU.

Oh! que tes flots à présent se promènent lentement sous des voûtes de savanes! Les branches des palmites les couvrent d'ombres parfumées. Dans le rêve cristallin qui te berce nuit et jour, c'est à peine si ta vague qui défaille et sommeille, une fois se lève en sursaut pour te dire : Emporte-moi, emporte-moi avec ta rive là où tu vas.

LE FLEUVE.

Ainsi vos jours, vos siècles passeront sans pouvoir se détacher de leurs rivages. Ainsi vos empires futurs s'endormiront à l'ombre de vos rêves.

PREMIÈRE TRIBU.

Arrête-toi, fleuve du Gange; ne vois-tu pas devant toi l'Océan? Il est immense; il est sans bords. Retourne, retourne dans ta vallée; tu vas te perdre, te perdre à jamais avec tes flots couleur de l'œil de l'antilope, dans la mer qui s'épand devant toi.

LE FLEUVE.

Ainsi vous vous perdrez un jour avec vos tribus aux colliers de perles, avec vos siècles embaumés, vos dieux, vos murmures, vos cités, dans votre océan et votre éternité.

DEUXIÈME TRIBU.

UN ENFANT.

Ma mère, ma mère, ce chemin est plein de pierres; une épine m'a percé le pied. Est-ce là le pays de l'Iran où le griffon nous conduit?

LA MÈRE.

Non pas encore, courage! Nous arriverons bientôt.

L'ENFANT.

Je ne peux plus marcher; le griffon court toujours; quand ses pieds se lassent, il prend ses ailes.

LA MÈRE.

Si tu t'arrêtes sur le chemin, quand tout le monde sera passé, les Dives noirs t'emporteront dans l'air où ils font leurs danses.

L'ENFANT.

Je ne veux pas être emporté par les Dives, mais mes pieds sont en sang (*il pleure*); est-ce que je vais mourir?

UNE PÉRI.

Viens, Ferdoun, pends-toi à mon cou; cache tes pieds dans mes longs cheveux; je te porterai jusqu'au pays d'Iran. Tu trouveras pour ta soif des sources de cristal, pour te réchauffer des fontaines de naphte, pour ta faim des figues fraîches, des dattes dans les bois feuillus, des cocos et des oranges d'or.

L'ENFANT.

Vraiment aussi des oranges d'or?

LA PÉRI.

Tu rencontreras en passant, tout ruisselants d'écume, au bord des golfes, les Avatars au corps de femmes qui te feront signe et t'appelleront pour te bercer au fond de l'eau. Les fleuves y courent sur leur sable plus vite que les archers sur leurs chevaux, quand ils font résonner leurs carquois. Le désert se roule à l'entour avec son parfum de myrrhe, mieux que la ceinture de lin que ta mère étend dans la nuit auprès d'elle. La neige y blanchit sur le mont, mieux que la mitre sur la tête des prêtres. Depuis mille ans, les lacs s'y balancent dans leurs vallées, comme des rois qui songent leurs songes de rois sous des tentes d'azur.

L'ENFANT.

Péri, bonne Péri, je veux, en arrivant, réveiller les lacs dans leurs lits; je veux entendre résonner le carquois des fleuves, toucher la neige plus blanche qu'une mitre, apprendre la chanson des Avatars.

LA PÉRI.

Que de villes tu feras naître à ton caprice, pour t'y reposer à l'aise! Babylone se penchera derrière toi comme une lionne altérée qui n'a point trouvé de source dans la journée. Des bords de l'Euphrate, Bactres s'enfuira sur la montagne, comme une licorne dans son rocher. As-tu vu monter les roseaux dans les marais? Les colonnes de marbre monteront comme eux dans les marais de Persépolis. As-tu vu les couleurs de l'arc en ciel au soleil levant? Ecbatane en dorera ses murs pour que tu les puisses compter en passant par ses portes. Les lions de granit de Persépolis battront de leurs ailes à ta rencontre. Des dieux, comme toi nés d'hier, te salueront sur le chemin; de jeunes Péris de la Chaldée liront ton horoscope dans des étoiles de ton âge. Dans tes songes, n'y a-t-il pas déjà des fantômes couronnés de mitres, des rois suspendus à ton nom comme ce collier de perles est suspendu à ton cou, des siècles et des villes parfumées qui étendent dans l'avenir leurs tapis sous tes pieds, et des oiseaux aux plumes d'argent qui te saluent sous les palmiers, quand tu passes?

L'ENFANT.

Tu m'emportes trop vite; je ne vois que les têtes des arbres que le vent balance, que l'eau des lacs qui reluit, que les petits oiseaux qui secouent leurs nids sur les branches. Est-ce déjà là que sera Ecbatane ou Babylone?

TROISIÈME TRIBU.

Regardez donc quelle ombre sinistre l'ibis jette sur le sable; c'est un mauvais augure; je voudrais que nous eussions choisi un autre guide.

UNE FEMME.

Jamais il ne s'est arrêté sous les arbres à encens, ni sous les arbres à gomme. Pourquoi ne nous a-t-il pas laissés dans l'Arabie? pourquoi ne nous a-t-il pas laissés sur l'herbe des oasis? Voilà qu'il nous a semés, près du Nil, comme les œufs de l'autruche, sur un rivage de limon où la première tempête nous brisera. Le fleuve traîne au fond de son gouffre des spectres livides; la vallée se creuse sous nos pieds comme un tombeau; l'ibis ploie sa tête sous son cou, et s'endort au sommet comme un hiéroglyphe de mort. Ce pays est plein de pressentiments funèbres.

L'IBIS.

Si vous saviez où vous mène votre longue route, plutôt que de la commencer, vous vous arrêteriez sur le seuil. Nés d'hier, n'avez-vous pas peur de vous livrer plus avant à la vie?

TROISIÈME TRIBU.

Oui, déjà nous sommes fatigués de notre tâche. C'est assez pour nous d'un seul jour de vie. En sortant du néant, le soleil de l'Orient nous éblouit et nous lasse. Comme des oiseaux de nuit surpris tout à coup au grand jour, chancelants, hébétés, nous hésitons à te suivre. Plutôt que de dépasser le seuil de notre vie, ramène-nous dans l'obscurité d'où nous sortons. Ah! donne-nous, donne-nous tes ailes pour rentrer plus vite dans l'éternelle nuit.

L'IBIS.

Construisez-vous d'abord des tombeaux en pyramides pour vous enfermer tous, comme le ver a sa conque; vous vous endormirez à leur ombre; je me poserai au faîte, comme le hibou dans la nuit se perche sur la tente de l'Arabe. Je t'éveillerai quand il sera temps d'entrer, peuple d'Égypte. Le désert se couche immobile. Et toi aussi, endors-toi du sommeil du désert. Déjà tes sphinx de pierre se font leur litière dans le sable. Sur tes obélisques l'épervier des montagnes ferme ses yeux de granit. Et toi aussi, épervier de la vallée d'Égypte, plie ta tête sous ton aile jusqu'aux temps qui viendront. Tes siècles passeront avec moins de bruit, l'un après l'autre, que l'haleine d'un sphinx assoupi. Peuple d'hier, accroupis-toi sur le seuil du néant d'où tu viens, comme les lions aux portes de tes villes. Près de toi tout se taira. Babylone et Ninive se lèveront, pieds nus, dans la nuit, de peur de t'éveiller, et la brume de l'univers naissant t'enveloppera de son linceul.

VI.

UNE NUIT D'ORIENT.

CHOEUR DES ÉTOILES.

Le griffon et l'ibis ont conduit les tribus à travers les vallées dans leurs terres d'héritage. Et nous aussi, un guide nous conduit à travers les monts et les vallées du firmament, sur le nuage où nous devons dormir la nuit.

LA LUNE.

Le patriarche de Chaldée, assis devant sa tente, regarde paître autour de lui ses troupeaux sur le penchant de la montagne. Paissez aussi, mes troupeaux d'étoiles bondissantes, autour de ma tente d'argent, que j'ai plantée sur un nuage de printemps.

UNE ÉTOILE.

Chaque tribu s'endort dans sa ville de marbre; chaque étoile, dans sa robe d'argent. Mes rayons pendent échevelés aux colonnes de Persépolis. Ninive a des tours à créneaux; où ils se penchent aux fenêtres. Mais j'aime mieux les murs de Babylone; sur ses toits ils s'amassent et s'assoupissent sans bruit, comme des flocons de neige sur la cime des montagnes.

UNE AUTRE ÉTOILE.

Peut-être, mes sœurs, faisons-nous le même voyage que les tribus des hommes. Comme elles égarée, je voudrais converser avec elles. Volontiers je leur enverrais des rêves avec mes rayons d'or. Je donnerais mes paroles au vent; le vent les porterait à la fleur du désert, la fleur au fleuve, le fleuve les redirait en passant dans les villes.

TOUTES.

Oui, c'est là ce qu'il faut faire.

UNE FLEUR DU DÉSERT DE SYRIE.

Ma tête ploie sous la lumière des étoiles; mon calice se gonfle de rosée, comme un cœur se remplit d'un secret qu'il voudrait répéter. Dans la nuit, ma fleur s'est rougie de taches couleur de sang, comme la robe d'un lévite le jour du sacrifice; le murmure des étoiles est descendu dans mon calice et s'est mêlé à mon parfum. Je porte un secret dans mon calice; j'ai le secret de l'univers qui lui est échappé en songe pendant la nuit, et point de voix pour le redire. Ah! dites-moi où est la ville la plus proche. Est-ce Jérusalem, ou est-ce Babylone? Que les passants viennent cueillir le mystère qui charge ma couronne et me fait baisser la tête.

L'EUPHRATE.

Fleur du désert, courbe un peu plus encore ta tête sur mon lit; que j'entende mieux ton murmure; de flots en flots, toujours en bondissant, je le porterai jusqu'aux murs de Babylone; ton secret, dis-le moi; je le déposerai sur des vagues argentées au pied des tours des Chaldéens.

HABITANTS DE BABYLONE SUR LEURS TOITS.

Voyez si l'Euphrate ne brille pas ce soir sous les saules, comme la lame d'un poignard tombé d'une table de festin. Ses murmures ne seraient pas plus doux, quand il roulerait au fond de son lit des vases sacrés d'or et d'argent.

UN ESCLAVE.

Ou bien, quand tout un peuple penché sur ses bords y aurait laissé tomber ses larmes une à une.

UN ROI.

Ou bien, quand un empire avec les tiares de ses prêtres, avec la robe de ses rois, avec ses dieux étincelants, serait englouti depuis mille ans sur son lit de gravier, comme une fleur des eaux.

CHOEUR DES PRÊTRES.

La lumière de la nuit éclaire les inscriptions de Sémiramis gravées sur le roc de la montagne d'Assur. Chaque mot brille d'ici comme une lame de feu qui écrit sur la pierre la langue du firmament. Comme la lyre répond à la lyre, que les voix des étoiles, que leurs volontés muettes éclatent parmi nous avec des voix de peuples et des échos qui durent un siècle. L'Orient à étendu autour de lui ses peuples et ses empires, comme la nuit sa robe brodée d'étoiles, pour que les dieux s'en vêtissent au jour. Mais l'univers ne fait encore que poindre, et celui qui l'a réchauffé de son souffle le tient comme le petit d'un ramier dans sa main. Pendant que les pas du Dieu des dieux se voient sur l'herbe d'Éden et de Cachemire, marquons ses traces sur le haut des monts. Ni le soleil ni le cœur des hommes n'ont point bu encore à cette heure son haleine. Comme l'Arabe se lève dans la nuit pour lécher la rosée du désert avant le milieu du jour, ainsi nous nous levons aux premiers jours de l'univers pour puiser dans nos urnes la pensée de l'Éternel, avant que sa source ne tarisse. Goutte à goutte, elle tombe des étoiles et de la voûte du ciel, et de chaque feuille du palmier ; enivrons-nous de sa liqueur comme d'un vin résineux. O vous, peuples de l'Inde, de la Chaldée et de l'Égypte, à votre tour, prenez et buvez la coupe de l'Éternel, qu'il a laissée remplie en sortant de son banquet. Que tous les peuples naissants portent à leurs lèvres, sans tarder, le vase où l'infini fermente jusqu'aux bords. Après nous nos sphinx, après eux nos idoles de granit et de bronze. Si l'univers vacille à nos yeux, s'il se partage en mille dieux divers, oiseaux aux têtes d'hommes, serpents aux corps de femmes, licornes couronnées, que ce soit comme en nos festins, quand le cœur est gorgé des vins de l'Idumée, et que chaque convive, avec son panetier, voit les vases d'or chanceler, se heurter, se briser dans son esprit sur une table de porphyre. De l'Inde jusqu'à l'Araxe, hâtons-nous ; qui sait si le temps ne viendra pas où l'univers, après des siècles, sera comme une fleur toute fanée, toute hâlée, le soir d'un soleil d'Arabie, et si les lèvres des hommes ne presseront pas en vain la coupe où nous buvons, et qui n'aura plus alors ni parfum ni breuvage éternel.

VII.

CHOEUR DE SPHINX.

I.

Par Memnon ! qu'il fait bon se coucher tous ensemble

sous le portique de Luxor! Pour prendre haleine, courbons nos genoux sous nos poitrails. Pour nous mieux reposer, plions, ramassons nos croupes de rochers. Mettons, déroulons aux quatre vents nos colliers de femmes; avec nos griffes, délions nos bandelettes sur nos visages de sibylles.

II.

Jusqu'à cette heure, échevelés, nous avons couru sans pouvoir trouver d'abri. L'Éternité nous avait pris dès sa naissance, pour messager : holà! beau messager, au sein de femme, va porter, sans t'arrêter, cette nouvelle jusqu'au bout de mon royaume. — Le bout de votre royaume est loin; on ne trouve en chemin ni ombre, ni herbe de pâture, ni pan de mur pour s'asseoir; que me donnerez-vous? — Pour dais, sur ta tête, mon ciel vide; sous ta griffe, mon chaos; pour repaire, mon noir abîme.

III.

Mais Thèbes, qui m'a rencontré, m'a bâti un toit de temple, et m'a fait ma bauge dans le roc de Carnac. Tous les cent ans, si j'ai faim, je ronge les feuilles d'acanthe, de dattier et de grenadier qu'elle a taillées pour moi aux chapiteaux de ses colonnes; si j'ai soif, je lèche le plat du sacrifice; si l'ouragan me poursuit, j'entre, en rampant, sous mon étable, dans ma grande pyramide de Gizeh.

IV.

Pour nous mieux désennuyer, nous apprenons à nos petits, dès la mamelle, à lire en rugissant, les hiéroglyphes sur les murs. Par la cime de l'obélisque, par le bec de l'ibis, par l'aile du serpent qui plane, par l'antenne du scarabée, par les deux bassins ciselés où les âmes sont pesées, par l'épervier assis à la proue de la nacelle des morts ; oui, par le signe du fléau, par le signe du hibou, par le signe du crocodile vorace, notre sagesse est plus grande que la sagesse de la reine de Saba.

UN SPHINX.

Que les jours vont vite quand on est éternel ! Depuis que nous parlons, déjà plus de mille ans sont écoulés. Chaque mot de notre bouche dure un siècle : chaque haleine est une année. Pour serrer nos bandeaux autour de nos fronts, nous mettons toute une vie de patriarche, pour nous coucher sur nos croupes de lionne, nous mettons toute une vie d'empire ; et, quand le sable du déluge nous couvre jusqu'au poitrail, nous le secouons de nos épaules en frissonnant.

CHOEUR DES SPHINX.

I.

Passez, passez donc sans peur devant moi, siècles, âges des patriarches, jours de mille ans, temps des dieux, temps des mystères. Jeunes années, qui voulez rester cachées avec votre voile jusqu'à terre, laissez-moi vous regarder tout seul, marchez pieds nus sur mes degrés ; de mes griffes monstrueuses, laissez-moi attacher sur votre robe votre ceinture de ténèbres. Passez aussi, chariots de guerre, qui voulez ne point faire de bruit sur vos roues. Armées, beaux cavaliers, je sèmerai de mes cheveux, du sable sur vos habits. Passez sans trompes, ni hérauts, ni sandales, tribus, peuples, empires, races mitrées qui jamais ne dites votre nom, ni l'endroit où vous allez. Passez, tours, vieilles Babels, villes magiques qui retenez votre haleine sous votre porte pour que le berger ne vous entende pas. Passez, rois inconnus qui vous couvrez jusqu'aux genoux de votre barbe. Dieux qui vous voilez dans mon ombre, écrivez, sur mon front sans rides, votre mystère; moi seul je sais d'où vous venez, quel est votre âge; mais mes lèvres ne se desserreront pas, ma bouche ne vous nommera pas. Quand un voyageur me demandera : Les as-tu vus passer? Je dirai Oui, tes cavales qui hennissent, elles sont allées au champ.

II.

Mille ans, encore mille ans, et autant de jours et autant de nuits sont écoulés. Non, pas encore; n'éveillons pas dans leurs lits les villes que nous gardons. Que les rois dorment sous leurs couronnes, les dieux sous leurs palanquins. Voyez! tout va bien. Les fleuves s'en vont, sans murmurer, dans leurs vallées; les étoiles diligentes allument leurs lampes dès le soir, sur leurs tables, pour filer leurs robes d'or; le désert, sans trouver son chemin trop long, n'attend pas, pour pousser son sable, que nous aboyions autour de lui; l'Océan, obéissant, court vers sa grève sans que nous ayons besoin de mordre son poitrail d'écume. Reposons-nous; broyons, ruminons nos acanthes et nos grenades mûries sous notre portique de Luxor.

III.

Comme un chien de berger, restons couchés pour veiller, céans, à la porte du monde. Écoutons partout à l'entour. S'il nous arrive, par aventure, quelque bruit d'une ville qui s'écroule, d'un dieu nouveau, ou d'un peuple qui s'émeut, nous hurlerons, tous ensemble, avec nos bouches de pierre, avec nos voix de granit : Holà ! holà ! berger du ciel, sors de l'étable ; voilà quelqu'un qui passe.

THÈBES.

Mon beau sphinx de cent coudées, qu'avez vous à faire d'aboyer si haut ? M'est-il venu un messager de Saba ou du Taurus ?

LE SPHINX.

Ni messager, ni écuyer. Dormez encore.

THÈBES.

J'ai fait pendant ma longue nuit un mauvais rêve sur mon chevet, comme si j'avais oublié un dieu dans mon grand temple.

LE SPHINX.

N'y pensez plus, à votre dieu ; n'avez-vous pas fait un toit à l'éternité qui porte le firmament dans ses bras, comme une femme son enfant ?

THÈBES.

Oui, un toit de granit. Je lui ai taillé, pour s'habiller, un pagne dans le roc ; pour s'asseoir, un beau banc de marbre noir.

LE SPHINX.

C'est assez. Il n'est point venu depuis longtemps d'autres dieux.

THÈBES.

Quelle nouvelle y a-t-il?

LE SPHINX.

Votre dattier qui verdoie, votre chameau qui rumine, votre épervier qui glapit, et votre désert qui a soif.

THÈBES.

En es-tu sûr?

LE SPHINX.

Je ne quitte pas votre seuil. Allez, dormez encore mille ans.

VIII.

THÈBES.

Les mille ans du sphinx sont passés; ma paupière de granit est pesante à soulever, mon lit est dur. Toujours je rêve d'éperviers au corps d'homme, de hiboux qui portent des sphères sur leurs dos. Je m'ennuie seule dans mon temple, quand j'ai allumé ma lampe. Si j'osais, j'aimerais mieux monter sur ma terrasse pour appeler mes sœurs. Où sont-elles allées depuis le jour où les ibis et les griffons nous ont menées, chacune, par un sentier?

BABYLONE.

Est-ce vous qui parlez bas? ma sœur. Est-ce vous, Thèbes, qui portez ces bandelettes sur la tête? Est-ce vous à qui un faucheur a donné ces corbeilles d'acanthe ciselées que des sphinx vont brouter? Si c'est vous, montez au plus haut de vos tours avec vos sœurs. Parlez-moi toutes avec le bruit du chariot, avec le bruit de la ruine, avec la pointe du glaive, avec le murmure de la foule, avec le pas des armées sous vos portes, avec votre colonne croulante, avec vos cistres dans le temple, avec le sceptre du roi qui tombe, avec le sifflement de la flèche dans le combat, avec la rame de la galère dans le fleuve; parlez-moi plus haut pour que j'entende vos voix sur ma terrasse.

NINIVE.

Je demeure près de vous; mais je suis trop vieille pour monter sur ma terrasse. Mon escalier croule sous mes pieds. Ni cistres d'or, ni peuples dans mes rues ne grossissent plus ma voix. Dans mon palais, je n'ai plus pour vous répondre que le murmure des orties et des herbes qui sont à présent mes échansons.

PERSÉPOLIS.

Mon pays est dans l'Iran. Quand vous nous avez appelées, je menais mon troupeau de griffons s'abreuver vers mon puits de naphte. Le matin, je file dans ma tour une robe pour mes péris; le soir, j'allume mon feu dans ma cendre pour prêter un tison à l'étoile qui s'éteint.

M'entendez-vous? J'ai crié avec l'essieu du char, j'ai henni avec la cavale, j'ai sifflé avec la flèche, j'ai retenti sous le glaive avec le bouclier, j'ai frissonné avec la bataille dans le Granique.

SABA.

Moi, mon pays est plus loin. Ni astrologues ni devins ne vous diront où il est. Les esprits ont bâti ma tour, les péris ont bâti ma muraille, les fées y demeurent. Ma reine est de toutes la plus sage. Enigmes ou hiéroglyphes, elle lit, sans épeler, les livres de pierre. Son trône est fait de corail, sa baguette est enchantée, le chemin de sa pagode est semé de sable d'or.

BACTRES.

Mon fiancé m'a menée sur la montagne de Médie. J'ai grimpé après lui par un sentier raboteux ; il m'a donné des amulettes pour m'en faire un collier, trois flèches pour me défendre, trois tours pour y monter, trois dieux pour adorer. A présent un devin de Chaldée me dit sur ma porte ma bonne aventure.

PALMYRE.

Hier, toute seule, je suis allée au désert cueillir des dattes. Ah ! que le désert est triste ! Ma colonne s'ennuie de ne voir que du sable, ma porte me crie sur ses gonds : Allons-nous-en. Personne ne passe ici, ni marchand, ni berger ; et moi j'ai peur que les licornes ne viennent ronger mes degrés, et que les dragons ne se glissent sous mes sandales de marbre.

Cette fois, ma sœur, m'avez-vous entendue ? J'ai parlé avec une voix de peuple ; j'ai parlé avec les pas des cavaliers dans mes cours, avec le fouet des écuyers, avec le cliquetis de la lance, avec la litanie des prêtres, avec un mur qui croulait dans ma salle, avec une couronne qui tombait de la tête de mes rois.

BABYLONE.

Oui, je vous entends ; votre foule gronde. Pour faire plus de bruit, vous frappez en cadence peuple contre peuple, empire contre empire, rois contre rois, Asie contre Asie, cymbales contre cymbales, ruines contre ruines, et sur le bouclier le bouclier. Je vous entends, je ne vous vois pas encore par les fentes de mes murailles. Je suis trop courbée sous mon fardeau de dieux. Ma tête est si chargée de leurs amulettes, qu'elle ploie sur mes genoux comme une femme qui sommeille. Leurs noms sont si nombreux que ma langue est trop épaisse pour les dire sans se tromper. Mes sœurs, écoutez-moi; puisque vous voilà rassemblées, que penseriez-vous si, de tous nos dieux entassés l'un sur l'autre, nous ne faisions plus qu'un Dieu. Comme un fondeur qui remue son creuset, que diriez-vous si toutes nos idoles, béliers d'airain, becs d'éperviers, amulettes de cuivre, serpents d'or, nous les jetions pêle-mêle dans ma chaudière de devin, pour n'en faire qu'une idole qui n'aurait plus qu'un nom? Nous n'aurions plus à porter sur nos bras tant de petits pénates que nous perdons dans le chemin. Un colosse sans bornes, aussi grand que l'univers, nous suivrait partout comme un homme : d'un pas, il enjamberait nos mers et nos années.

LES VILLES.

Vous êtes notre aînée, vous êtes la plus grande, dites, que faut-il faire?

BABYLONE.

Attelez vos licornes; chacune montez sur vos chariots retentissants : formez autour de ma chaudière une ronde enchantée. Bactres, hâte-toi, jette dans ma chaudière, en passant, ton centaure de bronze; Persépolis, jetez-moi les pieds dorés des dragons de l'Iran; Memphis, ramassez sur vos escaliers les écailles de votre crocodile; Thèbes, coupez avec vos ciseaux les tresses aplaties de votre noire déesse; Ninive, apportez-moi les étoiles scintillantes que vos prêtres ont attachées sur votre mitre; Saba, envoyez-moi, sur un éléphant de l'Inde, votre Dieu à mille têtes d'ivoire, couché dans sa pagode. Passez, tournez vite autour de mon foyer magique, villes d'Orient, sur vos chariots. Je mêle et je broie avec mes devins cieux et terre.

LES VILLES.

Nous faisons ce que vous dites. Aurez-vous bientôt fini? Voilà encore des dieux d'airain; en voilà aussi de bronze.

BABYLONE.

Voyez, voilà aussi la grande idole qui paraît; elle bouillonne dans la chaudière du monde, comme une rumeur qui gronde dans nos murs; voyez, elle n'a plus ni becs, ni serres de griffons, ni ailes pour voler, ni anneaux de serpents pour ramper. La voilà qui se dresse sur ses pieds comme un homme. Vraiment on dirait un vieillard de Chaldée qui a toujours vécu, et qui sort de son gîte pour la première fois. Comment l'appellerons-nous? Allah, Eloha, Jéhovah, qui le sait?

JÉRUSALEM.

Moi!

BABYLONE.

Qui appelle?

JÉRUSALEM.

Votre sœur Jérusalem? Attendez-moi, j'arrive; laissez là votre ouvrage.

BABYLONE.

Où êtes-vous?

JÉRUSALEM.

Du côté de Joppé. J'ai crié avec l'armée qui m'assiégeait, avec la trompe du héraut, avec la lime qui me ronge, avec le soldat qui me fouette, avec mon toit qui s'écroule.

BABYLONE.

Ah! c'est vous, ma sœur. D'où venez-vous? Vous n'apportez pour votre part ni amulettes ni reliques à votre cou; vous n'avez pas seulement dans votre temple une toile usée de tisserand pour emmailloter une idole. Venez-vous encore cette fois, en mendiant m'emprunter mes dieux sans gage?

JÉRUSALEM.

Je vous en apporte un meilleur que tous les vôtres.

BABYLONE.

Gardez-le, ma sœur, votre ancien dieu; de quoi nous servirait-il? Il est fait comme vous. Il n'a ni laine ni pan d'habit pour se vêtir; il est nu dans son abîme comme vous sous votre toit. Il est errant à travers sa vide éternité comme vous l'êtes par nos chemins. La nuit vient; point de temples pour l'enfermer : la pluie tombe; point de manteaux pour le sécher. A son âge, vieux d'années, il s'en va seul en exil au dernier fond du firmament, battu du vent et de la tempête, sans se reposer jamais, comme vous, pauvre captive, en traversant le désert sous les verges de nos archers.

JÉRUSALEM.

Écoutez-moi, j'apporte une nouvelle.

LES VILLES.

Quelle nouvelle?

JÉRUSALEM.

J'étais allée loin, plus loin que vous, jusqu'au bord de la mer de Joppé pour me baigner les pieds et regarder où le monde finit. Mes prophètes étaient montés sur ma plus haute tour. Cette nuit, avant le jour, ils m'ont appelée pour voir dans Bethléem un Dieu caché dans une crèche d'étable : Voyez, voyez, Jérusalem ; il porte sur sa tête une auréole ; il est tout petit enfant. Les bergers, pour l'amuser, lui jouent de la cornemuse.

THÈBES.

Comment ne l'avons-nous pas trouvé plus tôt que vous? L'avez-vous déjà pris sur vos genoux pour le bercer et lui donner votre mamelle?

JÉRUSALEM.

Pour le bercer, il a une vierge de Galilée tout habillée de lin, qu'il aime mieux que moi.

MEMPHIS.

Sur les tempes, porte-t-il de larges bandelettes comme en portent mes rois dans leurs tombeaux près d'Alep?

JÉRUSALEM.

Non! ses cheveux rayonnent comme le soleil quand il poudroie.

BABYLONE.

N'a-t-il pas une robe couleur du ciel que les devins lui ont brodée d'astres de la nuit?

JÉRUSALEM.

Quand je l'ai regardé, la bise lui faisait une tunique, et le vent lui cousait son manteau.

PERSÉPOLIS.

Je le connais. A sa porte, il a deux griffons qui font jaillir de terre avec leurs ongles un puits de naphte.

JÉRUSALEM.

Non, celui que j'ai vu avait, sur son seuil, deux anges qui portaient une palme de palmier.

BABYLONE.

Une autre fois, nous finirons notre ouvrage commencé. Allons voir le dieu nouveau.

THÈBES.

Moi, je sais déjà quelle place je lui ferai dans mon grand temple de Luxor. Je veux pendre son berceau sous mon portique, pour que mes sphinx le bercent, sans se lever, jour et nuit.

PERSÉPOLIS.

Je le ferai allaiter par une licorne dans mon désert.

BABYLONE.

Et moi, je le porterai dans mes bras sur ma terrasse pour qu'il m'apprenne à compter les étoiles de la nuit.

LES VILLES.

Jérusalem, notre sœur, montez vos escaliers pour le

voir de plus près. Dites-lui que, dès demain, nous voulons lui envoyer, avant le jour, trois rois mages pour messagers. Nous choisirons les plus sages et les plus vieux, le roi de Saba, le roi de Perse et le roi de Babylone : chacun lui portera sous son manteau des présents, de riches présents, vraiment, de la montagne et de la plaine, des amulettes et des pierres enchantées autant qu'il lui plaira. Dites-lui, de notre part, s'il est tout petit enfant, que nos tours sont bien hautes, mais que nous le porterons à notre cime; que nos portes sont bien lourdes, mais qu'il les fera crier seulement en les touchant; que nos chariots sont rapides, mais qu'il tiendra tout seul, pour s'amuser, les brides de nos cavales indomptées; que nos couronnes de rois sont pesantes sur la tête des hommes, mais que nous l'en coifferons dans son berceau, pour jouer; que nos voix sont de grandes voix d'empires qui retentissent, mais que nous lui chanterons bas de doux cantiques de jeunes filles, pour dormir. Dites-lui que nous sommes bien vieilles dans nos vieilles murailles; mais que, s'il le veut, il nous prendra dans le creux de sa main avec tous nos forts et bastions, comme un petit oiseau des bois dans son nid de fougère. Saluez aussi par son nom, de notre part, la vierge tout habillée de lin qu'il aime, et les deux anges qui portent une palme de palmier.

IX.

LES ROIS MAGES.

LE ROI DE SABA.

Adieu, reine de Saba, ne pleurez pas. Je pars en messager, avec mes gendres, les rois mages. D'aventure, si je meurs dans le voyage, embaumez-moi avec du baume de Syrie; mettez-moi, tout habillé, dans une pyramide d'émeraudes aussi haute que les pyramides de Memphis. En m'attendant, rendez vous-même la justice à qui vous la demandera. Écoutez les deux parties sans faire entre elles de différence; que fortune, infortune, vous soient même chose, et sachez qu'un archer loyal vaut mieux que cent cavaliers félons. Apprenez à vos deux filles à filer le coton et à laver le lin. Si vous les mariez, gardez bien que votre gendre ne commande où je suis maître. Bâtissez une pagode pleine d'amulettes. Ayez soin de mes chariots, de mes tours à éléphants, de mes braves hommes de guerre et de mon écuyer, pour que je trouve, en revenant, mon royaume grandi en puissance comme vous en sagesse.

LA REINE DE SABA.

Monseigneur, revenez tôt. Ah! je n'aurai mie sommeil sans vous.

MELCHIOR, ROI DE PERSE.

Mes griffons, restez après moi pour fermer les portes de ma ville, quand je n'y serai plus. Si un roi vient l'assiéger, allumez sur la montagne une flamme de bruyère pour me faire un signal. Que mes femmes, matin et soir, chantent pour moi une prière avec leurs lèvres de jasmin, avant le jour, avant la nuit, avant le bain, avant de nouer et de dénouer leur turban; et que leur voile traîne à terre, si bien que leurs nattes amoureuses ne les voient pas. Faites écrire, au ciseau, mon histoire, sur un roc poli par les autans, en lettres de cinq coudées, et que les lions les puissent lire à leur guise, quand ils passeront par-là. Asseyez-vous, pour m'attendre, à l'endroit où mon royaume finit; et si mes peuples me demandent, rassemblez-les, comme le sable, pour élever dans l'Iran une mosquée aussi grande que leur ombre.

LES GRIFFONS.

Pour rester à la porte de votre ville, mes ailes sont trop rapides. Une haleine de Dieu a effleuré ma crinière, et j'ai entendu hennir cette nuit l'Éternité du côté de Bethléem. Depuis cette heure, mon ongle creuse l'abîme pour partir. Mes naseaux flairent les cieux. Laissez-moi courir devant vous comme un chien devant son maître.

LE ROI DE PERSE.

Et qui, donc, veillera sur mes murailles?

LES GRIFFONS.

Le désert.

BALTHAZAR, ROI DE BABYLONE.

Mes présents sont les plus beaux. J'ai cent châteaux, autant de villes; chaque ville a envoyé cent chameaux chargés de soie, de myrrhe et de vaisselle; chaque château, cent chevaux de race avec les Maures qui les conduisent. Mon dais d'ivoire est porté par quatre rois d'Éthiopie, tous couleur de bois d'ébène; mon manteau, par quatre rois de Mésopotamie, tous armés de flèches d'or. Sabres damasquinés, baudriers d'argent, mitres de diamant, candélabres allumés, cassolettes d'encens qui fume, turbans brodés par mes femmes, remplissent ma cour ; les mules bondissent sur les dalles. Les chameaux agenouillés, se sont levés d'eux-mêmes ; les faucons et les émerillons s'ennuient sur le poing des écuyers ; les chariots crient dans leurs essieux : Et vous, belle Étoile du matin, levez-vous donc, à votre tour, pour nous conduire.

L'ÉTOILE.

Chars et chariots remplis de myrrhe, c'est moi qui vous ai attendus depuis le milieu de la nuit ; ne perdez pas la trace de mes roues.

LES CHARIOTS.

Nos roues sont plus pesantes que les vôtres, notre chemin est plus rude ; mais nous fouetterons de nos durs timons les croupes de nos cavales, et nous leur donnerons pour boisson la sueur de leurs crinières.

L'ÉTOILE.

Suivez-moi.

LES CHARIOTS.

Nous partons.

L'ÉTOILE.

Où êtes-vous ?

LES CHARIOTS.

Nous voici.

L'ÉTOILE.

Venez-vous ?

LES CHARIOTS.

Dans votre poussière.

LES ROIS MAGES.

Belle Étoile, nos royaumes sont déjà loin ; bientôt nous ne les verrons plus. Nous traversons maints pays et maintes villes, sans y demeurer. Nos sceptres d'or massif sont nos bâtons de voyage, et nos couronnes de diamant nous abritent de la nuit. Jamais, à nos fêtes, tant de peuples n'ont baisé nos robes. Nous passons devant les caravansérails, sans nous asseoir à table. Les lions nous apportent, à la croix des chemins, des dattes et des figues pour notre repas, et les aigles vont remplir nos coupes de rubis dans les sources qu'ils connaissent. Impatients, les fleuves où nous mirons nos diadèmes se mettent à notre suite ; dans leurs nids, les petits des cigognes se dressent, en battant de l'aile, quand ils savent où nous allons ; et la brise de la mer, qui ne peut pas quitter sa rive, nous dit partout où nous la rencontrons : Emportez-moi avec vous, grands rois, dans le pan de votre habit.

L'ÉTOILE.

Ni ici, ni là. N'arrêtez pas vos mules par la bride. Un nuage traîne mon essieu et le vent pousse mes roues. A ma main je porte les présents du firmament : une auréole de lumière qui ne s'éteint ni jour ni nuit, un manteau d'azur que j'ai cousu avec mon aiguille d'or et une cassolette toute remplie de la senteur du ciel. Partout où j'ai passé, j'ai trouvé ma boisson de rosée préparée. Les étoiles prenaient à la voûte leurs aubes de fête, et le néant se relevait en sursaut, à moitié sur son séant, pour essayer de me suivre où je vous mène.

LES ROIS MAGES.

Du côté de la plaine nous voyons poindre sept pyramides qui touchent au ciel. La plus petite se baisse et ramasse, pour se voiler, l'ombre de la plus grande, comme un enfant le bord du manteau de sa mère. Autour d'elle, obélisques, colonnes et colonnades, temples et frontons gisent à terre, comme le butin de la caravane d'un Dieu qu'il a déchargé de ses chameaux pour une nuit sous un bois de sycomores. A leurs pieds, le désert s'est couché pour lécher leurs escaliers. N'est-ce pas là que demeure le fils de roi à qui nous portons nos beaux présents?

L'ÉTOILE.

Non, ce n'est pas là.

LES ROIS MAGES.

A présent, voilà une ville bruyante qui a des murailles peintes comme une écharpe autour de ses hanches. Ses colonnes lui sont moins pesantes à porter que nos sceptres dans nos mains. Sur des housses bariolées, des agas et des scheiks, chevauchent devant les portes avec une meute de lévriers. Ses gardes nous font signe avec des piques d'argent. Pour nous saluer sur leurs seuils, ses femmes se lèvent debout, mieux parfumées que les citronniers dans la haie. Les clefs de la porte nous sont envoyées par deux échansons, dans un plat de vermeil. Vers le soir, un dattier qu'elle a planté lui donne son pan d'ombre; un ramier qu'elle a nourri porte à son cou ses messages de guerre. Sans rien dire, la mer amoureuse s'est roulée pendant la nuit sous sa fenêtre, pour la bercer tout endormie, avec ses murs qui grondent, avec son peuple haletant, avec ses tours qui prennent haleine, dans ses bras de géante. N'est-ce pas là, dites-nous, le palais que nous cherchons?

L'ÉTOILE.

Pas encore.

LES ROIS MAGES.

A cette heure, nous entrons par la porte du royaume d'Hérode. Au loin, là-bas, voilà sa ville qui est montée sur sa colline pour nous voir venir de plus loin. Par son plus haut escalier, elle est montée comme un messager qui cherche des nouvelles. Comme un devin qui déchire son manteau, elle a déchiré son lambeau de murailles. Ses tours et ses tourelles ruinées sont accroupies sur leur séant et ne se lèveront plus. L'absinthe a grimpé sur sa fenêtre pour surprendre son secret; la grue s'est posée sur son toit pour lui demander des nouvelles, et le vent du soir lui crie sous la fente de sa porte : Allons, Jérusalem, prophétisez-moi.

L'ÉTOILE.

Passez vite. Ce n'est pas ici.

LES ROIS MAGES.

Donc, c'est au bout de la terre qu'est bâti le château de ce fils de roi? Les villes et les villages de Maures et d'Indiens, les colonnes et les colonnades, les pyramides et les minarets, les tombeaux des rois sous les palmiers, des peuples dans le sable, sont le portique qui conduit à sa pagode; les dieux sur le chemin sont ses messagers; les temples de granit et de pierre d'Afrique sont pour ses écuyers, et ceux de marbre poli, dans l'île de Candie, sont bons pour ses échansons; lui ne veut jamais coucher que sous un toit de rubis.

L'ÉTOILE.

Fouettez vos mules; nous approchons.

LES ROIS MAGES.

Belle Étoile, y songez-vous? Vous êtes-vous égarée? Les palais et les villes sont loin. Le sentier meurtrit nos roues. Plus de femmes sur les portes, plus de piques d'argent, plus de dais ni de caravansérails, plus de joueurs de guitare ni de cistre dans les rues, plus de tapis sous nos mules. On ne voit rien qu'une chaumière de chaumine avec de petits oiseaux sur le toit. L'escalier croule, la rampe est usée; des bergers tremblent d'y monter. Allons-nous-en; vraiment, ce n'est pas un chemin de rois.

L'ÉTOILE.

Rois, à genoux. C'est ici.

X.

PETITS OISEAUX SUR LE TOIT, *au Christ.*

I.

Beau petit enfantelet, éveillez-vous. Nous sommes du même âge que vous. Notre duvet, sur notre tête, nous sert d'auréole. Notre père et notre mère nous ont conduits auprès de vous. Que le ciel est haut! Ah! que la terre est grande! Ah! que les villes sont bien bâties! Vraiment, notre lit de mousse et de laine blanche lavée dans la fontaine n'était rien auprès de leurs murailles. Ouvrez votre paupière, beau petit enfantelet; éveillez-vous. C'est pour vous que nous chantons notre chanson. Venez voir, sur votre porte, comme le soleil se lève, comme le monde se fait beau! Venez voir comme verdit l'olive, quand elle mûrit au jardin des Oliviers! comme le Calvaire sourit en vous regardant au plus haut de son sommet!

II.

Des rois! des rois! voyez donc! voilà trois rois mages à genoux qui défont leurs éperons d'or! tous en robe d'argent! tous en manteaux d'écarlate! tous en turbans bigarrés! Leurs chariots, sur leurs roues, vont aussi vite que nos ailes. Leurs diadèmes leur pèsent autant que nos crêtes de rosée. Ah! que leurs royaumes sont loin! que leur âge est grand et leur sagesse aussi! Jamais notre père, quand il est revenu des champs, ne nous a ramassé, sur les brins d'herbe du matin, des diamants si luisants que les cadeaux qu'ils vous apportent dans leurs cassolettes.

CHOEUR DES BERGERS.

Si c'est de nous que vous parlez, nous ne sommes pas des mages, nous ne sommes pas des rois. Les présents que nous avons apportés sont une peau de loutre, un collier de paras, une croix de coudrier et une agrafe de buis ciselé. Nos coffres sont vides, notre journée d'esclaves ne nous est pas payée; nous n'avons pu acheter à la ville ni soie, ni dorure.

Çà, bon laboureur, sur votre lit de paille, venez donc labourer dans notre glèbe.

Gentil moissonneur, levez-vous pour emporter sur votre dos votre gerbe de peuples.

Petit vigneron endormi dans votre crèche, habillez-vous promptement, pour cueillir sur votre cep une grappe du monde que le soleil a mûrie.

Beau bouvier, dans votre étable, prenez votre cornemuse à votre cou et votre aiguillon pour pousser devant vous les étoiles et les rois paresseux qui s'attardent en chemin.

L'ANGE RACHEL, *jouant de la viole.*

I.

Ma viole que votre père m'a donnée a trois cordes d'argent. La première est pour lui dans la nue, la seconde est pour votre mère sous son voile, la troisième est pour vous chanter un Noël dans votre crèche. Rêvez votre rêve, en écoutant ma viole; rêvez doucement que votre étable est une nef toute d'or; que votre crèche est de diamant; que votre toit est bâti de pierres du ciel. Ne pleurez pas, Dieu de la terre! Si le vent souffle, si la pluie tombe, j'ai ouvert sur votre tête mes deux ailes que la pluie de Noël ne mouille pas.

II.

A qui votre mère s'est-elle mariée, que vous êtes si pauvre? Est-ce à un tisserand sans ouvrage, à un fileur de lin sans quenouille, ou à un faiseur d'escabeaux? Pour gagner sa vie, son tisserand a tissé sur son métier le pan de toile du firmament; son fileur a filé à son fuseau les rayons du soleil; son faiseur d'escabeaux a taillé sous son auvent le Golgotha. Ne pleurez pas, Dieu de la terre; le faucon s'en va, sur sa cime la plus haute, vous chercher à boire de l'eau de source dans son bec; l'abeille est allée jusqu'au ciel, dans sa ruche, prendre son miel d'or pour votre repas; et le lion de Judée, en courant, se fouette de sa queue pour vous apporter plus vite dans sa griffe des figues toutes bénies.

III.

Un devin, que j'ai trouvé, m'a raconté votre bonne aventure, et une devineresse toute petite a lu votre sort sur votre main. Quand vous serez grand, les fils de princes vous diront : Changeons de manteau ; les fils de rois : Changeons de couronne ; le romarin, quand il naîtra, vous dira : Donnez-moi la senteur de vos cheveux? le cigne, quand il éclora : Changeons de duvet ; et l'étoile, quand elle poindra : Changeons d'auréole. Ne pleurez pas, Dieu de la terre, je vous ai fait une robe, une robe d'écarlate. Le firmament vous a filé depuis longtemps une ceinture toute d'azur, et le désert vous a cousu, sans salaire, une tunique toute blanche.

LA VIERGE MARIE.

I.

Ange Rachel, ne voyez-vous point venir son père? Est-il vrai qu'il m'abandonne pour une vierge mieux parée dans une étoile de printemps? Dès demain, je veux aller, pour le chercher, m'asseoir, avec mon voile, sur le banc des barques des pêcheurs, à la proue ciselée des vaisseaux, à la croix des chemins, sous la lampe, dans les hôtelleries. J'irai m'asseoir sur le bouclier du soldat, dans les tours d'ermites, à la fenêtre des prud'hommes, dans les chapelles, à la porte des églises, sans toit ni auvent, sur la borne des rues. Par le plus haut escalier, je veux monter dans une cathédrale sous une niche tout ouverte, pour crier aux quatre vents :

Père, nous avons faim et soif, et je n'ai plus de lait; apportez à votre enfant votre journée entière de quoi vivre jusqu'à demain.

II.

Je ne demande pas de voile d'or ni de ceinture de jeune mariée. Je ne demande pas deux bracelets ni un collier de verre, comme en portent les vierges quand elles vont à la fête. Je demande un pan de laine pour le plus grand roi des rois. S'il venait à mourir si petit dans mes bras, qui me ferait mes habits de deuil pour pleurer ? La nuit, en hiver, ne serait pas assez brune; la neige, à Noël, ne serait pas assez blanche; pour me faire ma tour, le bois d'ébène ne serait pas assez noir; pour me faire mon voile, le firmament ne serait pas assez long.

III.

Allez, rossignols, ne chantez pas si matin; petits des cigognes ne vous levez pas si tôt. C'est moi qui ai endormi mon seigneur; c'est moi qui veux le réveiller. Vous n'avez rien à porter que vos crêtes de rosée; lui, si petit, il faut qu'il porte, sans plier, sa couronne de Dieu. Qu'il dorme, qu'il dorme encore! J'ai semé dans son jardin du basilic, et j'ai peur qu'il ne cueille des larmes en se levant.

LE CHRIST, *en s'éveillant.*

Ma mère, prenez-moi dans vos bras. Les rossignols chantent déjà, les petits des cigognes secouent déjà leurs ailes.

LA VIERGE MARIE.

Je vous bercerai sur mon épaule pendant que la rosée naîtra, pendant que le soleil se lèvera.

LE CHRIST.

Ma mère, êtes-vous seule? Où est donc allé mon père? Je ne l'ai encore jamais vu.

LA VIERGE MARIE.

Votre père demeure loin d'ici.

LE CHRIST.

Que fait-il, qu'il ne vient pas?

LA VIERGE MARIE.

Il porte un lourd fardeau aussi pesant que le monde.

LE CHRIST.

Faut-il marcher longtemps pour aller jusqu'à la ville où il demeure?

LA VIERGE MARIE.

Plus longtemps que vos pieds ne pourraient vous porter.

LE CHRIST.

Si tôt que son ouvrage sera fini, il reviendra vers nous.

LA VIERGE MARIE.

Jamais son ouvrage n'est fini; c'est nous qui partirons pour aller le chercher où il est.

LE CHRIST.

Ne pleurez pas, ma mère; quand je serai plus grand, j'irai tout seul l'appeler.

LA VIERGE MARIE.

Vous me mènerez vers lui.

LE CHRIST.

Ma mère, dites-moi : a-t-il, comme vous, une auréole autour de la tête?

LA VIERGE MARIE.

Son auréole est de nuage, et l'agrafe de son manteau est une étoile.

LE CHRIST.

Et sa maison est-elle plus grande que la vôtre?

LA VIERGE MARIE.

Sa maison, vous la voyez. Son toit est d'azur du ciel; le soleil est sa lampe d'ouvrier; et le matin qui poudroie est la poussière qu'il secoue sur sa porte.

LE CHRIST.

Puisqu'il est si riche, il nous enverra de beaux messagers.

LA VIERGE MARIE.

Ses messagers, les voici.

XI.

UN LION COURONNÉ.

Depuis mille ans, je porte ma couronne sur ma tête. La bise, dans le désert, ni les licornes de l'Iran ne l'ont pas renversée; je l'ai gardée jusqu'à présent, toute luisante, pour la poser dans votre crèche.

LE CHRIST.

Je voudrais toucher aussi votre crinière sur votre dos.

LE LION.

Mon dos est sali par le sable; ma crinière est trop haute. Si vous la voulez toucher, je me coucherai sur votre lit de paille.

UN GRIFFON.

L'ongle de mon pied ni ma croupe de cavale ne couraient pas assez vite. J'ai pris mes ailes de soie pour arriver à votre porte avant les rois. Voilà du sable d'or que j'ai ramassé dans l'Euphrate; voilà un pan de lin de Perse, de quoi vous faire une tunique.

LE CHRIST.

Et vous, bel aigle, que tenez-vous à votre bec?

L'AIGLE.

Ma charge de duvet pour votre aire; voilà aussi, pour vous désennuyer, un globe du monde qu'un aiglon de Calabre portait à sa nichée dans Rome, sur la cime du Capitole.

LE CHRIST.

Laissé-le à mes pieds; il te fatigue à remuer.

LES ROIS MAGES.

Est-ce vous, Roi des cieux plantureux? Quand vos yeux se sont ouverts, les étoiles ont fermé leurs paupières et leurs cils d'or. Quand votre mère a délié vos cheveux sur vos épaules, vous avez secoué autour de vous l'aube du jour, comme un cygne la rosée. Le brin de romarin qui vous a vu le premier l'a dit au chemin, le chemin l'a dit à la rivière, la rivière à la mer, la mer à la montagne, la montagne à nos sceptres, nos sceptres nous l'ont redit; et, pour vous adorer, nous nous agenouillons comme le brin de romarin. En présent, nous vous apportons un beau calice de vermeil. Tous nos rois y ont bu l'un après l'autre; tous nos dieux avant eux. Le plus puissant y a mêlé, avec son doigt, comme l'eau et le vin, les pleurs et la sueur des mondes. Buvez-y à votre tour; buvez pour votre soif dans cette coupe enchantée.

LA VIERGE MARIE.

Mon Seigneur, ne prenez pas, je vous en prie, à votre main ce calice; il y a du fiel et de l'absinthe sur ses bords.

LES ROIS MAGES.

Ce n'est pas du fiel, vraiment, ce n'est pas de l'absinthe; ce ne sont que des larmes.

LE CHRIST.

Mes mains sont encore trop petites pour porter ce grand calice.

LES ROIS MAGES.

Un génie, dans un creux de la montagne a poli de son marteau, pendant un milliard d'années, cette couronne de rubis. Brama l'a mise sur sa tête; Memnon l'a portée après lui; mais, pour vous la donner, nous l'avons découronné sur son siége de néant. Essayez-la à votre front d'enfant.

LA VIERGE MARIE.

Que vois-je au fond de cette couronne? Du sang qui dégoutte, des piquants d'épines de bois de Judée. Mon Seigneur, n'y touchez pas.

LES ROIS MAGES.

Ce n'est pas du sang, vraiment, ce ne sont pas des

épines de buissons ni de forêts; ce sont des clous d'or.

LE CHRIST.

Ma tête sur mon épaule est encore trop novice pour porter cette pesante couronne.

LES ROIS MAGES.

Si ces présents sont trop lourds, ils vous serviront plus tard, quand vous prendrez notre âge. Nous en avons d'autres encore : des amulettes pour suspendre à votre cou, des calumets d'ambre et de gomme, les clefs d'argent de cent villes et d'autant de châteaux, vingt chariots remplis de brants d'acier fourbi et d'encens, que des Maures ont cueilli sur la branche, mille idoles de blanc ivoire avec les ouvriers qui les ont faites, une mitre odorante de topaze, quatre rois couleur de la nuit noire pour vous laver les pieds, quatre rois couleur de bronze pour vous les essuyer.

UN BERGER.

Adieu, notre maître, maître vendangeur, qui remplissez votre calice de tous les pleurs de la vigne; adieu, notre maître, maître bûcheron, qui mettez à votre couronne toutes les épines de la terre. Après le roi de Babylone et le roi de Perse, si nous montrions nos présents, nous serions méprisés, moqués de nos hoyaux, de nos chariots.

CHOEUR DES BERGERS.

De nos chariots et de nos chars, de nos faux, de nos faucilles, de nos sillons et de nos socs. Retournons chez nous. Femmes de bergers, ouvrez le loquet. Reprenez vos durs sayons et votre lourde cruche sur votre tête, toute pleine de vos larmes. Balayez de notre seuil les fleurs d'épines et de muguet. L'enfant-Dieu, qui devait nous faire plus riches que des mages, ne nous a pas regardés. Nous n'avions rien à lui donner dans son berceau de paille que l'aube qui blanchit dès le matin, rien que le chaume qui jaunit, rien que l'or du soleil sur notre front, rien que la rosée sous nos pieds, rien que l'alouette mignonnette sur notre tête.

LE CHRIST.

J'aime mieux que mille idoles d'ivoire avec les ouvriers qui les ont faites, la couleur de la rosée sous les pieds des bergers.

LES ROIS MAGES.

Arrière les esclaves! Fils de roi, venez avec nous dans notre palais tout luisant de pierreries. Nos éléphants vous porteront dans des palanquins de soie. Nos peuples tiendront votre parasol sur votre tête. Des péris de la Perse, habillées de diamant, vous berceront d'amour, mieux que votre mère dans votre étable. Du fond des citernes, du milieu des lacs, des avatars aux corps de vierges vous chanteront des chansons pour dormir; et des sphinx couronnés de bandelettes vous conteront, le soir, dans le désert, des histoires plus vieilles que le monde.

CHOEUR DES BERGERS.

Si vous venez avec nous, nos chemins sont durs, plus durs nos chariots. Sous nos toits, la neige tombera à vos pieds, et les rouges-gorges mangeront votre pain dans votre main en se chauffant au bord du feu. Vous aurez pour vous réjouir nos hoyaux pendus à la muraille et nos socs lassés de la journée, qui se reposent à notre porte. Des fées, grandes au plus d'une palme, vêtues à peine d'un brin de laine, toutes pauvres, toutes vieilles, mendieront le soir à votre chevet; et des esprits follets viendront, à minuit, essayer sur leurs têtes de fumée votre couronne de dieu.

LES ROIS MAGES.

Dans notre pays, le soleil se lève comme un roi mage qui monte à sa tour; le dattier fleurit et le citronnier aussi; la gomme croît sur les arbres, l'encens sur les branches, l'amour sous la tente des femmes. Là, la cigogne fait son nid sur le toit qu'elle aime le mieux; le sable est d'or, l'ombre sent la myrrhe; au fond des citernes, le ciel pur se désaltère en s'y mirant tout le jour. Venez dans nos royaumes; la mer, qui les touche, vous apportera des perles sur sa rive; et vous caresserez, quand vous voudrez, sa verte chevelure sans la mettre en colère.

CHOEUR DES BERGERS.

Dans notre pays, le soleil se couche comme un faucheur fatigué qui a gagné sa journée; le pin y verdit sur le mont, le bouleau dans la forêt; là, le nuage est noir, la bise murmure, la feuille morte sanglote à notre seuil; et puis la chaumine soupire, la grotte pleure, l'Océan mène paître dans l'orage ses troupeaux démuselés; vous aurez faim, vous aurez soif, et il n'y a rien auprès de nous, que nos chiens pour vous garder.

LE CHRIST.

J'aime mieux que le pays des rois, le pays où la chaumine soupire, où la grotte pleure, où la feuille sanglote.

(Les rois s'en vont.)

XII.

CHOEUR.

I.

Trois faucons s'en sont allés en pleurant sur la montagne. De douleur, ils ont laissé tomber leur proie de leurs ongles. Leurs becs ont du sang jusqu'aux yeux, leurs serres jusqu'aux genoux. Ils ont laissé tomber aussi leur anneau d'or que le torrent emporte, que la mer met à son doigt, oui, la mer lointaine, que les faucons ne verront plus, ni les milans, ni les autours, ni les émérillons avec leurs prunelles d'émeraude.

II.

Trois rois mages s'en sont allés en pleurant dans leurs chemins. Leurs yeux ont des larmes jusqu'aux joues, qu'ils essuient avec leurs barbes. De douleur, ils ont laissé choir leurs sceptres dans une source. De désespoir, ils ont laissé choir dans un fleuve leurs couronnes, que la vague prend, que le cours'entraîne, que l'océan met sur sa tête, oui, l'océan des îles, que les rois ne verront plus, ni les reines avec eux, ni les panetiers, ni les écuyers avec leurs baudriers cousus d'argent.

III.

Une cigogne, sur son toit, qui les a vus, a dit aux faucons : Qu'avez-vous fait de vos ongles qui déchiraient si bien votre proie, et de vos ailes qui volaient si vite sur le bord des orages? Avez-vous fait la guerre pendant trois jours avec le vautour de cent coudées de Josaphat, que vous êtes si las? — Non pas, non pas; c'est le petit d'une colombe de Judée qui, sans sortir de son nid, blesse à mort tous les faucons d'Arabie qui le regardent.

IV.

Une ville bien bâtie, qui les a vus, a dit aux rois mages : Où sont vos manteaux et vos pans d'habits? Où sont vos couronnes et vos sceptres que j'avais ciselés? Qui a délié votre ceinture? Qui a jeté dans le chemin vos amulettes, avec vos mitres? Donc, vous avez fait la guerre à un fils de prince qui avait cent chevaux tout harnachés à son chariot, et mille armées pour le défendre. Les frondeurs ont déchiré votre robe, les cavaliers votre tunique, et les archers avec leurs flèches ont rempli vos yeux de larmes. — Non pas, non pas; c'est un enfant de Galilée, avec trois bergers, qui découronne tous les rois d'Orient, dès qu'il les rencontre.

LES CHARIOTS.

Puisque les cadeaux des mages valent moins que les cadeaux des esclaves, ne suivons plus les rois avec nos roues. A présent, celui qui nous mènera demeure en Galilée.

LES MULES.

Nos pieds dorés ne veulent pas marcher plus loin sur les dalles d'Orient. A présent notre gardien nous fera notre litière dans un autre pays, où le soleil se couche, où l'ombre est plus épaisse.

BALTHASAR, ROI DE BABYLONE.

Sans chariots et sans mules, s'il faut voyager, qu'est

devenue ma ville avec ses mille tours? de honte elle a caché, comme une autruche, sa tête sous le sable, et son poitrail sous les broussailles. Cet enfant-Dieu, pour jouer, a effacé de son doigt mon royaume. Mes peuples ont disparu sans m'attendre, comme un nœud qu'il a dénoué en s'amusant. Mes châteaux sont en poussière. Holà! qu'un lion d'alentour, au fond de son gîte, fasse une place pour la nuit au roi de Babylone!

MELCHIOR, ROI DE PERSE.

Un Arabe a passé sur une cavale rapide, pour emporter en croupe mes peuples dans sa tente. Mes nations, mes satrapes et mes dieux tiennent aujourd'hui dans le creux de ma main. Bel enfant, qu'avez-vous fait? vous avez renversé dans votre étable le pays d'Orient, comme une jatte pleine de lait.

LE ROI DE SABA.

Asseyons-nous par terre pour pleurer. Tout s'efface; nos corps s'évanouissent; nos royautés, dans nos mains, deviennent de la cendre; nos majestés s'évaporent comme un brin de fumée au feu d'un berger.

BALTHASAR, ROI DE BABYLONE.

Voyez! je ne suis plus ni roi, ni fils de roi; mes larmes sont devenues un ruisseau où les grues viennent boire dans les murs de mon palais.

MELCHIOR, ROI DE PERSE.

Je ne suis plus qu'un murmure dans les bruyères de mes salles, qui répète toujours : Fleur d'épine, fleur d'Asie, ta couronne est tombée.

LE ROI DE SABA.

Et moi, qu'un rayon argenté dans la nuit, qui dit à la ruine : Tour de marbre, tour d'Orient, votre toit est à terre.

CHOEUR.

I.

Oui, pleurez, faucons, dans votre nid; pleurez, rois dans vos broussailles. Le pays d'Orient a perdu son été, qui mûrissait sur la branche son or et ses dieux. Le soleil du monde n'est plus à son matin, il va chercher son étable dans d'autres climats. Étoile des bergers, le suivrez-vous si loin, jusqu'au pays du soir, où le givre pend aux arbres, où le bouleau blanchit, où la mousse soupire, où le cerf, avec sa charge de ramée, va bramant dans les forêts noires?

II.

Écoutez! les sphinx se font un suaire de sable jusqu'au cou. Échevelées, les villes redescendent leurs escaliers. Tremblantes, elles se blottissent sous la bruyère ardente. L'arceau se rompt, la colonne plie ses genoux, le sommet de la pyramide demande à la cigogne de le cacher sous son aile.

III.

Pâle, la foule se disperse; pâle, la foule s'évanouit. Tout un peuple engraisse de sa cendre un palmier, et tout un empire une fleur d'aloës. De Babylone, il reste un chevrier, sans sayons, qui siffle ses chèvres; des armées de Perse, un gardeur de cavales qui trait leurs mamelles.

IV.

Là haut, sur le mont, le cyprès pour gémir s'es
habillé de noir; la citerne s'est tarie. Là-bas, dans l
vallée, le chacal s'est arrêté; il regarde, il hérisse so
poil, il hurle à un monde qui n'est plus : Réveille-toi
L'écho dans le mont, l'écho dans la vallée, l'oasis qu
l'écoute, la mer qui reste béante, le désert qui s'avanc
pieds nus, lui répondent : Notre dieu Pan est mort.

V.

Un Dieu plus jeune de mille ans est arrivé; il enjan
bera, sans s'élancer, la mer d'un pas. Raisin des Gaule
mûris-toi sous ton chêne; c'est lui qui te vendanger
Figue d'Espagne, que personne n'a plantée, c'est lui q
te cueillera.

VI.

Mais toi, vieil Orient, sans pouvoir délier tes rive
tu resteras assis sur ta plage dans Byzance, comme u
pacha à la proue de sa galère; mets ton turban sur t
front, remplis ton calumet de gomme et d'ambre; comp
les vagues qui passent; pas une ne te rapportera l
jours qui ont été.

UN SPHINX.

Passant, qui chantez si bien, savez-vous donc s'il
a plus au Liban du bois de Judée, de quoi tailler u
croix?

INTERMÈDE

DE LA PREMIÈRE JOURNÉE.

DANSE DES DIABLES.

LUCIFER.

Comédie pour comédie, la pièce est bonne.

ASTAROTH.

Et le sujet fort ridicule.

LUCIFER.

La création, vous voulez dire?

ASTAROTH.

Et quoi donc? quand le néant, toujours béant, toujours riant, vous baise la main à votre porte, l'échanger contre un monde pleureur, l'idée est plaisante, ma foi!

LUCIFER.

D'accord; je croyais pourtant que Léviathan et le serpent vous conviendraient assez.

ASTAROTH.

De ceux là, je ne dis rien; mais arrondir le ciel avec sa truelle pour abriter contre l'orage qui? un ver? un brin d'ivraie? une épine au moins! un rien peut-être?

Non, moins que cela, un homme! le dénouement est heureux et mérite qu'on vous en voie épris.

CHOEUR DES DIABLES.

Paix donc! écoutez Bélzébuth.

BELZÉBUTH.

I.

Anges, dominations, notables maîtres et docteurs en toutes choses, vous avez entendu le premier acte de notre céleste comédie. Cet acte est faible. La voix manquait à nos chœurs comme aux ombres sous nos lanières : l'Océan est resté court, Babylone a trembloté devant vous, Ninive a croulé une heure trop tôt; qu'y faire? la faute est au sujet; la Création ennuie. Ni en haut, ni en bas, ni au loin, ni auprès, personne n'en veut plus.

II.

Si notre œuvre est un chaos, l'univers vaut-il mieux? chacun arrive et s'en va sans congé. Vérité, fantaisie, quel est le rêve? quelle est la veille? Sur la route d'Antioche, souvent j'ai cru que les étoiles allaient s'éteindre au firmament, comme la lampe d'un bateleur, faute d'un peu d'huile vers le soir; et vraiment la terre penchée sur son côté s'en va en boitant à cette heure, comme un homme ivre, par le chemin qui mène jusqu'à mon seuil. Avec elle, va-t-en donc, beau poëme enivré, clopin clopant, jusqu'où le rien pousse sa borne.

III.

La nature est ma passion, et une nuit d'orient m'a

toujours tenu éveillé autour des troncs des figuiers. Mais à présent, entre nous on peut le dire, cette lumière dardée sur les rivages, l'indigo de la mer, l'ombre noire des montagnes, ces voix qui soupiraient dans les branches des forêts, ces esprits qui gazouillaient dans les sources, et cette poussière d'or jetée à pleines mains aux yeux de l'univers, n'étaient que faux aloi ; aujourd'hui le secret est connu. Dans nos creusets chimiques nous en faisons autant : pour trois jours, donnez-moi dans ma chaudière le firmament, terre, ciel, matière, esprit, science, gloire, amour, et quatre grains de carbonate, après trois jours, il restera au fond un feu follet et un peu de lie couleur de ma figure.

IV.

D'ailleurs, en tout, le commencement est difficile ; et l'Orient, qui ouvre la vie humaine, est un début du Créateur qui mérite indulgence. Avouons-le, la main de notre divin maître tremblait et cherchait ses idées, quand il mettait des milliers d'années à pétrir une nation, et qu'il s'arrêtait à l'ombre, en Égypte ou dans l'Inde, le temps de faire quatre mondes. Que de siècles perdus à planter pesamment deux ou trois peuples hâlés dans cette boue du Nil, à balbutier toujours la même idée, en hiéroglyphes, en pierre ciselée, en villes murmurantes, comme un ange novice qui s'arrête dès le milieu de son verset, en comptant ses syllabes une à une, avec son archet sur ses doigts !

V.

Et puis, par un beau jour, quand il a pris tous les

visages des religions de l'Orient, et qu'il a dit sans sourciller : avec l'épervier de Thèbes, je glapis; avec la licorne de Perse, je bondis ; avec la colombe de Chaldée, je roucoule; avec le crocodile, je brame; avec le sphinx, je m'accroupis; n'avons-nous pas cru tous, mes frères, que l'Éternel, devenu fou, jouait une divine comédie, dont il était l'unique personnage? Rôle merveilleux, sur ma parole, artiste accompli, s'il eût été moins ampoulé dans Babylone et dans la terre d'Égypte.

VI.

Mais à lui le réel, à nous l'idéal. Sans mentir, sur nos ailes de soie, nous avons élevé notre sujet aussi haut qu'il pouvait monter. Par delà, on ne trouve que la voûte du ciel, où niche l'oiseau de mort qui accompagne de ses piaulements chacune de mes paroles. Le style a été revu et châtié pendant trois siècles ; son harmonie est éclatante comme la viole d'un chérubin, et même un peu creuse pour mieux réfléchir notre modèle; car je soupçonne fort que ces cieux vagabonds, ces étoiles vacillantes, ces dieux, ces âmes immortelles et cette sphère de l'univers, sont des bulles de savon aux couleurs éthérées, que l'Infini s'amuse avec un chalumeau à souffler entre ses doigts dans la coupe du monde.

ASTAROTH.

Ou bien plutôt un rond qu'il fait pour se distraire en crachant dans le puits de l'abîme.

LUCIFER.

Oui, la chose est ainsi plus probable; dès ce soir, je

la veux essayer à mon tour sur la source blafarde où nous buvons.

BELZÉBUTH.

L'idée est de bon goût ; elle me plaît tout à fait, car le mal est trouvé.

SAINTE MADELEINE.

Je voudrais cacher mes larmes sous ma robe de lin ; quand j'étais assise sur le chemin de Joppé, quand je baissais mes yeux dans mon livre des psaumes, j'entendais une voix toute pareille, en effeuillant les herbes et les marguerites des prés.

BELZÉBUTH.

Mon amour, votre sensibilité est exagérée, votre imagination vous trompe ; soyez sûre que c'est un pur effet de ma déclamation, et que l'art poussé à un certain degré, produit de ces illusions. Ménagez davantage la bonté de votre cœur pour les scènes qui vont suivre ; aussi bien, j'entends déjà les palmes des figuiers qui tombent sous la serpe des apôtres, et l'eau du baptême qui frémit dans le Jourdain. Ces deux sensations me sont également désagréables : donc je me retire.

SECONDE JOURNÉE.

LA PASSION.

SECONDE JOURNÉE.

LA PASSION.

I.

LE DÉSERT.

I.

Quand un gardeur de chameaux vient à passer par mon chemin, en chantant sa chanson pour que son troupeau le suive, je me tais dans mon sable. Depuis le matin jusqu'au soir, je m'assieds à l'entrée de ma tente sur ma grève; j'écoute, je retiens mon souffle tant que la caravane déborde à la porte de Damas ou de Jérusalem. Ma voix est le vent d'Arabie; murailles qu'il va secouer, portes demi-closes où il gémit, tours dont il bat les créneaux, feuilles du figuier qu'il dessèche, mitres et turbans qu'il dénoue sur la tête des prêtres, crinières des chevaux qu'il amoncelle, comme une flamme de broussaille, écoutez mon chant à votre tour.

II.

La montagne adore son ombre; le fleuve adore son limon; la barque adore son rivage. Je n'ai ni ombre, ni limon à pétrir pour m'en faire une amulette. Jéhovah est l'idole que je pends à mon cou; il est fait comme moi; comme moi, il est seul; comme moi, il marche dans son sable, sans trouver de compagnon; comme moi, il regarde de son banc, et il ne voit jour et nuit cheminer que lui seul sur sa plage : son souffle efface ses années mieux que je n'efface de mon souffle les pas des caravanes à clochettes résonnantes. Les mondes, les nations, les étoiles ailées, se reposent en passant vers sa citerne, comme les cigognes voyageuses s'arrêtent une nuit vers l'abreuvoir de mon puits. Pour le parer, je n'ai point de bracelets de Perse, ni d'ivoire de l'Inde, ni d'or de Chaldée; les rayons du soleil à midi sont tout mon héritage; je lui en ai fait une épée qui flamboie; et mon immensité sans bords, sans portes, sans sources, sans confins, est le seul ornement que je lui puisse donner.

III.

J'avais un palmier que j'aimais; son tronc était svelte comme une fille de Damas, sa cime portait son feuillage, comme une Samaritaine porte sur sa tête une cruche pleine en revenant de la citerne. Pourquoi es-tu triste, beau palmier aux mille fleurs couleurs de feu? Si tu cherches de l'ombre, j'en irai demander en rampant à mes bruyères; si tu cherches de l'eau, je retournerai en arrière pour tremper de rosée un pan de ma ceinture.

IV.

— Ni l'ombre de tes bruyères, ni l'eau de rosée ne me consoleront; je veux d'un souffle faner mes fleurs; je veux creuser de rides mon jeune tronc. Pour jamais, je veux voiler ma tête de mon feuillage échevelé, comme un prêtre en deuil. Je suis triste à mourir, de ce que j'ai vu, en montant au plus haut de ma cime, du côté du Golgotha.

V.

— Ne meurs pas, ô mon palmier d'amour: je n'ai que toi que mes lèvres puissent baiser depuis le jour jusqu'au soir. Ne suis-je pas couché à tes pieds comme un chien fidèle? chaque matin, ne t'ai-je pas apporté la rosée que j'ai trouvée? Quand je m'éveille dans la nuit, tu verses sur moi ta chevelure de parfum; mes rêves sont embaumés quand je rêve de toi. Si tu balances ta cime, je pense en moi-même : il m'appelle, et je rampe jusqu'à ton ombre. Ah! ton ombre! c'est une foule qui m'habite; c'est ma source où je bois; c'est ma tente où je m'endors. Toi, l'amant de ma grève, l'époux de mon sable cuisant; à présent que je t'aime, que deviendrais-je, mon Dieu, si le jour, en se levant, ne me disait plus : Le voilà!

VI.

— Comment ma cime ne se fanerait-elle pas? comment la moelle de mon tronc ne se sècherait-elle pas sous l'écorce? Je vois, je vois par le sentier qui mène à Golgotha, le Christ qui se traîne sous une croix. Pour auréole, sur sa tête, il a une couronne d'épines. Oh! qu'il marche lentement! il regarde derrière lui, si le désert ne vient pas à son secours. La foule gronde dans la ville comme un ouragan d'hiver. Les tribus grimpent comme des branches de vignes au plus haut de leurs terrasses; mais l'aigle cache sa tête sous son aile. Le sommet de l'Oreb redescend en courant dans la vallée : au plus haut du ciel, deux yeux de géant, qui contiennent plus de pleurs que ta citerne n'a d'eau de pluie, demi-fermés sous leurs paupières d'azur, laissent tomber sur moi une à une leurs larmes brûlantes. Si le Dieu qui m'a donné toutes mes fleurs monte à Golgotha comme un aloès au plus haut de sa tige, pour y boire dans son calice son amer poison, je veux aussi me dessécher à ma cime et mourir comme lui.

VII.

— Attends encore une heure! si je poussais mes sables devant moi, peut-être arriverais-je à la porte de Jérusalem avant que le Christ eût monté le Calvaire. Dis aux cigognes de me donner leurs ailes; aux chevaux d'Arabie, leurs pas rapides; au lion, sa crinière; au serpent, ses anneaux, pour que je marche plus vite que les tribus, que les porte-croix.

VIII.

Ah! que je rampe lentement! ah! que ma selle est brûlante sur mes flancs! Pour passer un fleuve, il me faut plus d'une année; pour fouler sous la corne de mon pied une ville avec ses obélisques, il me faut un siècle. Avant que ma gueule béante se dresse sur les remparts pour boire dans la coupe de ce peuple, n'aura-t-il pas dressé la croix? Avant que j'aie rongé les degrés du Calvaire, le Christ n'aura-t-il pas bu son fiel et son hysope?

IX.

L'heure est passée; après l'heure, le soir aussi est passé, et moi j'arriverai trop tard. Jéhovah n'a plus de fils; moi, je n'ai plus ni palmier, ni compagnon. Jéhovah est seul au firmament; moi, je suis seul sur ma grève : nos deux déserts se joignent, et ils s'attristent l'un l'autre. Tous deux nous roulons dans notre immense ennui, sans y trouver de rivage : nous ne rencontrons, nous n'entendons que nous. Nos deux échos se ressemblent. Demain, quand il passera, comme un Arabe qui cherche son butin, si je lui demande : Où est ton fils? il me répondra : Et toi, où est ton ombre?

X.

Et moi! ma voix est le vent d'Arabie. Murailles qu'il va secouer, portes demi-closes où il gémit, tours dont il bat les créneaux, feuilles du figuier qu'il dessèche, mitres et turbans qu'il dénoue, crinière des chevaux qu'il amoncelle comme une flamme d'herbe séchée, vous avez entendu mon chant.

II.

Intérieur de la ville de Jérusalem. La porte de la maison d'Ahasvérus est ouverte.

LES FRÈRES D'AHASVÉRUS.

Ahasvérus, viens, rentrons dans la maison. Fermons le loquet de la porte; n'as-tu pas peur du vent qui souffle et du bruit qu'on entend dans la ville?

AHASVÉRUS.

Rentrez, mes petits frères, allez dormir sur vos nattes. Je veux rester sur mon banc pour regarder passer la foule.

LES FRÈRES D'AHASVÉRUS.

La voilà! sauvons-nous!

LA FOULE, *en suivant le Christ qui porte la croix.*

Salut au roi, au beau roi de Judée! menons-le au sommet du Calvaire, pour qu'il voie de plus loin tout son empire. Celui de Babylone, ou d'Egypte ou de Perse, est-il jamais monté sur un trône si élevé? A présent, l'enceinte de la ville n'est pas assez belle pour lui. Quand nos hautes tours seront tombées, quand les serpents monteront à notre place par nos escaliers, quand le désert s'assiéra à notre table, alors il reviendra, s'il veut, avec sa couronne d'épines de buisson, avec sa robe déchirée, avec ses pieds sanglants, être le roi de notre ruine.

AHASVÉRUS.

Ils approchent. On entend déjà le bruit des pas; mon cœur bat dans ma poitrine.

LA FOULE.

« A-t-on rendu à Barabas son épée, sa cape, son cheval et son carquois plein de flèches? Donnons lui dans sa bourse dix deniers d'argent brillant. Habillons-le de rouge en messager; il ira par les villes dire aux larrons, aux faiseurs de filets, aux esclaves qui tournent les moulins : Savez-vous la nouvelle? Votre roi vous attend sur le perron de sa tour de Golgotha. »

AHASVÉRUS.

La voix de ce peuple m'enivre comme une outre de vin du Carmel. Sa colère est certainement juste.

LA FOULE.

« Pilate, sage Pilate, as-tu pris ton aiguière d'or? Encore, encore! regarde cette tache que tu n'as pas ôtée. Rome se lave les mains; cette vierge innocente, qui n'a tenu que le fuseau dans la chambre de sa mère, ne veut pas porter une bague de sang à son doigt; mais nous, sans tarder, nous suivrons les pas de notre fils de roi. Vraiment, ne vaut-il pas mieux que David? Voyez, il pleure, et n'a ni épée ni fronde; ses échansons sont deux larrons à son côté. S'il veut nous châtier, qu'il commande; peut-être cette fois il ne nous renverra pas si loin que les saules de Babylone. Faut-il retourner, les mains liées derrière le dos, au désert, jusque dans l'Égypte? Partons; depuis longtemps, nous savons le chemin, — et un court sentier pour revenir. »

AHASVÉRUS.

Ils arrivent, ils sont là, ils passent, ils reculent; leurs cris remplissent la rue; si cet homme était un vrai devin, le vent qui souffle du désert renverserait les terrasses avec les tours. C'était un faux devin; mort sur lui!

LA FOULE.

« Si c'est un magicien de Chaldée, il a pour serviteurs dans le désert, sous les restes des villes, des licornes de marbre, des lions ailés dont les esprits ont taillé la crinière avec des ciseaux d'or; il a pour messagers des sphinx qui se reposent de leurs courses à la porte des temples, dans des blocs de rochers. Qu'il dise à ses griffons d'arriver pour lui faire son cortége; mais l'aile de ses griffons est trop pesante, le sommeil de ses sphinx est trop lourd. Avant que son troupeau ensorcelé de licornes et de lions ailés bondisse autour de lui, avant que les ibis et les éperviers de pierre descendent de leurs obélisques pour le défendre, voici les vautours de Judée qui vont prendre demain sa couronne sur sa tête, pour la porter dans les bois à leur nichée. Oh! non, ne t'arrête pas dans ta nichée, mon vautour du carmel; monte plus haut que le roc, monte plus haut que la nue, monte plus haut que l'étoile, monte jusqu'à Jéhovah : — Sais-tu ce que j'apporte à mon bec? ô Jéhovah! Vraiment, ce n'est pas un brin de laine de Joppé, ce n'est pas une verveine de bruyère; c'est la couronne d'épines de Judée, que j'ai prise au Calvaire, sur la tête de ton fils de Nazareth. »

AHASVÉRUS.

A mesure qu'il avance, son auréole brille mieux que celle d'un prophète élu; c'est encore là un de ses enchantements.

LE CHRIST.

Est-ce toi? Ahasvérus.

AHASVÉRUS.

Je ne te connais pas.

LE CHRIST.

J'ai soif, donne-moi un peu d'eau de ta source.

AHASVÉRUS.

Mon puits est vide.

LE CHRIST.

Prends ta coupe, tu la trouveras pleine.

AHASVÉRUS.

Elle est brisée.

LE CHRIST.

Aide-moi à porter ma croix par ce dur sentier.

AHASVÉRUS.

Je ne suis pas ton porte-croix; appelle un griffon du désert.

LE CHRIST.

Laisse-moi m'asseoir sur ton banc, à la porte de ta maison.

AHASVÉRUS.

Mon banc est rempli, il n'y a de place pour personne.

LE CHRIST.

Et sur ton seuil?

AHASVÉRUS.

Il est vide et la porte est fermée au verrou.

LE CHRIST.

Touche-la de ton doigt, et tu entreras pour prendre un escabeau.

AHASVÉRUS.

Va-t'en par ton chemin.

LE CHRIST.

Si tu voulais, ton banc deviendrait un escabeau d'or à la porte de la maison de mon père.

AHASVÉRUS.

Va blasphémer où tu voudras. Tu fais déjà sécher sur pied ma vigne et mon figuier. Ne t'appuie pas à la

8.

rampe de mon escalier. Il s'écroulerait en t'entendant parler. Tu veux m'ensorceler.

LE CHRIST.

J'ai voulu te sauver.

AHASVÉRUS.

Devin, sors de mon ombre. Ton chemin est devant toi. Marche, marche.

LE CHRIST.

Pourquoi l'as-tu dit, Ahasvérus? C'est toi qui marcheras jusqu'au jugement dernier, pendant plus de mille ans. Va prendre tes sandales et tes habits de voyage; partout où tu passeras, on t'appellera : LE JUIF ERRANT. C'est toi qui ne trouveras ni siège pour t'asseoir, ni source de montagne pour t'y désaltérer. A ma place, tu porteras le fardeau que je vais quitter sur la croix. Pour ta soif, tu boiras ce que j'aurai laissé au fond de mon calice. D'autres prendront ma tunique; toi, tu hériteras de mon éternelle douleur. L'hysope germera dans ton bâton de voyage, l'absinthe croîtra dans ton outre; le désespoir te serrera les reins dans ta ceinture de cuir. Tu seras l'homme qui ne meurt jamais. Ton âge sera le mien. Pour te voir passer, les aigles se mettront sur le bord de leur aire. Les petits oiseaux se cacheront à moitié sous la crête des rochers. L'étoile se penchera sur sa nue pour entendre tes pleurs tomber goutte à goutte dans l'abîme. Moi, je vais à Golgotha; toi, tu marcheras de ruines en ruines, de royaumes en royaumes, sans atteindre jamais ton Calvaire. Tu briseras ton escalier sous tes pieds, et tu ne pourras plus redescendre. La porte de la ville te dira : Plus loin, mon banc est usé; et le fleuve où tu voudras t'asseoir te dira : Plus loin, plus loin, jusqu'à la mer; mon rivage, à moi, est plein de ronces. Et la mer aussi : Plus loin, plus loin; n'êtes-vous pas ce voyageur éternel qui s'en va de peuples en peuples, de siècles en siècles, en buvant ses larmes dans sa coupe, qui ne dort ni jour ni nuit, ni sur la soie, ni sur la pierre, et qui ne peut pas redescendre par le chemin qu'il a monté? Les griffons s'assiéront, les sphinx dormiront. Toi, tu n'auras plus ni siége, ni sommeil. C'est toi qui iras me demander de temple en temple, sans jamais me rencontrer. C'est toi qui crieras : Où est-il? jusqu'à ce que les morts te montrent le chemin vers le jugement dernier. Quand tu me reverras, mes yeux flamboieront; mon doigt se lèvera sous ma robe pour t'appeler dans la vallée de Josaphat.

UN SOLDAT ROMAIN.

L'avez-vous entendu? Pendant qu'il parlait, mon épée gémissait dans le fourreau; ma lance suait le sang; mon cheval pleurait. J'ai assez longtemps gardé mon épée et ma lance. En écoutant cette voix, mon cœur s'est usé dans mon sein. Ouvrez-moi la porte, ma femme et mes petits enfants, pour me cacher dans ma hutte de Calabre.

LA FOULE.

Qu'ai-je à faire de monter plus loin jusqu'au Calvaire? S'il était par hasard un Dieu d'un pays inconnu, ou bien encore un fils que l'Éternel a oublié dans sa vieillesse? Avant qu'il nous puisse reconnaître, allons nous enfermer dans nos cours. Éteignons nos lampes sur nos tables. Avez-vous vu la main d'airain qui écrivait sur la maison d'Ahasvérus : LE JUIF ERRANT ? Que ce nom ne reste pas sur la pierre ! Que celui qui le porte soit le bouc de Juda. Quand il passera, Babylone, Thèbes, et le pays d'alentour, ramasseront une pierre de leurs ruines pour la lui jeter. Mais nous, sans plus jamais quitter notre escalier et notre vigne, nous remplirons pour la Pâque nos outres de notre vin du Carmel.

III.

AHASVÉRUS *seul*.

I.

Où sont-ils ? où est la foule ? Reviens, Jésus de Nazareth, écoute-moi. Que je te parle une fois encore ! Je m'appelle Ahasvérus, fils de Nathan. Ma tribu est de Lévi. Quel autre nom m'a-t-il donné ? Qui le sait ? qui l'a entendu ? qui s'en souvient ? Herbe du chemin, ne le dis pas à la plante de mes pieds, si tu ne veux pas être arrachée ; pierre de mon seuil, ne le dis pas à mes sandales, si tu ne veux pas être brisée ; sillon de mon champ d'héritage, ne le dis pas à ma charrue, si tu ne veux pas être comblé.

II.

N'a-t-il pas attaché à ma tête une auréole brûlante ? Non ; c'est le vent du désert qui souffle dans mes cheveux. N'a-t-il pas mis dans ma main une coupe pleine de larmes ? Non ; c'est la pluie du Carmel qui l'a remplie jusqu'au bord. Que me fait le désert, que me fait le Carmel ? Je rentrerai dans ma maison où la pluie n'arrive pas ; je monterai mon escalier où le vent ne monte pas

III.

Partir! Pourquoi partir? L'eau de mon puits est trop fraîche; mon dattier a trop d'ombre. Ailleurs où trouverais-je un autre pays de Juda? Demain je noierai dans le vin de ma vigne le souvenir du porte-croix. J'effacerai avec mon ciseau la trace de ses pieds qu'il a laissée sur le pavé. D'avance, je vois ma table pleine; pas une place n'est vide. — Non, mes hôtes, retournez chacun chez vous. Malheur! mon vin n'a-t-il pas murmuré dans ma coupe : C'est le Juif errant qui boit?

IV.

Non, vraiment, je ne veux point de banquets ni de table remplie. Quand l'outre est vidée, souvent la joie reste au fond : je veux monter l'escalier de ma sœur Marthe; seulement qu'elle me chante une chanson en filant sa quenouille; elle chassera la voix d'airain qui résonne dans mes oreilles. Malheur! qu'ai-je vu sur l'escalier de ma porte? Ce n'est pas mon père Nathan, ce ne sont pas mes petits frères, ce n'est pas non plus ma sœur Marthe. C'est un ange de mort qui me regarde; ses deux ailes noires pendent jusqu'à terre; sa cuirasse et sa cotte de maille brillent comme une source de naphte. Dans sa main il tient sa pipe; il s'appuie debout sur la crinière noire d'un cheval qui sue le sang.

IV.

L'ANGE SAINT MICHEL.

Est-ce ton nom qui est écrit sur la porte?

AHASVÉRUS.

Efface ce nom qui flamboie. Je m'appelle Ahasvérus.

SAINT MICHEL.

Où vas-tu?

AHASVÉRUS.

Dans ma maison.

SAINT MICHEL.

Ta porte est close; tu ne la repasseras plus.

AHASVÉRUS.

Je n'ai pas pris encore mes sandales, ni ma ceinture, ni mon manteau de voyage.

SAINT MICHEL.

Tu n'en as pas besoin; tu auras pour cotte de maille ton tissu de douleurs, et pour manteau, le vent, la neige et la pluie d'une nuée éternelle.

AHASVÉRUS.

Je ne connais point de chemin hors de la Palestine et de l'Égypte.

SAINT MICHEL.

Tu suivras les cigognes, tu marcheras dans tes ronces.

AHASVÉRUS.

Dites-moi quelles villes je trouverai sur ma route.

SAINT MICHEL.

Les villes par où tu passeras s'écrouleront derrière toi, et les peuples que tu quitteras en te levant, ne vivront plus le soir.

AHASVÉRUS.

Comment sont faites leurs murailles?

SAINT MICHEL.

Elles dorment encore sous des haies d'aubépine, comme l'oiseau sous son aile. La pierre de leurs murailles à créneaux est encore dans le rocher; la poutre de leurs toits est encore dans la forêt; le trèfle de leurs fenêtres à ogives est encore dans les prés.

AHASVÉRUS.

Leur chemin, où mène-t-il?

SAINT MICHEL.

Là où s'en est allé celui qui t'a maudit.

AHASVÉRUS.

Comment ferai-je dans les forêts inconnues, là où il n'y a point de sentiers?

SAINT MICHEL.

Tu iras par les bruyères frapper du pied à la porte des peuples inconnus qui sont endormis, sur leurs coudes, autour de leur feu d'herbe sèche. Tu leur crieras par leur fenêtre, qu'il est temps de se lever, que leur maître les attend dans Rome, et qu'ils aient à prendre à la voûte leurs massues, leurs carquois, et leurs flèches d'érable du Taurus.

AHASVÉRUS.

Et quand je serai sur la grève de la mer, là où il n'y a ni barques, ni pêcheurs?

SAINT MICHEL.

Tu crieras au rivage, qu'il est temps de chasser ses vaisseaux, comme l'oiseau fait ses petits du nid quand ils sont devenus grands; et qu'il les envoie tous, chargés de pierriers et de frondeurs, pour lapider le peuple de Judée.

AHASVÉRUS.

Et dans le désert où il n'y a point d'hôte?

SAINT MICHEL.

Aux bergers d'Arabie, couchés pour boire la rosée de la nuit, tu crieras d'affiler leurs cimeterres, de seller leurs chevaux, de rouler leurs turbans sur leurs têtes, d'aiguiser leurs éperons d'argent, pour emporter en croupe dans leurs tentes un tronc de peuple décapité que mon maître leur veut donner.

AHASVÉRUS.

Si mes genoux me portent, je vous obéirai. A présent, je sens dans mon sein comme une plaie de votre pique; durera-t-elle encore demain?

SAINT MICHEL.

Sanglier de Judée, tu traînes dans tes reins l'épieu du chasseur.

AHASVÉRUS.

Apprenez-moi ce qu'il faut chercher dans mon chemin pour me guérir.

SAINT MICHEL.

Tu chercheras un baume, et tu trouveras un venin; tu chercheras ton rêve en te levant sur ta natte, et tu trouveras ta blessure dans ton cœur.

AHASVÉRUS.

Je sens un poison sur mes lèvres, que je bois à chaque haleine. Sera-t-il demain aussi amer?

SAINT MICHEL.

Plus amer le lendemain que la veille, le soir que le matin; plus amer au fond de ton outre que sur les bords; plus amer en ton gîte qu'en voyage, en voyage qu'au départ; plus amer dans une coupe d'or que dans le creux de ta main; plus amer dans l'étoile que dans la tempête; plus amer que dans l'étoile et la tempête sur les lèvres et dans les yeux de ton hôte.

AHASVÉRUS.

Mes pieds sont pesants; je ne pourrai pas arriver jusqu'aux bergers d'Arabie, jusqu'aux peuples des forêts.

SAINT MICHEL.

J'ai amené pour toi le cheval Séméhé qui errait nuit et jour depuis le matin du monde. En te voyant, sa crinière se hérisse; ses pleurs tombent sur le sable. De sa corne d'argent, il creuse le seuil de ta porte; les Divs du désert lui ont mordu les flancs; dans ses naseaux, il appelle le Juif errant. Prends dans ta main ton fouet, pour que son sang trace ton sentier.

AHASVÉRUS.

La nuit n'est pas encore venue. De grâce, laissez-moi dire adieu à mon père, à ma sœur et à mes petits frères.

SAINT MICHEL.

Je le veux bien. Cet adieu sera long. Si j'étais homme, je te plaindrais. Va! avant de t'appeler, j'attendrai que le char de David ait monté au-dessus de ta tête, avec ses quatre roues d'étoiles.

V.

Intérieur de la maison d'Ahasvérus.

LES FRÈRES D'AHASVÉRUS (JOEL ET ÉLIE), *petits enfants qui jouent sur des nattes.*

JOEL.

Moi, quand je serai grand, je veux avoir, comme mon père, une barbe couleur d'argent qui traîne jusqu'à terre.

ÉLIE.

Et moi, je porterai, comme lui, un bâton de patriarche aussi long que le sien.

JOEL.

J'achèterai encore une coupe chez le potier, qui tiendra toute une outre; personne n'y boira que moi.

ÉLIE.

Et moi, j'achèterai, chez le faiseur d'escabeaux, un banc de bois de figuier, pour être assis à table plus haut que tous les autres.

JOEL.

Taisons-nous. Notre père nous regarde.

NATHAN, *père d'Ahasvérus.*

Enfants, que dites-vous? Mettez pour aujourd'hui vos robes bigarrées. Réjouissez-vous autour de moi dans la maison. Le faux roi des Juifs est monté sur son trône du Calvaire. Il n'en descendra plus. Qui sait si l'un de vous ne sera pas un jour le vrai Messie?

JOEL.

Ce sera donc un bien puissant roi que le Christ? mon père.

NATHAN.

Si grand, que tous les autres lui serviront d'échansons.

JOEL.

Aura-t-il un palais aussi beau que celui de Saba?

NATHAN.

Son palais aura cent portes, pour ses cent messagers.

JOEL.

Pour être le Messie, que faut-il faire? Je lis déjà dans votre livre chaque soir; je chante avec ma sœur les cantiques dans le temple.

ÉLIE.

Les prêtres me donnent l'encensoir, et c'est toujours moi qui porte les ramiers au sacrifice. Pour être le Messie, faut-il être l'aîné?

NATHAN.

Non, l'âge n'est pas compté; toujours on m'a prédit qu'il sortirait de ma maison un enfant éternel. Dites-moi seulement ce que vous voyez en rêve; n'est-ce pas, par aventure, une couronne d'or avec une mitre de diamant?

JOEL.

Jamais je ne vois rien en rêve que des oiseaux qui chantent sur des buissons d'aubépine d'argent.

ÉLIE.

Et moi, je vois mieux que Joel : hier encore, une tourelle d'or fin où montaient des cavaliers d'ivoire.

NATHAN.

Rappelez-vous si jamais vous n'avez cru toucher une épée tranchante comme en portent les rois.

JOEL ET ÉLIE.

Père, que ferions-nous à présent d'une épée tranchante, comme en portent les rois? Voyez, nos mains sont encore trop petites pour la pouvoir porter.

NATHAN.

Les devineresses, dans la nuit du sabbat, vous arrêtent dans les carrefours; çà, que disent-elles?

JOEL ET ÉLIE.

A nous, elles nous donnent des dattes et des palmes bénies; c'est toujours à notre aîné, Ahasvérus, qu'elles parlent bas.

NATHAN.

Ahasvérus! oui, lui sera votre maître après moi; à lui je laisserai mon champ d'orge, mon escabeau de cèdre et ma place à la table; c'était de lui que les devins voulaient parler. Encore ce soir, en ouvrant mon livre, j'ai vu son nom écrit en or dans les versets d'Ézéchiel; les lettres pétillaient comme une flamme de sarment. Oui, les soixante semaines sont passées; j'ai compté les jours sur mes doigts; les jours aussi sont passés; ma barbe a crû jusqu'à terre, mon huile s'est usée dans ma lampe, mes yeux se sont creusés à regarder par la fenêtre, s'il ne venait point de messagers de prince; et les tours de la ville ont vieilli avec moi, et leurs degrés sont usés, et ils glissent quand on monte. Et le désert s'approche comme un cavalier qui demande les clefs pour entrer; et le Messie n'est pas encore venu, et chaque homme le cherche en regardant son enfant. Attend-il, pour arriver, que les ronces croissent sur nos têtes, ou que les chiens rongent nos os?

Non pas! non pas! l'étoile du Messie s'est levée ce soir. Voyez-la qui brille comme une flèche peinte que son archer a lancée; son messager est parti déjà sur un bon cheval d'Arabie; à présent il traverse le désert; il apporte, à l'arçon de sa selle, un sceptre et un manteau de roi. Peut-être cette nuit déjà il entrera dans la ville; je ne peux plus dormir; je veux veiller encore cette fois pour l'entendre de loin. S'il s'arrête à notre porte, je serai plus tôt prêt pour appeler Ahasvérus; s'il tarde encore, que je meure demain!

VI.

Entre Ahasvérus.

AHASVÉRUS.

Salut, mon père; salut, mes frères.

JOEL.

Venez, mon frère, vous réjouir, puisque le méchant roi des Juifs est mort.

ÉLIE.

Oh! mon frère, dites-moi qui vous a attaché à la tête cette couronne de ténèbres? Jésus de Nazareth en portait une d'or; êtes-vous le vrai Messie?

JOEL.

Et qui vous a donné ce beau calice à votre main? Jamais, sur notre table, notre père n'en a eu de semblable.

AHASVÉRUS.

La nuit brumeuse a attaché à mes cheveux ma noire couronne; et j'ai trouvé ce beau calice dans le chemin.

NATHAN.

(*En lui-même.*) Les signes ne mentent pas; lui-même il a pris ce soir l'air d'un fils de roi. Que le messager arrive, il reconnaîtra bien son maître. (*Haut.*) La cène est préparée; la nappe est mise; les escabeaux touchent à la table. Venez vous asseoir à mon côté Ahasvérus, et vos frères suivant leurs rangs d'aînesse.

JOEL.

Voyez! la lampe ne veut pas briller, ni l'huile s'allumer.

ÉLIE.

Et les rayons de la lune ne veulent pas entrer dans la maison.

NATHAN.

Qu'importe? bois dans ma coupe, Ahasvérus.

AHASVÉRUS.

(*En lui-même.*) Dans sa coupe, son vin est devenu du sang nouvellement versé. (*Haut.*) Merci, mon père, je n'ai pas soif; j'ai bu en arrivant à la fontaine du Calvaire.

NATHAN.

J'ai cueilli ces figues sur la branche; prends-les pour ta faim dans ce plat d'argile peinte.

AHASVÉRUS.

(*En lui-même.*) C'est de l'hysope que je vois mêlée avec du fiel; est-ce là le fruit de son figuier? (*Haut.*) Merci, je n'ai pas faim; j'ai mangé déjà mon pain dans le jardin des Oliviers.

NATHAN.

Ton front est triste; tes yeux sont fixes; tes lèvres tremblent : dis à tes frères ce qu'il faut faire pour chasser tes soucis.

AHASVÉRUS.

Si ma sœur Marthe me chantait un cantique, je serais un convive aussi joyeux que vous.

MARTHE.

Frère, lequel voulez-vous? je vous le chanterai en vous lavant les pieds.

AHASVÉRUS.

Celui de l'hôte.

MARTHE.

Voici comme il commence :

« Mon hôte, d'où venez-vous? est-ce du pays du lac ou de la forêt du Carmel?

— « Je ne viens pas du lac; je ne viens pas de la forêt; mon pays est plus loin.

« Qui vous a fait votre manteau si bleu? qui lui a mis ce pan pour vous couvrir dans la pluie?

— « Ce n'est pas un manteau de laine; ce n'est pas un pan de soie; ce sont deux ailes d'azur pour voler, quand je veux, au-dessus des nuages.

« Qui vous a mis sur la tête ce beau chaperon qui reluit au soleil?

— « Ce n'est pas un chaperon ; c'est une auréole qui ne s'éteint jamais au vent, ni à la pluie.

« Bel hôte, montrez-moi ce que vous portez dans le pli de votre robe.

— « Voyez, c'est une couronne de Messie avec un sceptre d'or massif; je l'apporte à votre fils aîné, si sa tête y peut entrer. »

AHASVÉRUS.

Non, je n'aime plus ce cantique; ne me le redites jamais.

NATHAN.

Que veux-tu donc, Ahasvérus? Quand tu étais petit comme tes frères, je te donnais une tunique neuve ou une coupe de cèdre, et tu chantais tout un jour sur mon banc. A présent, où est la coupe de cèdre que le bûcheron a creusée assez profonde dans le bois pour contenir tous tes désirs? J'ai deux arpents de terre qui touchent au Golgotha. J'ai près du sommet un pan de muraille où les cigognes vont nicher; j'ai un dattier toujours en fleurs près du champ du potier. Arpents de terre, pan de muraille, dattier qui fleurit, je te les donnerai ce soir, si tu secoues de ta tête cette noire couronne de soucis.

AHASVÉRUS.

Merci, mon père, laissez-moi seulement faire un court voyage; je reviendrai plus joyeux à la maison.

NATHAN.

Où voudrais-tu aller?

AHASVÉRUS.
Chez ma sœur, au Liban.
NATHAN.
Demain elle viendra, sur son chameau, pour la Pâque.
AHASVÉRUS.
Ou chez mon frère, au Carmel.
NATHAN.
Quand faudra-t-il t'attendre?
AHASVÉRUS.
Quand les blés seront mûrs.
NATHAN.
Veux-tu partir déjà.
AHASVÉRUS.
Ce soir.
NATHAN.
La nuit est trop noire, attends jusqu'à demain.
AHASVÉRUS.
Je ne peux.
NATHAN.
Qui te presse? as-tu reçu un messager?
AHASVÉRUS.
Oui, mon père; il est là sur le seuil.
NATHAN.
Un messager de prince?
AHASVÉRUS.
Je le crois.
NATHAN.
Christ, Messie, second Adam, marche, marche.

JOEL.

Mon frère, emmenez-moi avec vous.

ÉLIE.

Je marche mieux que Joel; c'est moi qui vous accompagnerai.

JOEL.

Je suis allé déjà en deux jours jusqu'au Liban.

ÉLIE.

Et moi, j'ai monté déjà, sans m'arrêter, jusqu'au sommet du Golgotha.

AHASVÉRUS.

Je marcherai trop vite; vous vous perdriez dans le chemin.

JOEL ET ÉLIE.

Nous monterons sur un chameau.

AHASVÉRUS.

L'heure me presse; je n'aurais pas le temps seulement de mener votre chameau à l'abreuvoir.

JOEL.

Si vous partez sans nous, au moins rapportez-nous, quand les blés seront mûrs, de beaux cadeaux de votre voyage. Je voudrais, moi, pour ma part, une robe avec des griffons de soie brodés autour de la ceinture. N'oubliez pas non plus des coquillages où l'on entend bruire la mer quand le vent souffle, de petites amulettes avec un bouc gravé sur les côtés, et des sandales où l'on a peint de vermillon les étoiles qui entrent dans les maisons du soleil.

ÉLIE.

Pour ma part, apportez-moi une fronde de lin, un petit Dieu d'Égypte en bronze à la tête d'épervier, une plume d'autruche et un carquois de chasseur.

MARTHE.

Et à moi, pour ma noce, un collier de pierres fines.

AHASVÉRUS.

Quand je reviendrai, vos noces seront faites déjà.

NATHAN.

Jusqu'à la fin de ton voyage, je ne boirai point de vin dans mon outre, je ne mangerai point de viande sur ma table. Prends ton bâton et tes sandales pour que je les bénisse. Voilà le sel pour ton repas dans le désert; voilà mon outre pleine pour ta soif. Passe par le plus court chemin sans t'arrêter. Sois humain aux misérables, pour que les lions t'épargnent. Sois juste envers ton guide, pour que les serpents ne te dévorent pas. Aie pitié du malade, pour que tu vives longuement. Dis à ton hôte en entrant sur sa porte : « Je suis Ahasvérus, fils de Nathan, qui habite au Calvaire; donnez-moi, en son nom, la table et le gîte pour la nuit; » et dis-lui en partant : « Merci, mon hôte, laissez-moi rouler la natte sous la table; je repasserai au temps des gerbes mûres; mon père vous invite à la Pâque. » Quand tu rencontreras un berger, aide-le à trouver un abreuvoir, pour qu'il te donne une tranche d'agneau. Quand tu verras un cavalier bien monté, aide-le à trouver un pâturage, pour qu'il te prête une journée de son cheval. Va baiser, en passant, la barbe des vieillards de mon âge, assis à la porte des villes, et le bord du manteau des rois. Si tu rencontres un messager, donne-lui des nouvelles; si tu rencontres un fileur de lin, ou un faiseur de sandales, ou un potier, ou un pêcheur près de sa nasse, salue-le par son nom : Maître, où allez-vous? Vous êtes bien mon père d'âge. Si tu demandes ton chemin à une femme qui file son coton, pense en toi-même : Ses cheveux sont longs, mais sa sagesse est courte. Si un soldat vient à passer, accoste-le sans crainte : « Beau soldat de Judée, que votre pique brille! que votre flèche est aiguisée! que votre baudrier est bien brodé! défendez-moi, dans le désert, des dragons et des larrons. Mon père m'attend au haut de sa terrasse; il vous donnera, en récompense, un gobelet d'argent, deux ceinturons de cuir et une bourse de cinq deniers. »

VOIX DE SAINT MICHEL.

Sors, Ahasvérus; le char de David a paru.

JOEL ET ÉLIE.

Est-ce là votre guide, mon frère, qu'on voit par la fenêtre? Il porte un pan d'habit comme un écuyer de roi.

AHASVÉRUS.

Il m'attend. Adieu, mon père; adieu, mes frères; adieu, ma sœur.

JOEL ET ÉLIE.

En revenant, attachez au cou de votre mule une sonnette d'argent fin, pour que nous allions à votre rencontre du plus loin qu'on l'entendra.

NATHAN.

Partout où tu seras, demande au ciel la lumière, à la terre un court chemin, à ta monture un pas rapide, à ta natte un frais sommeil.

AHASVÉRUS.

De sommeil plus frais que sur votre lit de cèdre, je n'en trouverai pas.

NATHAN.

Va! si tu es le Messie, et si tu as un messager de prince, ne reviendras-tu pas roi pour coucher à ton aise, jusqu'au milieu du jour, dans une couche d'or?

AHASVÉRUS, *en sortant*.

Oui, je reviendrai le roi de la douleur pour dormir dans mes larmes, encore plus tard que le milieu du jour.

VII.

SAINT MICHEL.

Le soleil va se lever. Pars. Prends ce sentier pierreux; moi, je retourne au ciel.

AHASVÉRUS, *seul*.

I.

Adieu, le banc et la porte de mon père. Adieu, ma natte avec mes rêves d'enfant. Adieu, mes nids de cigogne, mon figuier d'Arabie et mon sycomore qui croît sur le haut des murailles. Adieu, les compagnons qui gardent les cavales au bord de l'étang. Quand je les reverrai, le vent m'ouvrira la porte, les petits des cigognes auront quitté leurs nids, et les cavales, avec leurs cavaliers désarçonnés, blanchiront sous mes pas comme les pierres du chemin.

II.

Je ne suis pas des voyageurs qui s'en vont en un jour de Joppé en Galilée, pour vendre leurs étoffes de lin avec leurs joyaux de prix. Eux, ils marchent avec leurs caravanes, Ahasvérus a le désert pour compagnon; tous vêtus de soie et d'or, Ahasvérus est vêtu de ténèbres; tous sous des manteaux aux agrafes d'argent, Ahasvérus sous le toit des tempêtes; tous avec un guide aux pieds ferrés, Ahasvérus est mené par la main des autans; tous vers leurs lits et leurs tables bien fournies, Ahasvérus vers un hôte en colère; tous par un sentier d'une journée, Ahasvérus par un sentier de mille ans qui monte et ne redescend jamais.

III.

Vraiment non, je ne suis plus le fils de Nathan. Les sphinx sont assis, les griffons sont endormis; moi je n'ai ni siége ni loisir. Derrière moi, les villes qui m'ont servi d'abri s'écroulent pour marquer le bord de mon chemin. Toujours mon tombeau se creuse sous ma route pour que mes pieds retentissent plus fort. Ma tente, si je la dresse, est une pyramide de granit; ma hutte, si je la bâtis pour une nuit, est un temple de marbre fin; mes joyaux de prix, que je laisse après moi partout où j'ai passé, sont des débris de tours et de sépulcres ciselés, des osselets de peuples et de royaumes oubliés.

IV.

Que l'Orient m'ennuie! Je connais trop son sentier et

comme le sable y est brûlant. Ses villes s'agenouillent sans qu'on entende leur haleine, sous leurs temples et sous l'encens, et sous leurs terrasses de porphyre, comme un chameau sous sa charge de nard et d'arômes, de calebasses et de tapis roulés qu'il a portés depuis Alep. L'Océan, qui lui fait sa ceinture, est un lac trop petit pour y jeter mon ancre. Son désert n'a pas porté sa borne assez loin dans son sillon, pour y semer, l'un après l'autre, tous mes désirs ; et la voûte de son firmament, brodé d'étoiles peintes, n'est pas assez profonde pour abriter tous mes rêves.

V.

L'Orient, à présent, est maudit comme moi. Sa plus haute cime est plus dépouillée par la bise et les larrons que ma plus haute espérance. Ses villes, sans forts et sans murailles, sont plus ruinées dans leurs vallées que mes projets bâtis hier. Ses boucs rongent tout le jour les battants de ses portes, mieux que mon souvenir ne me ronge le cœur. L'eau de ses puits du désert est plus chaude que mes larmes; et l'absinthe qu'il a plantée sur ses coteaux est plus amère que le souffle de mes lèvres.

VI.

N'y a-t-il pas d'autre pays par-delà la montagne d'Asie? N'y a-t-il pas une vallée où croît un simple pour guérir la blessure de mon âme? Loin, plus loin, n'y a-t-il point de forêts sans bûcherons, de hautes herbes sans faucheurs, et de givre aux branches toute l'année, où jamais le soleil d'Arabie ne boira plus ma sueur? Que me font les histoires de Babel et du pays d'Égypte, que les pierres racontent quand on passe? Que me font tant de noms de rois, de patriarches, d'empires évanouis qui me vieillissent de mille années? Pour me débarrasser plus vite de tous mes souvenirs, je dirai aux petits des rouges-gorges de me chanter sur mon toit leur histoire d'hier.

VII.

N'y a-t-il pas quelque part un autre Dieu meilleur que le Dieu de la Judée? J'irai me cacher dans ses bruyères, jusqu'au pied de sa tour faite d'étoiles. Adieu, mes lourdes amulettes. Adieu, mes beaux éperviers de bronze. Adieu, mes serpents de porphyre. Puisqu'ils ne peuvent pas me suivre, que mes griffons restent sans leurs bergers, que mes licornes broutent leurs obélisques, que mes sphinx s'endorment dans le sable! Je n'emporte pour reliques, dans mon voyage, que ma plaie dans mon sein, et pour idole, sous mon manteau, que ma douleur.

VIII.

Maintenant, cimes perdues dans la brume, sentiers qu'ont faits d'avance pour moi les daims et les cerfs errants; val, forêts, marécages où se promènent les buffles et les hérons; pics, rochers, îles où nichent les hirondelles de mer, aiguisez vos épines pour mes pieds. Semez au loin d'avance vos champs d'hysope pour ma moisson. Mêlez dans le tronc des vieux chênes vos larmes avec le venin des serpents pour ma soif. Oiseaux de nuit, émérillons à l'œil qui flambe, vautours qui cherchez une proie, chamois qui buvez dans les sources salées, corneilles de cent ans, aigles qui portez des couronnes à des rois qui ne sont pas nés encore, quittez vos nids au bruit de mes pas dans la feuillée. Cédez-moi ma place pour une nuit. Allez, marchez devant moi pour me préparer mon gîte.

VIII.

LA VALLÉE DE JOSAPHAT.

Par mon sentier le plus chenu, voici au loin le voyageur que mon maître a maudit. Quand tous les morts qui m'ont ensemencée m'appelleraient par mon nom, ils ne feraient pas tant de bruit que le souffle des naseaux de son cheval. Son ombre grandit sur mon sable plus que l'ombre de tout un peuple qui passe. Ses pieds, là où ils s'arrêtent, creusent mon roc plus que les pieds d'un empire. Son âme, dans mon sein, m'est plus pesante à porter qu'une ville à lourds créneaux, et les soucis de son front m'attristent plus qu'un nuage du Taurus.

AHASVÉRUS.

Cette vallée étrange s'allonge toujours sous mes pas. Son maître l'a semée partout de cendres pour épargner les pieds des jeunes cavales. Est-ce le cou d'un vautour qui perce là-bas le nuage? Non, c'est sa cime décharnée. Est-ce une louve au poil fauve qui lèche là-bas ses petits? Non, c'est son penchant de bruyères. Des feuilles tombées d'un chêne invisible clapotent dans les sentiers. Au-dessus du sommet, un épervier, aux ailes de cent coudées, trace son cercle dans le ciel. Le silence est profond, plus profonde est l'ombre dans le ravin. Volontiers, je bâtirais ici ma hutte sur ce roc pour toujours, si j'y trouvais de l'eau.

LA VALLÉE DE JOSAPHAT.

Voyageur, beau voyageur, poursuivez votre route. Je n'ai ni puits, ni citerne. Ceux qui habitent mon penchant n'ont jamais soif.

AHASVÉRUS.

Où as-tu planté tes dattiers?

LA VALLÉE DE JOSAPHAT.

Je n'ai ni dattes ni dattiers. Ceux qui demeurent à ma cime n'ont jamais faim.

AHASVÉRUS.

Cherche dans ta broussaille si tu n'as pas un simple pour guérir une blessure au cœur, comme du fer d'une pique.

LA VALLÉE DE JOSAPHAT.

Mes simples, dans ma broussaille, guérissent toutes les plaies, mais non pas les plaies au cœur, quand l'épine y est restée.

AHASVÉRUS.

Comment t'appelle-t-on dans le pays à l'entour?

LA VALLÉE DE JOSAPHAT.

Je suis la vallée où mène chaque sentier. Je suis la mer vide, je suis le chemin sans issue, je suis l'Océan sans flots, je suis le désert sans caravanes, je suis l'Orient sans soleil. Toute chose se hâte pour s'asseoir sur mon penchant. Le petit chamois qui vient de naître demande à sa mère : Mère, où est le chemin de la grande vallée ? La cigogne, quand elle est vieille, part avant le jour pour s'abattre dans ma bruyère. Quand la feuille de l'olivier d'Andros est tombée, la bise me l'apporte dans sa robe pour me faire ma litière. La Grèce, pour rendre l'âme, s'est entassée, comme la feuillée d'hiver, sous mon palmier d'Alexandrie. Hier, j'ai vu aborder dans sa galère, Rome, toute chenue, à l'agonie, sur ma grève de Byzance. Jusqu'à présent, je n'avais point de nom. Depuis la mort du Christ, pour m'élargir mon lit, l'Orient tout entier s'est creusé, à mon côté, en un seul tombeau où tout arrive pour mourir. Aujourd'hui, on m'appelle Josaphat.

AHASVÉRUS.

A quoi t'amuses-tu pendant tes longues journées ?

LA VALLÉE DE JOSAPHAT.

J'ai pour amoureux l'épervier jaloux, qui tout le jour me regarde du haut de ma cime. Si l'épervier par hasard clôt sa jaune paupière, j'aime aussi le nuage plein de grêle, quand il rase mes épaules de granit. Après que le nuage est passé, et qu'il ne peut plus retourner en arrière, j'aime encore le vent rugissant qui m'appelle sur ma porte. Dès le jour en hiver, je vais voir si l'araignée a filé pour sa tâche son pan de toile fine au sommet de mes pyramides, ou si le ver fainéant s'ennuie de scier avec sa scie les cadavres des vieux empires que les lions m'ont apportés sur leur dos. De loin, j'écoute le balcon du phare qui croule, la colonne qui s'assied en gémissant sur son séant, lasse de porter si longtemps sa corbeille sur sa tête, et le sphinx haletant qui court chercher un abri par le désert, quand la pluie a démoli son repaire dans le temple. J'écoute aussi la fleur sauvage qui croule du haut de sa tige, le vieil aigle qui laisse choir l'un après l'autre ses ongles et son bec au pied de son aire, et le moucheron qui se dépouille de ses deux ailes dans ma vallée.

AHASVÉRUS.

N'as-tu tout le jour rien autre chose à faire?

LA VALLÉE DE JOSAPHAT.

J'attends encore jusqu'au soir que les morts ressuscitent. Au bruit d'un chamois qui passe, ou d'une larme d'une grotte, je m'inquiète pour savoir si ce n'est pas un peuple qui aiguise un fer de lance ou une flèche de jonc dans son sépulcre. Jusque sous la fontaine des Arabes, ombragée de deux cyprès, je vais chercher un peu d'eau pour faire germer plus vite mon boisseau de peuples et de rois semés dans mon sillon. Mes anémones, quand elles écloront, seront des jeunes filles de princes, assises avec des voiles d'or; mes grands lis seront des mages qui noueront, en se réveillant, leurs blancs turbans sur leurs têtes; mes fleurs d'aloës seront des candélabres qu'allumeront les prêtres sur mon penchant; mes bruyères seront des peuples innombrables qui soupireront sous le vent et sous la pluie.

AHASVÉRUS.

Ainsi les morts ne sont point encore venus?

LA VALLÉE DE JOSAPHAT.

Non! pas encore.

AHASVÉRUS.

Viendront-ils demain?

LA VALLÉE DE JOSAPHAT.

Quand l'épervier de cent coudées piaulera, quand le ver de terre se lassera.

AHASVÉRUS.

Si tard qu'ils viennent, laisse-moi les attendre sur ta borne. Je t'aiderai à puiser de l'eau dans ta source pour l'épervier, à ramasser pour ta litière les feuilles séchées. Je suis un marchand de Joppé, fatigué de son voyage ; cache-moi sous un pan de ton rocher : je te trouve plus belle qu'une ville avec cent bastions, avec cent minarets, avec ses femmes sous leurs voiles, avec son roi sous un dais.

LA VALLÉE DE JOSAPHAT.

Marchand, beau marchand de Joppé, pour être si las, vous venez de pays lointain ; montrez-moi, je vous prie vos joyaux.

L'ÉCHO *reprend*.

« Est-il vrai que vous portez pour reliques, oui, pour
« reliques, votre plaie dans votre sein, et pour idole,
« oui, pour idole, sous votre manteau votre douleur ? »

AHASVRÉUS.

Je suis allé jusqu'où la terre finit, jusqu'où commence la mer sans rive ; je suis allé jusqu'à Byzance la bien bâtie, si tu la connais par son nom. Sur son mur de basilique étaient peints en or massif un porte-croix de Nazareth avec douze compagnons, qui m'ont montré du doigt. Que ferais-je plus loin ? L'ennui m'a pris. J'ai assez vu de tours et de tourelles, de colonnes et de colonnettes, et de béliers contre les murs ; j'ai vu comment le monde finit vers sa porte caspienne. Deux lions en colère sur les degrés empêchent de passer. Après eux un cerf d'Odin, avec son bois qui a crû pendant mille ans comme une forêt sur son front, obstrue l'entrée de la brume éternelle. Encore plus loin, un corbeau croasse à l'oreille de son maître, sous le frêne qui porte sur ses branches, pour fleurs toute l'année, les étoiles du ciel. J'ai plongé ma coupe de vermeil dans la source qui bouillonnait; elle s'est remplie de larmes. J'ai appelé dans la forêt; j'ai entendu un soupir comme d'un homme qui pleure. A présent mon voyage est fini; mon âme sur mes lèvres est dégoûtée. Garde-moi pour toujours dans ton enclos, où pas un bruit n'arrive.

LA VALLÉE DE JOSAPHAT.

Beau voyageur je vois de ma cime un pays où vous n'êtes point encore allé.

L'ÉCHO.

« Et puis jamais voudriez-vous me donner, pour m'a-
« muser, vos joyaux de prix, vos débris de tours, oui,
« de tours, vos sépulcres ciselés, vos osselets de peuples
« oui, de peuples et de royaumes oubliés ? »

AHASVÉRUS.

Aide-moi: un archer m'a poursuivi pour me dérober mes joyaux dans ma valise.

LA VALLÉE DE JOSAPHAT.

Cet archer est mon maître. Il est plus grand que moi de deux coudées; il vous verrait, en se tenant debout, derrière ma cime.

AHASVÉRUS.

Au moins garde-moi jusqu'à demain.

LA VALLÉE DE JOSAPHAT.

Adieu. Ne parlez plus où dorment les morts. Moi, je me tais.

L'ÉCHO.

« Plus loin, plus loin ; va-t'en jusqu'à la mer. »

AHASVÉRUS.

Donne-moi, comme aux morts, un peu d'eau de la fontaine des Arabes.

L'ÉCHO.

« Mon puits est vide. »

AHASVÉRUS.

Et ta coupe ?

L'ÉCHO.

« Elle est brisée. »

AHASVÉRUS.

Au moins que je m'asseye sur ton banc.

L'ECHO.

« Il est rempli, et ma porte est fermée au verrou. »

AHASVÉRUS.

Prête-moi un peu de ton ombre si fraîche.

L'ÉCHO.

Devin, sors de mon ombre. Marche ! marche ! »

AHASVÉRUS.

Vraiment cette voix de montagne est un écho de la voix du Golgotha.

L'ÉCHO.

« Oui, du Golgotha. »

AHASVÉRUS.

Quoi ? déjà partir, partir toujours ?

L'ÉCHO.

« Toujours. »

AHASVÉRUS.

Mais personne ici ne m'a maudit.

L'ÉCHO.

« Maudit ! »

AHASVÉRUS.

Eh bien ! mon cœur, levons-nous ! je m'assiérai plus loin.

L'ÉCHO.

« Loin, plus loin. »

IX.

L'EMPEREUR DOROTHÉUS, *debout sur les murs de Rome.*

Du haut de ma plus haute tour j'attends l'arrivée de mes trois messagers. Le premier a suivi la route de Ravenne ; le second a pris des sandales ferrées pour monter sur les Alpes ; le troisième est descendu là où le Danube creuse son lit. Oh ! qu'ils tardent à revenir ! L'ombre s'accroît au pied de mes tours, l'épouvante dans mon cœur. Mais, Italie qu'as-tu donc fait que les cigognes emportent leurs petits des toits de Rome et de Florence ? Je ne peux pas, comme elles, emporter tes villes, et les cacher sous les branches des arbres, dans les rochers et les forêts de la Sardaigne. Qu'as-tu donc fait de ton ciel azuré, de tes fleurs d'orangers, de tes golfes assoupis, de tes forêts de myrtes, de tes montagnes de marbre, que tu trembles comme une esclave engraissée pour les lions du cirque ? Si tu étais encore endormie dans le berceau de Rome, au moins on pourrait te cacher sous un toit de chaume, sous un bois de chênes; tu mangerais ton pain en sûreté, comme l'enfant à la porte de son père. Car alors ton soleil était doux, ta mer était paisible, tes îles étaient parfumées, quand tes peuples naissaient avec les herbes de tes rivages; mais, à présent, tes fleurs respirent le sang, et l'hysope du Golgotha croit partout sur tes montagnes. O Italie! qu'as-tu donc fait? Le bruit qui m'a réveillé dans la nuit s'approche à chaque instant; on dirait que le cheval de l'Apocalypse court échevelé sur le penchant des Apennins, et qu'il frappe de la corne de ses pieds les tombeaux qui bordent les chemins de l'empire.

(Un messager arrive au pied de la tour.)

Salut, beau messager; qu'as-tu rencontré sur ta route?

LE MESSAGER.

J'ai rencontré dans les forêts des aigles qui glapissent et des loups qui hurlent dans les ravins. N'est-ce pas là le bruit qui vous a éveillé?

(Un autre messager arrive.)

L'EMPEREUR DOROTHÉUS.

Et toi, beau messager, dis-moi ce que tu as entendu.

LE MESSAGER.

J'ai entendu dans les Alpes les avalanches qui roulaient dans le fond des vallées, et les cerfs qui bramaient sous les branches des frênes. Est-ce là le bruit qui vous a tenu éveillé?

(Un troisième messager arrive.)

L'EMPEREUR DOROTHÉUS *au messager*.

Et toi, qui portes des sandales ferrées, dis-moi ce que tu as vu.

LE MESSAGER.

J'ai vu les eaux vertes du Danube, qui grondaient sur des rochers de granit, comme la voix d'une foule en colère.

(Dans le lointain.)

CHOEUR DES PEUPLES BARBARES.

CHOEUR DES GOTHS.

« Savez-vous un bon signe pour l'homme des combats? C'est un bon signe si le cliquetis du glaive est accompagné du cri du corbeau et des hurlements de la louve de Fréya sous le frêne d'Ygdrasil. Le vautour des montagnes sait le sentier où va mourir le cheval sauvage qu'il ombrage de ses ailes; et nous aussi, nous savons le chêne sous lequel s'est abattue la cavale de Rome que nos serres vont déchirer. Nornes et Valkiries, mêlez dans vos chaudières le bec de l'aigle, les dents de Sleipnir, l'ivoire de l'éléphant, qui font les runes des combats et donnent la sagesse aux lèvres qui les touchent. Par le bord du bouclier, par la proue du vaisseau, par la pointe du glaive, par la roue du chariot, par l'écume de la mer, suivez-nous, soyez-nous propices. Le corbeau se penche sur l'épaule d'Odin pour redire nos paroles à son oreille; le cerf court à travers la forêt et se nourrit des branches du frêne qui ombrage les dieux. Et nous, nous marchons, après lui, sur les feuilles sèches des forêts. Nous descendons vers le midi, comme la neige fondue qui descend dans les vallées. »

CHOEUR DES HÉRULES

« Tenons-nous par la main pour une danse guerrière.

Les femmes du Danube se dressent à demi dans le fleuve sur leurs corps de cygnes, pour nous regarder passer. Mais le vent du nord est notre roi ; c'est lui qui nous envoie abattre sur la terre les feuilles des orangers et les fleurs de la vigne. Oh! marchons à grands pas avant que les figues soient mûres, que les citrons tombent d'eux-mêmes au pied de l'arbre, et que les raisins soient séchés sur la vigne. Encore un jour, et nous ne trouverons que l'écorce des oranges balayées à l'entour du bois. »

CHOEUR DES HUNS.

« A cheval! à cheval! demain vous achèverez de tondre la crinière des étalons sauvages. A cheval dans la plaine et sur la montagne! Les fées se suspendent aux crins échevelés ; gnomes et gnomides mordent, en courant, les croupes et la queue des chevaux. Crinières sur crinières, naseaux contre naseaux, au loin, au large, à l'alentour, que notre bande passe, comme un nuage d'hiver, sur une steppe de Mongolie ; rapide au soleil couchant, et puis rapide quand le matin vient à luire, et puis rapide encore sous le soleil brûlant du jour, et puis, après le jour, dans les ténèbres de la nuit. Malheur à qui tourne la tête pour regarder en arrière! Un djinn ailé qui le suit le renverse et le jette aux vautours. Voyez! l'herbe est encore penchée sous des pas d'archers qui nous ont devancés ; leur flèche touchera le but avant la nôtre. Nous arriverons quand le trésor de l'Italie aura été pillé, et que la coupe des Gaules aura été bue jusqu'à la lie. »

CHOEUR DE FÉES.

« Sans tromperie, voici un étrange voyage. L'herbe se déssèche sous le souffle des chevaux; on entend des chants magiques dans leurs crinières. Si nous pouvions mourir, nous aurions peur. Depuis mille ans nous tremblottions sous les mottes de terre des montagnes de Scythie. Nos joues s'y sont ridées en réchauffant nos mains de notre haleine. Chaque jour nous avons trouvé dans le bois ramé une feuille de chêne pleine de rosée pour nous nourrir; et pourtant nous avons plus vécu que des dieux engraissés du sang des bœufs et des chevaux. Mais aujourd'hui, beaux cavaliers, votre colère nous fait pâmer. Partout où vous vous arrêterez, de grâce, laissez en chaque endroit quelque vieux mur debout, de quoi nous abriter sous le seuil d'une porte, à chacune un pan de lin pour la vêtir, à chacune un brin de bois sec pour faire bouillir sa chaudière. »

UN ENFANT D'ATTILA.

Mon père, pourquoi nos chevaux ne peuvent-ils s'arrêter? Pourquoi notre ombre est-elle couleur de sang? Là-haut, voyez-vous un vieillard dans une niche de pierres? Sa tête se penche sur la fenêtre; il chante pendant que nous passons; ses mains tiennent un livre, sur lequel ses yeux sont baissés. Père, c'est sans doute un savant homme; il sait peut-être où nous allons.

ATTILA, *à l'ermite.*

Compagnon dans ta niche, nos chevaux suent le sang, et ne peuvent pas s'arrêter. Sais-tu où ce chemin mène? Nous paissions nos troupeaux dans les montagnes de

Scythie. Si tu peux me dire ponrquoi le vent nous a chassés, pourquoi l'ombre est sanglante, pourquoi les chevaux bondissent, je te donnerai une coupe d'or pleine du lait de ma cavale.

L'ERMITE.

Archers et cavaliers, vous arrivez bien tard. Hier je suis venu à votre rencontre; je vous ai attendus ici en feuilletant mon livre. Les vautours sont passés, les corbeaux après eux. Les loups sont arrivés cette nuit à ma porte et je leur ai montré la route. Il n'y a que vous qui soyez restés si tard à la porte de vos huttes.

ATTILA.

Compagnon, qu'est-il donc arrivé? Tes yeux scintillent dans ta niche comme l'œil de l'épervier dans son nid; ton livre flamboie comme le livre de la mort.

L'ERMITE.

Dites-moi si vous n'avez pas entendu les fleuves sangloter dans les vallées quand vous étiez si longs à attacher vos selles et à plier vos tentes. N'avez-vous pas rencontré sur votre route deux étoiles qui brillent comme les yeux d'un homme à l'agonie, un nuage qui roule sur la montagne un linceul taché de sang, une forêt qui gronde comme des chants de prêtre sur le bord d'un tombeau? Ce sont mes yeux qui brillaient dans les étoiles; c'est mon manteau qui pendait dans le nuage; c'est ma voix qui grondait dans la forêt. C'est que le Christ est mort. Il est mort, mon fils, le Dieu de la terre, et mes archanges chassent à coups de fouet vos chevaux devant ma porte. Ne vous arrêtez pas à boire dans mon puits; ne vous mettez pas à l'ombre sous mon porche. Allez! courez! Effacez sous vos pieds le sang qui souille encore la terre; déracinez les villes avant que j'aie fini la dernière page de mon livre. A la place des peuples, faites un grand cimetière où croîtra l'herbe drue comme dans le jardin de ma cellule. Trois jours vous marcherez; vous passerez deux fleuves; après, vous serez arrivés.

ATTILA.

Est-ce donc toi qui es l'Éternel dans cette étroite niche? On disait que tu vivais dans une tente de diamant sur une montagne d'or! Pendant que nous passons, couvre de tes paupières tes yeux d'épervier, et d'un pli de ta robe, ton livre qui flamboie. Mon carquois est à toi. Quand un archer de nos tribus meurt dans le combat, nous lui faisons un tombeau avec des mottes de terre, avec des fers et des os de chevaux, avec des amulettes et le sang de trente prisonniers. Puisqu'il est mort, ton fils, le Dieu de la terre, nous lui ferons ses funérailles avec les os des peuples, avec les ruines des villes, avec l'or des couronnes, jusqu'à ce que tu dises : C'est assez.

L'ERMITE.

Le soir approche. Les chevaux hennissent. Au retour, ils dormiront dans mon étable.

INTERMÈDE

DE LA SECONDE JOURNÉE.

CHŒUR DE VIEILLARDS.

I.

Spectateurs de ce mystère, bourgeois de France, marchands, citoyens, sur toutes choses, le chœur a toujours donné, dans ses moments de repos, les plus sages conseils, principalement sur les affaires publiques. Ainsi bâtirent leur renom Eschyle et Aristophane, ces hommes moitié divins, grands citoyens s'il en fut, et tels que la nature n'en refera, ni demain ni après, deux semblables, tant d'esprit que de hardi courage; à la condamnation d'Euripide qui, tout le contraire, alla flattant le populaire et le corrompant par force révérences et génuflexions de paroles; et de cela ne retira que mince fumée et grande perte de louange. Donc, je vous dirai sans demeurée à la fin de cette journée, que maintes choses me déplaisent dans votre État: Premièrement, votre légèreté; secondement, votre vanité; troisièmement, votre avidité.

II.

Et véritablement rien ne m'agrée tout à fait parmi vous, hors vos chevaux de bataille. Quand on les touche de la main, ces vieux coursiers qui se rappellent quelle herbe sanglante ils ont rongée, crient encore : Menez-moi paître un champ de gloire. Mais vous, sans rien dire, vous les conduisez par la bride dans un chemin où croît une moisson de honte, dont ils ne veulent ni le chaume ni l'épi. Hommes de Lodi, de Castiglione, de Marengo, où êtes-vous? Sortez de terre. Vous vous êtes couchés une heure trop tôt. Venez faire la tâche que vos enfants n'ont pas le cœur d'achever. Si froids que vous soyez, si pâles que vous ait faits la mort, c'est bien le moins que vous valiez vos fils.

III.

Car, à mon avis, votre plus grand tort, le voici : qui est d'avoir laissé deux fois environner, fouailler et fourrager ce grand pays par vos méchants ennemis; vu qu'il valait mieux rendre l'âme jusqu'au dernier, les hommes et les petits enfants de deux mois environ, et servir tous ensemble de curée aux corbeaux, que d'avoir sur le corps une semblable avanie. Et encore, je vous dirai que j'aimerais mieux, pour ma part, voir la bonne moitié de vos villes désertes encore à ce jour et renversées par la flamme et la bataille, mais avec des âmes cuirassées et bardées d'espérance dans le peu qui en resterait, que toutes vos cités debout avec force bastions et murailles bien alignées, mais avec tant de cœurs navrés de mort, qui s'en vont sur les places affichant leur affront, et pavanant leur défaite.

IV.

Pourtant, je veux, comme il est nécessaire, saluer la

terre de France qui vous nourrit. Salut à ses quatre fleuves tous remplis jusqu'aux bords! à ses villes pleines aussi jusqu'au toit d'hommes vaillants et en colère! à ses sillons de froment, d'avoine, bien engraissés pour cent ans par cent armées de guerre jetées là de son tombereau! Salut à ses routes poudreuses d'une poussière d'empires, à ses forêts de bouleaux qui frissonnent encore à l'heure de la grande bataille! à ses maisonnettes de paille où son Empereur s'est assis sur le banc, quand il dit au monde, le jour où il lui faisait l'aumône : Croix ou pile! l'univers ou Sainte-Hélène!

V.

Après le salut, viennent les vœux. A ce pays que je contemple, à ce ciel que j'envie, à ce champ que j'ensemence, je souhaite un blond soleil pour l'échauffer, et deux étoiles du matin, l'une qui scintille pour l'éclairer, l'autre qui pleure pour le mouiller de sa rosée. Dans la guerre, que sa pique soit tranchante, et haute et ferme, et sûre! que la pointe de son épée s'écrie dans le fourreau! que son sang engraisse jusqu'à l'essieu la roue de son chariot! Dans la paix, que sa navette, sans se lasser, lui tisse son habit! et que son cheval, sans ruer, en Bourgogne comme en Bretagne, et à l'endroit où l'Ain fait et défait sa litière, et là où le Rhône mord son frein, traîne le soc de ses fertiles journées! Pour mieux fermer son enclos, que le fleuve qui s'en va vers Cologne lui donne sa plus belle rive et la plus fraîche, avec les châteaux, avec les balcons et les tourelles et les femmes qui s'y baignent! Et de ton côté, dans ton aire des Alpes, aigle d'Autriche, tu laisseras choir de tes serres des villages de chaumes perdus dans la nue, des monts croulants, des forêts, des neiges, de quoi lui faire un toit contre tes aiglons.

VI.

Mon Dieu! France, douce France, fleur du ciel semée sur terre, que tu m'as déjà, sans le savoir, coûté de larmes que personne ne me rendra! Belle barque sans rameur, que maintes fois, dans la nuit noire, je t'ai attendue jusqu'au matin, n'espérant plus que tu retrouves toute seule l'endroit de ton rivage! Bel oiseau aux ongles d'or, que souvent j'ai regardé par ma fenêtre si ton aile était brisée quand le vent t'emportait une plume du poitrail! Tout petit enfant, j'ai suivi, pieds nus, à la pluie, plus loin que la frontière, du côté de Cologne, tes grands bataillons, et tes soldats m'ont pris dans leurs bras pour me faire toucher, sans peur, la crinière de ton cheval de guerre. Ah! pourquoi m'ont-ils donné, quand j'avais faim, à manger de leur pain, mieux que mon père, mieux que ma mère, si c'était pour entendre plus tard de l'autre côté de la barrière : Holà! ces bourgeois de la ville, est-ce vraiment le peuple qui, hier, vendangeait dans sa cuve son sang à Rivoli, et qui fit vingt pas sans trembler sur le pont d'Arcole?

VII.

Pour toi j'ai eu des vœux, pour toi j'aurai une plainte. La terre s'ennuie, elle ne sait plus que faire depuis que ton Empereur ne la tient plus cachée, pour s'amuser, sous un pan de sa gloire. Depuis que ton nom ne couvre plus la Babel du monde, chaque homme qui passe, chaque ouvrier qui s'en va en sifflant, a sur les lèvres un nom différent, si l'un dit, *empire*, l'autre répond, *fumée*; si *fleur, épine*; si *coupe, lie*; si *miel, venin*; où l'un veut un baume, l'autre jette son poison, et si je crie, *monde, univers,* quelqu'un reprend : *boue* ou *cendre, maître, à votre choix.*

PREMIÈRE PARTIE DU CHOEUR.

Le passé a des balcons et des ogives qui croulent. Maître, rebâtissez sa ruine.

DEUXIÈME PARTIE DU CHOEUR.

Le présent est de boue. Pétrissez-en à loisir votre faîte et votre seuil.

PREMIÈRE PARTIE DU CHOEUR.

Toi, ne parle pas. Tu ne sais pas ce que je fus.

DEUXIÈME PARTIE DU CHOEUR.

Ni toi, ce que je suis.

TOUT LE CHOEUR.

Ni toi, ni lui, quel je serai. Allez! de vos discordes, sans m'inquiéter, je ferai mon harmonie. Arrière seulement vos viles générations, fouettées en naissant, dans vos maisons, avec le fouet de l'étranger! De vous, ni d'elles, je ne veux que vos enfants, seul bien que vous n'ayez pas encore souillé.

II.

France sans peur, nid de courage et non pas de couardise, écoutez-moi: dame de vraie beauté, il se fait tard; levez-vous donc, que le monde vous attache vos cordons à vos souliers. Au bal il vous faut aller mener la danse, non des morts, mais des vivants; non des bourgeois, mais des empires. Poussière d'hommes, poussière de rois, poussière de dieux, poussière de rien, ne craignez pas de nous fouler : en riant, broyez sous vos pieds nos regrets, nos désirs, nos terreurs et nos espérances tombées de leurs tiges. L'Orient déshabité vous attend sans bouger; l'Amérique aussi est prête; et demain et toujours faites tourner autour de vous la ronde des nations sous l'harmonie de votre ciel.

III.

Mais vous, rois coiffés de rubis, la fête n'est pas pour vous. Aussi, que vous ai-je fait que vous m'ayez si méchamment faussé? Je vous ai donné le vin, vous m'avez rendu la lie; je vous ai donné le pain, vous m'avez rendu la cendre; je vous ai donné ma fleur, vous m'avez rendu l'épine. A présent, votre cavale ne veut plus de cavalier; vous l'avez trop et trop éperonnée. Dans sa bouche frémissante le mors s'est brisé. Hennissante, par un chemin ensorcelé elle vous entraîne dans son pâturage, où rien ne sert de lui flatter la croupe. Là vous apprendrez, à votre tour, combien de cheveux peuvent blanchir en une nuit sur une tête découronnée; vous verrez si l'aiguillon de l'exil était doux, et si le mal du pays ne prend au cœur que les manants; vous verrez s'il fait bon, étranger, bégayer une langue étrangère, si bien que, lorsque vous demandez l'huile pour votre plaie, on vous donne le sel et le vinaigre. Aujourd'hui votre table est pleine; demain vous troquerez des passants votre couronne contre un morceau de pain d'orge ou d'avoine ; et vous rencontrant les uns les autres sur votre sentier, pâles, vous vous assiérez par terre pour pleurer ensemble une larme, non de rois, mais de vilains.

IV.

Voilà, spectateurs, bourgeois, marchands, citoyens, ce que j'avais à dire sur ce qui vous concerne. Le temps presse, je ne puis rien ajouter. Ceux qui vous parlent autrement que moi, ne les entendez pas ; ôtez-les de vos assemblées et de vos gouvernements, et regardez-les comme vos méchants ennemis ; car, si vous suivez d'autres conseils que les miens, vous vous en repentirez, et la chose publique périra : au contraire, si vous faites ce que je vous dis, je vous tiens pour gens justes, glorieux et raisonnables. — Et maintenant, sans détourner la tête, écoutez la quatrième journée, vous tous qui vous intéressez à la conclusion de ce Mystère.

TROISIÈME JOURNÉE.

LA MORT.

TROISIÈME JOURNÉE.

LA MORT.

Intérieur d'une ville des bords du Rhin.

I.

CHOEUR D'OUVRIERS DANS DA RUE.

> De forêt en forêt,
> Toujours je marcherai.
> Le dernier jugement
> Finira mon tourment.

UN OUVRIER.

Alons, la nuit s'avance. Viens te coucher, Fritz. Adieu la compagnie. Voici le veilleur qui descend de sa porte avec son bâton ferré.

LE VEILLEUR.

Messieurs, rentrez chez vous ; couvrez votre feu sous la cendre, pour qu'il n'arrive aucun malheur.

CHOEUR D'OUVRIERS *qui s'éloignent*

> Le dernier jugement
> Finira mon tourment.

LE VEILLEUR *seul au bord du Rhin.*

J'ai vu le Rhône quand il descend des Alpes; c'est un chamois qui bondit sur le rocher pour fuir le chasseur. J'ai vu le Necker quand il tarit dans le sable; c'est une cavale de labour qui meurt sous le fouet à la porte de son maître. J'ai vu le Danube quand il revient en arrière pour regarder deux fois la cathédrale d'Ulm; c'est la crosse d'argent de monseigneur l'évêque qui reluit et se tord au soleil. Mais ni le chamois sur le rocher, ni la crosse de l'évêque, ni la cavale à la porte de son maître, ne me plaisent tant qu'un soir au bord du Rhin. Écoutez! ma cornemuse a appris à résonner : Il a sonné minuit, priez le Seigneur et la vierge Marie. Le Rhin aussi me connaît avec ma trompe; c'est moi qui l'endors au pied des tours, auprès des barques, autour des îles; c'est moi qui l'éveille, tous les dix ans une fois, quand il change son lit comme un bourgeois qui se retourne à minuit sur le côté. Il a pour rideaux une forêt de châtaigniers; pour litière, il a des coquillages blancs, et une montagne toute à lui pour y poser sa tête. L'ombre des tours ensorcelées sanglote aujourd'hui dans chacun de tes flots, mon vieux Rhin. Est-ce un fantôme qui nage dans ton rêve? le bruit des herbes dans les bois, de la pluie dans les grottes, sont-ce des mots entrecoupés dans le songe des étoiles, comme ceux qu'on entend à chaque porte, dès que la ville est endormie? La lune, le roi des veilleurs, le sait mieux que moi. La voilà qui sort de son gîte avec sa cornemuse et son bâton d'argent, pour aller crier l'heure dans la ville du ciel.

LE ROI DAGOBERT, *à la fenêtre de sa tour.*

Gentil veilleur, parle plus bas. La reine est endormie à cette heure dans son lit d'or massif. Ma lampe s'est éteinte : j'ai mis mon manteau d'écarlate au clair de lune, et ma couronne de laiton pour te regarder passer. Dis-moi ce que l'on voit à minuit dans mon royaume.

LE VEILLEUR.

Sur la montagne il y a un château; dans le château il y a trois tours; dans chaque tour il y a un fantôme : dans la première, Herrmann s'appuie sur le balcon avec un pourpoint bleu et une toque couleur de feu; il regarde le Rhin; dans la seconde, Diétrich se penche sur la fenêtre à une branche de poirier; il regarde vers la ville; dans la troisième, notre seigneur l'empereur est endormi depuis cent ans sur son coude; sa barbe rousse a percé sa table de pierre, elle en a fait sept fois le tour; son épée pend sur les murs à un bouleau.

LE ROI.

Laisse-le dormir. Au pied du château regarde : ne vois-tu pas la maison d'un forestier? Un hibou est sur le toit, il piaule jour et nuit. Les feuilles des arbres bruissent en été vers la porte comme les pas des squelettes quand ils reviennent de la danse des morts.

LE VEILLEUR.

J'ai vu la maison du forestier. Trois degrés sont à la porte pour y monter. Sur le bord de la fenêtre il y a des giroflées qui pâlissent et des œillets qui verdissent. Une cigogne a fait son nid autour de la cheminée. Sous le toit, les murs sont peints de vermillon comme la robe d'une moissonneuse.

LE ROI.

Mon royaume est bien grand : du plus haut escalier de la plus haute église on n'en voit pas la fin. Les sansonnets, quand leurs ailes grisonnent, les corbeaux, quand leur bec jaunit, viennent me dire où il s'arrête. Eh bien! il n'y a pas dans mon royaume deux bûcherons comme celui qui descend ces trois degrés chaque matin. As-tu rencontré une vieille qui va, en boîtant, cueillir du bois mort? A minuit, quand elle est rentrée, je l'ai vue de mon perron emporter, sous son tablier, un sceptre à fleurs de lis, trois crosses d'évêques et de papes. Si c'est la veuve d'un forestier, dis-moi le nom du bois où les sceptres à fleurs de lis croissent en pleine terre, et où le bûcheron coupe sur la branche verte des crosses argentées d'évêques et de papes.

LE VEILLEUR.

J'ai rencontré deux femmes dans la maison du forestier. La plus vieille est ridée ; tout le jour elle file, les pieds dans la cendre ; la plus jeune chante avec le sansonnet. Elles sont venues à Noël sur un bateau de pèlerin. Ce sont de braves femmes qui ne manquent pas les sacrements. Elles ont toujours une pièce d'argent, quand le moine va faire la quête. Que Dieu le leur rende !

SAINT ÉLOI.

O mon roi! vous m'avez réveillé sous mon dais. Ne craignez rien. Ce que vous avez vu est un rêve que vous avez fait dans votre lit d'or massif. Montez sur votre trône; je vais vous l'expliquer. La vieille femme qui cherche du bois mort dans son tablier, c'est l'Église, qui se lève de son lit pour sauver les fidèles. Le sceptre doré, c'est l'âme qu'elle trouve perdue sous la rosée dans les broussailles. La maison à trois degrés du forestier, c'est le ciel, où le Père éternel est assis. Les feuilles qui bruissent, c'est le monde qui gémit. Le hibou qui piaule sur le toit, c'est le Christ, qui du haut du paradis appelle l'âme égarée qui s'attarde dans sa route.

LE ROI.

Grand saint, je le sais, vous avez plus de sagesse que tous les rois chevelus n'en ont sous leurs couronnes. C'était un rêve, je le crois, mais un rêve qui ressemblait à ce qu'on voit dans la veille. Mon Dieu, que sont-ils devenus les temps où nous limions sans souci dans votre orfèvrerie ma couronne luisante, mes chappes de saint et les fers de mon cheval? Depuis ce temps, ma couronne s'est ternie dans le brouillard; mon cheval bai a perdu dans la forêt d'Ardennes ses fers d'or; oh! la terre a vieilli, saint Éloi, comme mon château qui s'écroule; nos tours décharnées, ouvertes au vent, sont de grands squelettes qui portent sur leurs têtes une couronne de créneaux. La fin du monde approche. Voyez! nos cathédrales s'habillent de noir l'une après l'autre, comme des pleureuses qui s'agenouillent, sous des crêpes, au bord des fosses. Les étoiles qui se lassent de briller, sont des abeilles d'or qui se ternissent sur le manteau royal du Seigneur. En attendant le jugement dernier, les morts soulèvent de leurs ongles le gazon du cimetière, pour être prêts aux premiers sons de la trompe. Ceux qui ont entendu la cornemuse du veilleur s'asseient déjà dans les carrefours, ils se penchent aux balcons des châteaux. L'ange de mort bat des ailes contre les vitraux des églises; c'est lui qui efface du souffle de sa bouche leurs manteaux de vermillon et leurs robes purpurines.

SAINT ÉLOI.

Vous l'avez dit, ô mon roi, nos meilleurs jours sont passés. Le monde est aujourd'hui une grande messe des morts. La terre est le cercueil suspendu dans la nef. Les rois chevelus mènent le deuil. Quand les peuples ont pleuré le jour ce qu'ils doivent pleurer, les étoiles du soir, et les eaux en murmurant pendant la nuit, disent encore : *Miserere*. Gardez bien, sans faillir, à votre main, votre sceptre et votre bulle, comme moi ma palme de saint, pour que l'ange de mort, quand il criera à votre porte, vous reconnaisse sans tarder, et vous conduise dans la niche de cristal qu'il a bâtie pour vous attendre sur un roc de Josaphat.

LE ROI.

Allons voir, à travers ses rideaux d'argent, si la reine dort encore. Veilleur, fais bonne garde. Je rentre dans ma nef avec monseigneur saint Éloi.

(Ils sortent.)

II.

Une maison noire dans un carrefour. La Mort sous le nom de Mob, vieille femme qui se chauffe dans les cendres. Rachel, jeune fille qui demeure avec elle.

(L'ange tombé, qui était auprès du berceau du Christ, dans la scène des Rois Mages.)

MOB.

Rachel, où est mon tablier? Apporte-moi du bois mort pour réchauffer mon squelette. Pendant que tu gazouilles ici avec ton sansonnet, mes genoux tremblottent, mes dents clapotent, mes mains grelottent. J'ai fait cette nuit bien du chemin. J'ai veillé trois heures au chevet d'un pape; j'apporte sa mitre avec un peu de cendre. Voici la couronne d'un duc, voici le manteau d'hermine d'un baron. Cache-les dans mon bahut avec cette urne où ils mettent leurs larmes. Je n'ai dormi rien qu'une heure; c'était sur les genoux d'un fiancé, aux cheveux bruns; il a rempli, sans le savoir, de ses larmes salées, le vide de mes yeux; il a poli comme l'ivoire l'os de mon front avec les charbons de ses lèvres. Je t'ai apporté pour ta fête le bouquet de lilas d'une nouvelle épousée que j'ai conduite au bal par la main. Oh! c'est que ma vie est une fête quand j'ai descendu les trois degrés de notre porte. Mon cheval ne touche pas la terre avec ses ongles. Les feuilles des arbres jaunissent à son souffle, et tombent pour lui faire son chemin. La bise me porte où je veux. Les étoiles scintillent, la mer se tait comme le petit d'un vautour dans son nid; les cloches ouvrent leurs gueules et disent aux tours : Écoutez, la voici, notre reine, qui passe sous le porche.

RACHEL.

Est-ce là ce que vous appelez une fête? Mes saints anges, venez à mon secours.

MOB.

Patience, ma fille. Je le sais bien ; tu n'as pas été toujours auprès de la vieille Mob. Avant d'être un ange de mort, placé à ma porte pour me faire compagnie le soir dans mes cendres, toi aussi, tu étais un ange avec des ailes diaphanes. Qu'est-il devenu le temps où tu te levais soir et matin pour apporter leurs pains blancs aux griffons accroupis près du Seigneur? Te rappelles-tu les chants que tu savais alors avec l'archet de ta viole pour réveiller les anges et les âmes dans leurs niches de nuage? Te rappelles-tu, dis-moi, les prés d'azur où tu allais semer chaque année des mondes épanouis, comme ici je sème derrière moi la cendre de mon tablier; quand tu filais sur ta porte des fils de lumière, et que ton fuseau, en plongeant dans l'abîme, pelotonnait une étoile bénie qui tournoyait jusqu'au matin, suspendue à ta quenouille d'or? T'en souviens-tu quand la cloche du ciel t'appelait par ton nom, et quand les petits anges te prenaient, en riant, par le pan de ta robe pour entrer avec toi dans la ville de Dieu?

RACHEL.

O Mob, pourquoi dites-vous cela? Je vous suivrai, je vous obéirai, je vous le promets. Mais ne me rappelez pas ce temps,

MOB.

Aimes-tu mieux celui où je t'ai connue pour la première fois, le jour de la mort du Christ ? T'en souviens-tu, quand tous les anges (tu étais au milieu d'eux) se penchaient sur les nuages et pleuraient ? Quand le Christ s'appuya sur la maison d'Ahasvérus et maudit Ahasvérus, t'en souviens-tu ?

RACHEL.

Est-ce Ahasvérus que vous avez dit ?

MOB.

Et quand tous les anges ont frémi de colère, qui est-ce qui a eu une larme dans ses yeux pour Ahasvérus ? qui l'a regardé d'en haut avec pitié ? qui a oublié, pendant le battement d'ailes d'un vautour, le Christ, le Christ mourant pour Ahasvérus vivant, pour Ahasvérus immortel, pour Ahasvérus errant ? puis, à qui la voix de Dieu a-t-elle parlé quand elle a dit : Tu ne seras plus un ange de vie, tu seras un ange de mort; tu ne vivras plus dans la ville du ciel, tu vivras dans la maison de Mob; tu seras à elle pour allumer son feu, pour lui chanter des cantiques, pour boire la cendre qui reste au fond de son verre ? Et aujourd'hui, qui est à moi, tout à moi, chair et os ? qui arrose, sur ma fenêtre, mes bouquets de soucis et de veuves, si ce n'est pas Rachel, Rachel, l'archange aux ailes bleues, aux yeux couleur du ciel, aux cheveux qui secouaient la lumière autour d'eux ; qui apprenait à épeler une à une sur son livre, aux enfants de la ville de Dieu, les notes de la musique du ciel. Cette Rachel me méprise, je le sais. Elle n'a plus ses ailes pour voler, et les pensées de son cœur s'envolent de ma maison comme une vapeur qui s'élève, le soir, de l'herbe fauchée. Elle n'a plus sa viole pour chanter, et elle bourdonne encore à la fenêtre des airs qui arrêtent les passants. Qu'es-tu pour faire fi de moi? Tu avais une auréole autour de ta tête; à présent tes cheveux sont liés dans la plaque d'argent d'une fille de Worms. Tu avais un manteau d'azur pour te vêtir; à présent, tu as la robe de laine que le tisserand du bourg t'a faite. Quand tu passes dans la ville, les vieilles femmes que tu rencontres, disent : A quoi pense la vieille Mob, de ne pas marier sa fille? Vraiment, est-ce que personne n'en veut? Le fils du tisserand cherche une femme; le fils du tisserand gagne tous les mois un sou d'argent; il devrait, par grâce, l'épouser.

RACHEL.

O Mob, le cœur me fait mal; laissez-moi me jeter à deux genoux et prier Dieu de toute mon âme.

MOB.

Prie-le seulement de tes lèvres, si tu peux. Qu'a-t-il à faire de ton âme? Crois-tu que la prière des feuilles séchées, du coudrier quand il est mort, de la cendre, quand elle est semée, de la lampe, quand elle est éteinte, ne valent pas mieux pour lui que la prière de ton âme? C'était bon de penser à ton âme quand tu avais deux ailes bleues pour la porter et le pur ciel pour voler. Aujourd'hui, prie, oh! oui, prie, si tu veux, comme prient la dalle usée des cathédrales, le vitrail effacé par la brume; prie comme font la goutte de pluie dans le caveau, la bannière rongée sur sa pique, le ver dans sa toile humide. Qu'as-tu à faire, de regarder toute la journée, assise sur ta chaise de paille, un coin du ciel à travers la vitre de ta fenêtre? Tu ne rentreras plus dans ce monde des rêves.

RACHEL.

Mob, je vais embrasser vos mains. Mais ne dites pas que c'est un rêve; oh! ne le dites pas, vous me rendriez folle.

MOB.

Va! oublie ces mitres de lumière, ces auréoles d'or; fane dans ton cœur ces fleurs de vie, ces pans de manteaux de vermillon. Au lieu de ces chants du ciel, écoute le chant du grillon de ton feu; pâlis dans ton âme, jusqu'à la mort, les faces bouffies de tes séraphins. La viole des archanges a fini pour toi, je te le dis. Comme une jeune fille qui jette, en revenant, dans son alcôve, les roses fanées du bal, jette aussi là tes souvenirs; jette là ton ciel bleu, tes espérances infinies. Sois femme avec les femmes. Tu ne connais du monde que ce qui passe sur les nuages. La vie réelle, ma chère, est un peu différente de ces fantaisies de jeune fille. Suis-moi par le pan de ma robe; je te montrerai en toutes choses ce que tu n'as jamais vu : la source tarie, l'écorce desséchée, le cœur brisé, la coupe vide.

RACHEL.

Tout le monde croit ici que je suis votre fille; je ne l'ai dit à personne, je vous jure, mon secret. Mon Dieu, si je savais seulement tous les ans une fois ce que font les enfants avec leurs auréoles que je berçais dans le ciel!

MOB.

Crois-tu vraiment que quelqu'un là-haut s'inquiète aujourd'hui de ce que pense ton cœur? Oh! si tu n'avais perdu que tes ailes, je t'en referais d'autres volontiers avec mon manteau de soie; mais ton cœur aussi n'est plus ce qu'il était. A présent, les regards et le sourire du ciel ne le rassasieraient guère; il faut qu'il s'enivre, à son tour, de la dernière larme cachée dans les regards des passants. Va! Quand tu auras cueilli pour moi des feuilles mortes dans la forêt, va mendier pour toi, si tu le veux, un soupir d'amour; quand tu auras rempli pour moi mon verre de larmes, va remplir pour toi ton verre des promesses et des songes des jeunes hommes; mais ne parle plus des anges. Tu es femme, et ton sein tremble comme le sein des femmes, tes yeux se baissent, tes joues pâlissent, si tu passes dans la rue. Quand le soir le bruit de l'orgue arrive jusqu'à ta fenêtre, quand le vent apporte jusqu'à toi les fleurs des marronniers, tu pleures sans prier. Ah! ne te rappelle que les anges de Gomorrhe : je te commande d'oublier tout le reste.

III.

On entend le prélude d'une sérénade dans la rue.

UN ÉTUDIANT.

Oui, mes amis, c'est ici qu'elle demeure. Approchez-vous sous cette fenêtre, où elle a semé des bouquets de résédas et de soucis; elle est là, soyez-en sûrs, derrière ces vitraux soudés de plomb. Attendez encore un peu. Mon Dieu, mon cœur tremble comme la feuille! je ne peux pas chanter. Suis-je assez fou? Il y a trois mois que je la cherche sans pouvoir lui parler. Savez-vous, maintenant que je suis docteur, je pourrais l'épouser demain si elle voulait?

UN MUSICIEN.

Vraiment, monsieur le docteur, est-il possible que vous ne lui ayez encore jamais parlé?

L'ÉTUDIANT.

Oh! non, jamais! Je lui ai envoyé une fois un bouquet de giroflées; voilà tout. Mais sa mère a l'air d'une bonne femme; je suis sûr qu'elle s'entendrait avec la mienne pour vivre tous ensemble avec nous à Linange. Depuis que je suis à l'université, mes yeux n'ont pas vu une autre jeune fille que Rachel. Allons, mes amis; mon cœur n'y tient plus. Commençons.

UN MUSICIEN.

Nos violes sont prêtes; nos archets plient sur nos cordes. Courage! Chantez seulement à haute voix.

L'ÉTUDIANT *chante*:

« Dis-moi, ma fiancée, ce que tu caches sous tes longues tresses noires.

« Est-ce un flocon de neige tombé sur toi en revenant de la messe de Noël?

« Est-ce l'écume du Rhin chassée par l'ouragan, quand tu marchais sur la rive?

« Est-ce un cygne au blanc duvet qui vient de naître, et qui déjà gonfle ses ailes?

« Si c'est la neige de Noël, laisse mes lèvres la boire, moi, qui reviens d'un long voyage.

« Si c'est l'écume du Rhin, laisse-m'en mouiller mes cheveux bruns.

« Si c'est un cygne qui vient de naître, laisse-moi la porter au haut de la montagne.

— « Non, ce que je cache sous mes longs cheveux noirs, non, ce n'est pas un flocon de neige de Noël, ni d'écume du Rhin, ni un cygne qui vient de naître ;

« C'est le sein de ta fiancée, où tu as posé ce soir ta tête en t'endormant. »

MOB, *à la fenêtre.*

Bravo, messeigneurs! la musique est belle et d'un excellent maître. C'est trop d'honneur pour de pauvres femmes comme nous. Laissez-moi descendre dans la rue pour vous remercier. (*Elle descend.*) Messeigneurs, j'apporte de mon caveau du vin pour vous rafraîchir ; en voici une large coupe que j'ai remplie pour vous jusqu'aux bords ; je voudrais en avoir de meilleur ; c'est moi qui l'ai cueilli à mon cep, je vous jure, et qui l'ai pressé sous mon pressoir. Voyez comme il pétille ! La couleur en est un peu noire peut-être ; et l'écume des bords ressemble à l'écume qui mouille le frein des chevaux de la nuit. N'est-ce pas? messeigneurs. Goûtez et buvez seulement. Il guérit de toute fatigue ; il guérit des chants comme des larmes. La coupe est de pur bois d'ébène : c'est moi qui l'ai ciselée dans les soirées d'hiver.

UN MUSICIEN.

Puisque vous le voulez, nous ne vous refuserons pas.

MOB.

Vous êtes trop honnête, monseigneur. Faites passer, après vous, la coupe à tous vos compagnons.

(*Tous boivent, et tombent à la renverse sur le pavé.*)

L'ÉTUDIANT, *en jetant la coupe vide.*

Malédiction ! c'est le vin et la coupe de la mort.

(Il expire.)

MOB.

Pauvres fous ! et la mort, n'est-ce pas l'ivresse de la vie ? qu'il aillent la cuver sous la table du monde jusqu'aux grandes ripailles du jugement dernier.

IV.

AHASVÉRUS.

(*Assis sur une borne à la porte de la ville. Son cheval est étendu mourant à côté de lui, sur le chemin.*)

O Christ ! ô Christ ! laisse-moi. Si j'étais un sanglier traqué par des chiens, je me sauverais la nuit dans ma bauge ; si j'étais une branche de bois mort, le bûcheron me ramasserait et me porterait à son feu ; si j'étais un ver de terre, je m'endormirais sous un caveau frais, dans le tombeau d'un roi, et j'y filerais ma toile humide autour de son humide couronne. O bûcheron de Nazareth ! prends-moi, prends-moi sur mon chemin aride. Fossoyeur de Bethléem ! enterre-moi dans ton sépulcre, là où la pluie et la rosée ruissellent ; prends-moi dans ton suaire éternel, au fond du roc taillé dans ton Calvaire de Golgotha. Miséricorde !

II.

Qui a crié miséricorde? Est-ce toi? Ahasvérus. Ah! les anges vont ricaner au plus haut du ciel. As-tu oublié le porte-croix qui est passé à ta porte à Jérusalem? Qu'as-tu mis dans tes oreilles pour que sa voix ne bourdonne plus autour de toi? et dans tes yeux, pour qu'ils ne voient plus ses yeux qui flamboient et le doigt de sa main qui se soulève sous son manteau? Dis, Ahasvérus, qu'as-tu fait ce jour-là? Ce chemin pierreux qui va à Golgotha, ce figuier mort, sous ce figuier cette foule ivre, ces femmes qui se traînent sur leurs genoux, ce râle de leurs lèvres, et cette voix qui a résonné dans la moelle de tes os; tu t'en souviens, n'est-ce pas? Tu voudrais que ce fût un songe, un songe de mille ans, n'est-ce pas? Mais ce n'est pas un songe, non plus que cette cigogne qui passe sur ta tête, et qui va chercher son gîte sous un roseau; et toi non plus, tu n'es pas l'enfant de ton rêve. Ne sens-tu pas ton cœur peser dans ta poitrine comme une lourde pierre dans la main du frondeur? Et cette ville, non plus, n'est pas un fantôme formé sous la tombe dans le crâne d'un mort. Ses pavés retentissent, ses créneaux reluisent, ses cloches bourdonnent, et son église, pour te maudire, s'agenouille sous ses tours comme un homme qui se traîne sur les mains sous le poids de sa croix. Frappe à chacune de ces portes : à chacune d'elles il y a des hommes comme toi; ils ont des yeux comme toi, non pas pour dévorer, comme toi, une larme éternelle, mais pour se baigner, pendant leur court été, dans des regards d'amour; ils ont des lèvres comme toi, non pas pour boire, comme toi, la poussière des vallées et le sel de la terre, mais pour boire leur vie rapide sur les lèvres de leurs nouvelles épousées; ils ont des bras comme toi, non pas pour étreindre comme toi la bise et les autans, mais pour serrer sur leur sein l'enfant de leurs os. De toutes ces maisons, choisis celle que tu veux. Monte avec tes souliers ferrés sur le seuil; et les femmes vont cacher leurs yeux dans la poitrine des hommes, et les petits enfants se glisseront avec horreur entre les jambes de leur père, et crieront : C'est lui, mon père, le juif errant!

III.

Oh! si j'étais encore un jeune compagnon de la tribu de Lévi dans la maison de mon père; si cette ville à créneaux était Jérusalem, Jérusalem la belle, Jérusalem la parfumée comme la fleur de vigne dans le rocher, je chanterais un chant, à mon retour, à haute voix, pour être entendu du lépreux et du gardeur de chameaux. Et les passants viendraient, et ils me diraient en touchant mes habits : « Est-ce toi, Ahasvérus? Sois béni, bon Ahasvérus! Que ton voyage a été long! D'où viens-tu? Ta mère nous a envoyés pour t'attendre. Voici des figues pour ta faim; voilà du vin pour ta soif. Ton père, qui t'a cru mort, est assis sur le banc de ta maison, et tes petits frères vont sauter sur leurs nattes quand ils te verront de loin sur le chemin : Mon frère, mon frère, que nous avez-vous apporté? Sont-ce des coquillages qui bourdonnent? est-ce une robe de laine bien teinte pour le froid? est-ce une pièce d'argent neuve? est-ce une ceinture brodée, ou une cassolette luisante du beau bois du Liban?

IV.

Ah! dans ma cassolette, il n'y a ni myrrhe, ni encens, ni poudre d'or, ni dattes; dans ma ceinture, il n'y a ni perles ni broderie, et la robe de laine que j'apporte n'a pas été filée pour la fête. J'ai revu Jérusalem; mais ce n'est pas ici qu'est Jérusalem. Quand j'y suis retourné, les os qui blanchissaient se sont levés pour me voir passer. Ma maison est restée debout. La fenêtre est ouverte; la porte est fermée au verrou. Dans le jardin, j'ai vu ma tombe vide; un ange de mort la couvrait de ses deux ailes de soie, pour m'empêcher de m'y reposer ni jour ni nuit, comme le corbeau qui abrite, pendant la pluie, sa couvée sous son poitrail.

V.

Le regard du Christ s'est attaché à mon âme comme une lampe des morts est attachée, par son anneau de cuivre, à un pilier sépulcral, pour éclairer dans la nuit les langues des vipères et la bouche des scorpions qui le rongent. Un regard sans pleurs, sans mouvement! deux yeux d'airain qui pesaient sur ma paupière! Pour héritage, il m'a transmis son immortelle douleur et sa sueur de sang. Il a fouillé de ses yeux dans mon sein; il y a fait flamboyer, ce roi des morts, son enfer et ses limbes, mais point de ciel. — D'autres ont ma tunique, toi, tu auras ce qui reste de l'hysope et du fiel. — Mais, roi, je m'en suis enivré, de ton hysope; mes genoux plient comme un convive en sortant d'une table remplie; et depuis ce temps, je te le jure, j'ai marché sans m'arrêter. J'ai vu sur le sommet du Vourcano des éperviers voler sur ma tête autour du monastère, et leurs cercles s'étendre jusqu'à raser la mer au bout de l'horizon ; j'ai vu dans un lac de Pérouge une bande de sarcelles se baigner, et l'eau trembler sous leurs ailes et se rider jusqu'aux herbes du rivage. Partout, j'ai vu, dans le fond de mon âme, le désespoir naître et croître et déborder jusqu'à enfermer le limon de mes jours et l'algue de mes rives de sa rive infinie.

VI.

Où es-tu donc ? roi des morts ! Pour te chercher, j'use la plante de mes pieds ; j'ai fouillé, comme le vautour, dans la cendre des villes et sous le manteau des morts. La mer ressemble au bleu de ta tunique ; je t'ai cherché dans le creux de la mer. Rome, qui sue le sang, ressemble, avec ses murs, à ta couronne d'épines ; je t'ai cherché dans Rome. Le désert qui blanchit ressemble à ton suaire ; je t'ai cherché dans le désert. J'ai demandé aux femmes qui filent leurs quenouilles, aux enfants qui mangeaient leur pain d'orge sur la porte, aux gardeurs de cavales qui cordaient leur chanvre dans les bois : « L'avez-vous vu passer ? » Où es-tu donc ? roi des morts !

VII.

Quand j'étais un enfant de dix ans, je regardais dans l'air les cigognes et les grues qui se reposaient sur les toits des voisins en revenant de leur voyage ; j'aurais voulu qu'elles m'eussent dit ce qui était de l'autre côté de la montagne, et qu'elles m'eussent raconté ce qu'elles avaient vu sous les feuilles des bois et sous les joncs des sources. Quand les ramiers s'assemblaient pour partir, mon cœur se soulevait dans mon sein, et je suivais de loin leur vol comme la fumée d'un feu de berger qui s'évapore.

VIII.

Non! les grues et les cigognes n'ont pas tant voyagé que moi, et les ramiers n'ont pas bu à tant de sources que moi. Les sources des montagnes ont le goût de l'absinthe. Les fleurs des prés portent sur leurs feuilles des croix couleur de sang. Les bois gémissent quand je passe; les grottes pleurent quand j'y entre; la terre résonne sous mes souliers ferrés comme la pierre d'un tombeau du Calvaire. Puisque tu es sorti de ton sépulcre, Jésus de Nazareth, dis-moi donc, par le cri de l'aigle, par la vapeur des grottes, par la feuille du frêne, dis-moi où tu es, par le bruit de la ville, par la cornemuse du veilleur, par la chaîne du pont-levis, par la lance brillante, par la cloche des morts.

IX.

Un jour, j'ai cru arriver au bout de mon chemin, à la maison du Christ, et le trouver assis sous le porche avec sa mère : toujours le chemin s'étendait plus loin à travers les bruyères; toujours les rivières perdaient haleine derrière moi; toujours mon cœur croyait le rencontrer, avant la nuit, avec son auréole d'or, avec sa palme de figuier. Mais le soir s'est passé; après le soir, le matin s'est passé, et après le matin, le milieu du jour aussi; et après cela, il y eut une heure où je vis que mes pieds usaient, sans vieillir, la pierre du seuil de mes hôtes ; sous leurs pas leur escalier croulait, leur vallée s'emplissait de feuilles mortes, leur puits se comblait, et moi, ma vie ne se comblait pas. Le soir, je cherchais pour m'y reposer, des villes que j'avais laissées pleines d'hommes, de cris, de chants, de fumée, de chars, de soupirs : je les retrouvais taries sur le chemin, comme une source quand les chacals ont bu la dernière goutte d'eau.

X.

Et, quand vinrent des peuples nouveaux pour remplacer les morts, j'allai seul au-devant d'eux, à la porte des villes, leur montrer le chemin ; leurs chevaux sauvages me regardaient d'un œil louche ; leurs rois chevelus criaient en riant dans leurs langues nouvelles, sans m'avoir jamais vu : « Voyez sur cette pierre ; c'est Ahasvérus ! ne bandez pas vos arcs ; c'est lui qui ne mourra jamais. »

XI.

Ne pas pouvoir mourir ! Toujours attendre, et ne jamais rencontrer ! n'est-ce pas ? Toujours regarder, et ne jamais voir venir ! Qui l'a dit ? Est-ce vous ? rois chevelus, sur vos chevaux sauvages. Et les pierres de ma route savent-elles aussi le secret du Christ ? Je me suis précipité de la cime des Alpes ; un aigle a étendu ses ailes pour me porter sur l'herbe verdoyante. J'ai marché vers le flot d'un lac sans fond pour me plonger dans les cieux vides qu'il roulait ; le flot s'est enfui devant moi ; il n'a laissé sous mes pieds que les pierres qu'il limait, et les os qu'il usait l'un contre l'autre.

LE CHEVAL D'AHASVÉRUS

Maître, votre plainte, je l'entends, et je n'y puis rien changer. Mes cheveux, plus longs que ceux d'une femme, jusqu'à terre font pleuvoir ma sueur, une sueur de sang. Dans ma bouche, mon frein s'est usé. En un jour, quand je suivais sans vous mon amoureuse, je passais, sans me lasser, le désert avec ses quatre fleuves. Mais votre douleur est plus large que le désert d'Asie et que la mer de Macédoine ; jamais on n'en voit les bords. Vos soucis sont trop lourds ; votre plaie, dans votre sein, m'est trop pesante à porter : trop durement votre mal me point et m'éperonne. Sous vos pas votre chemin s'allonge, et jamais cavalier n'a marché si longtemps. Votre herbe de pâture ne croit que sur des ruines. Dans mon abreuvoir, vous mettez des larmes. Ni mes pieds ni mes flancs ne peuvent plus courir. Si vous m'aimez, dans cet endroit enterrez-moi, sous ce gazon de feuilles où les cavales bondissent. Sur mon cou, maître, tressez-moi ma crinière et laissez-moi ma housse bariolée, mes étriers, et ma selle d'ivoire aussi, et encore le reste de mon mors d'argent à ronger. Sur ma litière noire, je rêverai de vous. En fermant ma paupière trop lasse, je pleure de votre peine, mais non pas de la mienne.

AHASVÉRUS.

Debout ! Il faut partir.

LE CHEVAL D'AHASVÉRUS.

Je suis trop las.

AHASVÉRUS.

Plus qu'une journée.

LE CHEVAL D'AHASVÉRUS.

Si mes pieds le voulaient, j'aurais du cœur pour mille.

AHASVÉRUS.

Jusqu'à la ville ; encore un pas.

LE CHEVAL D'AHASVÉRUS, *agonisant*.

Maître, mon ongle est tout usé, mon haleine aussi.

AHASVÉRUS, *après une pause*.

Et moi aussi, comme toi, je vais mourir. Au moins emporte-moi, sans que ta corne retentisse, jusqu'à l'endroit où tu vas vers ta pâle cavale. Sans hennir, emporte-moi là où la source sans fond est creusée pour ta soif ; là où l'auge sans bords est remplie, pour ta faim, d'avoine dorée ; là où l'hôtelier et son écuyer essuieront pour toujours ta sueur. De ta litière noire, donne-moi seulement la moitié, pour m'endormir, sous tes pieds, dans ton étable, tout habillé de songes.

LE CHEVAL D'AHASVÉRUS.

Maître, tenez : voici mon dernier souffle.

(Il meurt.)

AHASVÉRUS.

Et moi, voici mon agonie. Non, je ne suis pas le tronc d'un chêne de cent ans que le bûcheron a oublié dans la forêt. Cette fois ma coupe noire est remplie ; mes yeux vacillent ; mon cœur tremble de la fièvre des mourants. Pour moi aussi les cloches vont sonner : leur belle voix de bronze et d'argent luisant fera tressaillir l'eau dans les sources ; et l'aubépine secouera sa rosée dans le buisson des bois, et les fleurs laisseront tomber leur croix de sang, quand elles entendront : « Ahasvérus est mort ! Ahasvérus est mort ! » Et le veilleur, quand il ouvrira la porte de la ville, m'appellera, sans me réveiller, avec sa cornemuse.

CHŒUR DE BOURGEOIS DE LA VILLE, *sur les murailles.*

Maître, qui vous arrête ? qu'attendez-vous sur cette borne ? entrez céans dans notre ville de haut prix. De voyageur qui marche si tard, jamais nous n'en avons vu, ni de si las, ni de si beau. D'où venez-vous ? Du mont d'Arménie, ou de Rome, la terre lointaine ? Qui êtes-vous ? Où faites-vous votre demeure ? Très-volontiers nous l'apprendrons, si vous n'en faites pas mystère.

AHASVÉRUS.

Mon voyage commence à peine.

CHOEUR DE BOURGEOIS.

I.

Par cette ogive ciselée, entrez dans ma maison. Le vin vous y plaira ; dans ma cruche la bière de houblon est fraîche, et verdoyante, et écumante. Le pain y est fait de blé nouveau et tout coupé sur la nappe. Autour de la table, ma femme nous servira dans des plats de terre peinte, et ma fille, aux cheveux lisses, aussi en portera.

II.

Ne pleurez pas, beau voyageur ! Si vous êtes un maître imagier ou foliacier sans ouvrage, je veux faire un beffroi au milieu de la ville ; c'est vous qui le taillerez. Si vous êtes un maître tourier, je veux bâtir une tour à mon église pour que les anges y demeurent; c'est vous qui la ferez.

(Entre Ahasvérus.)

III.

Asseyez-vous à cette place. Des nouvelles, vous nous en direz certainement, et des pays que vos yeux ont rencontrés. Lesquels sont les plus planureux, et les meilleurs, et les plus avenants, à votre avis? où croît l'encens? où croît la myrrhe? où croît le baume de Syrie? Nous le voudrions savoir pour guérir votre peine.

V.

RACHEL, *seule dans sa chambre, en donnant à manger à un sansonnet dans une cage.*

La tête me fait mal. Depuis que cet étranger est arrivé, je ne peux plus penser à rien. Viens, viens donc, mon joli sansonnet. Tu es toute ma joie, tu n'as point de tristes secrets, toi. Amuse-moi, réjouis-moi; je te donnerai une branche d'amandier à becqueter.

LE SANSONNET *dans sa cage.*

Rachel, prens garde à l'étranger. Depuis qu'il est ici, je n'ai plus faim de branche d'amandier; je n'ai plus soif d'eau de source.

RACHEL.

Est-ce toi qui as parlé? vilain oiseau. Non, ce n'est pas toi, n'est-ce pas? c'est moi qui ai soupiré. Reste seul dans ta cage; je m'amuserai mieux avec mes giroflées. Oh! que vous êtes belles, mes giroflées. Je vais vous donner un peu de soleil et secouer votre rosée sur la fenêtre.

LE BOUQUET DE GIROFLÉES.

Rachel, sauve-toi. Depuis que l'étranger est ici, que me fait le soleil? Le soleil ne m'échauffe plus. Que me fait la rosée? La rosée ne me rafraîchit plus.

RACHEL.

Mon Dieu, est-ce que les oreilles me tintent? Puisque la pluie a déjà arrosé mes fleurs, je m'amuserai mieux à jouer de ma mandore.

LA MANDORE.

Rachel, sauve-toi. Depuis que l'étranger est arrivé, j'ai oublié les chants que je savais. Laisse-moi, mon souffle me fait peur.

RACHEL.

Qu'y a-t-il donc? Je ne sais plus si cette voix sort de ma bouche, ou si je l'ai vraiment entendue.

LE SANSONNET.

Va! laisse-nous; que ferais-tu à présent d'un sansonnet? L'aile d'un sansonnet ne battrait pas si vite que ton pauvre cœur sous ta robe. Que ferais-tu d'un bouquet de giroflées? La giroflée ne se pencherait pas vers sa racine si bien que ta tête sur ton coude. Que ferais-tu d'une mandore? La mandore ne gémirait pas si bien que ton haleine dans ton sein. Depuis que ton voisin est venu, j'ai peur dans ta maison. Ouvre-moi la fenêtre, que je parte, pour aller plus loin que la mer bâtir mon nid au printemps dans le tombeau du Christ.

LE BOUQUET DE GIROFLÉES.

Et moi, j'étouffe ici. Que l'oiseau emporte sur ses

ailes mon parfum du printemps, pour le jeter en passant sur le chemin de Bethléem.

LA MANDORE.

Et moi, qu'il prenne avec lui mes soupirs du soir, pour les jeter loin d'ici dans le feuillage des figuiers et dans les vieux murs de Terre-Sainte.

RACHEL.

Folle que je suis! c'est de ma propre voix que j'ai peur. Il me semble que tout ce que je touche murmure comme moi. Ah! il y a trop longtemps que je n'ai pris l'air; à cette heure du soir, j'ai toujours été plus triste que pendant le reste de la journée.

VI.

Esplanade du château de Heidelberg.

MOB, *vêtue en vieille femme du pays.*

Tout nous promet, pour notre partie de plaisir, une journée magnifique. Je craignais d'abord ce nuage sur le Heilig-Berg.

(A Ahasvérus.)

Permettez-moi de vous confier Rachel un instant, pendant que je vais cueillir un bouquet dans le cimetière. Ne la quittez pas au moins.

AHASVÉRUS.

Je vous le promets.

MOB.

Je ne fais qu'aller et revenir.

(Elle sort.)

RACHEL.

Non, il n'y a point d'endroit qui me plaise autant que ce bosquet. L'eau murmure sous le balcon des électeurs, les cerfs boivent à l'ombre dans la vallée. Écoutez le cor de chasse des étudiants dans les tours, et puis le chant des pèlerins, et puis le bruit de l'orgue. D'ici, vraiment, le chemin du Necker ressemble à un serpent qui a perdu derrière lui sa robe. Les cerisiers fleurissent, le saint s'endort dans sa châsse, le Rhin dans le creux de son lit. Dites-moi, monseigneur, si votre pays est aussi beau que le mien.

AHASVÉRUS.

Dans mon pays, la mer roule du sable d'or. Les étoiles sont des abeilles qui sucent les fleurs du ciel. Ma ville, quand elle était en fête, retentissait sur la montagne comme le carquois au dos d'un cavalier. Les fleuves se courbaient comme le sabre à son côté ; le désert brillait comme une bague à son doigt.

RACHEL.

Et aujourd'hui ?

AHASVÉRUS.

La bague s'est ternie, le sabre s'est rouillé, le carquois s'est vidé. Dans mon pays, les cyprès verdissaient, les gazelles bondissaient, l'antilope aux yeux d'or broutait des rameaux d'or ; des lions de pierre fouillaient le sable avec leurs griffes, et des licornes couronnées attendaient le jugement dernier pour leur donner, au réveil, le sceptre et la mitre.

RACHEL.

Et aujourd'hui ?

AHASVÉRUS.

Les lions ont secoué leurs crinières et jeté le sable contre le sommet du Calvaire.

RACHEL.

Votre pays, quel nom a-t-il, monseigneur?

AHASVÉRUS.

Vous ne le verrez jamais.

RACHEL.

Y a-t-il longtemps que vous l'avez quitté?

AHASVÉRUS.

Le temps ne me fait rien. Il ne laisse de rides que dans mon cœur.

RACHEL.

Si vous voulez, on enverra chez vous un messager?

AHASVÉRUS.

Les grues, quand elles s'en vont, me servent de messagers.

RACHEL.

Quand vous êtes parti, n'aviez-vous pas de petits frères?

AHASVÉRUS.

Ils sont, à présent, devenus grands.

RACHEL.

Et personne ne garde votre maison?

AHASVÉRUS.

Les cigognes quand elles sont lasses, et l'hirondelle si elle se pose sur le toit.

RACHEL.

Votre sœur pleurait à la fenêtre quand vous l'avez quittée? j'en suis sûre.

AHASVÉRUS.

La terre pleurait, le ciel gémissait, mais ce n'était pas pour moi.

RACHEL.

Et qui vous a accompagné?

AHASVÉRUS.

Mon chien, en aboyant contre les sphinx de granit, contre les dragons de pierre qui venaient s'accroupir des deux côtés du chemin pour me regarder passer.

RACHEL.

Quand vous retournerez chez vous, tout sera changé. Vous ne reconnaîtrez rien.

AHASVÉRUS.

Au contraire, rien ne change dans mon pays. Tout y attend mon retour pour savoir la nouvelle que j'apporterai. Chaque matin, sans changer de feuillage, les vieux palmiers se dressent sur leurs troncs, et les cèdres sur leurs montagnes, pour regarder en mer si ma barque est arrivée. Chaque été, chaque hiver, le torrent se dessèche au même endroit pour me faire mon passage. Immobiles, les éperviers planent au ciel; les vieilles portes, dans le désert, restent ouvertes; la même tente pend au même sommet; le même ibis dort sur son obélisque; et quand le soir vient, ils disent entre eux : « Encore, encore, attendons-le jusqu'à la nuit; attendons-le jusqu'au matin. Nous ne voulons pas fermer nos cercles dans le ciel, ni rouler sur nos gonds, ni plier notre toile, ni secouer notre aile, ni crouler sur nos murailles sans l'avoir vu revenir. »

RACHEL.

Vous êtes donc un fils de roi ? Je l'avais bien pensé.

AHASVÉRUS.

Non, je ne suis pas un fils de roi. La couronne qui me fait pencher la tête n'est ni d'argent ni d'or ; et la pluie et le vent m'assaillent dans mon palais.

RACHEL.

Vous êtes un baron qui revient de Terre-Sainte?

AHASVÉRUS.

Oui, mon enfant, c'est le pays d'où je viens.

RACHEL.

Pourquoi n'avez-vous rapporté avec vous ni faucons sur le poing, ni reliques d'ivoire, ni coquillages, ni sable d'or, ni dattes ?

AHASVÉRUS.

J'ai rapporté des souvenirs plus que je ne voulais. Mon fardeau était pesant. Je n'y ai rien pu ajouter.

RACHEL.

Où est-il donc ?

AHASVÉRUS.

Dans un pli de mon cœur.

RACHEL.

Oh ! vous auriez dû prendre avec vous un peu du bois de la vraie croix. Le souvenir ne suffit pas.

AHASVÉRUS.

Aucun de mes souvenirs ne s'efface. Il n'est, pour eux, ni âge ni vieillesse.

RACHEL.

Quoi! monseigneur, vos yeux ont vu le sommet du Calvaire?

AHASVÉRUS.

Par un ciel en colère, et sous une nuée sanglante.

RACHEL.

Et vos pieds ont touché les pierres du Carmel?

AHASVÉRUS.

Quand elles grondaient en roulant et quand l'écho parlait tout seul.

RACHEL.

Et vous avez cueilli des fleurs au jardin des Oliviers?

AHASVÉRUS.

Quand elles se remplissaient des larmes des étoiles, quand elles se souillaient dans leur poussière comme une tunique partagée.

RACHEL.

Oh! l'heureux seigneur qui a tout vu, qui a baisé, de ses lèvres, la pierre du sépulcre. Dites-moi, qu'entend-on le soir dans les feuilles des arbres?

AHASVÉRUS.

Un nom, toujours le même, le nom d'un éternel voyageur, que chaque feuille répète sur sa branche en gémissant.

RACHEL.

Et dans les sables des déserts où vous avez passé?

AHASVÉRUS.

La voix d'un homme qui maudit.

RACHEL.

C'est un bonheur pour toute la vie, que d'avoir vu ce que vous avez vu. Maintenant vous pouvez mourir content, quand l'âge viendra. Qu'il y a de pèlerins qui vous envient.

AHASVÉRUS.

Je les ai tous laissés derrière moi, sur mon chemin. Le vent me poussait; j'allais sans m'arrêter.

RACHEL.

Au pied des oliviers, y avait-il des anges à genoux qui chantaient des cantiques sur des livres d'or?

AHASVÉRUS.

Non. Il y avait des vautours qui criaient sur ma tête, et des ailes de hiboux qui frôlaient mes joues. (*A part.*) Grâce! grâce!

RACHEL.

N'y avait-il pas des enfants à auréoles qui avaient les mains jointes et qui disaient en souriant : « Mon père! mon père! »

AHASVÉRUS.

Non. Il y avait des vipères qui sifflaient sous mes pieds; il y avait des voix qui criaient dans les flots : « Maudit! maudit! »

RACHEL.

Je le vois bien. Vous êtes un saint homme. Laissez-moi baiser vos pieds. Que je vous adore.

AHASVÉRUS, *à part.*

O Christ! aie donc pitié de moi.

RACHEL.

Monseigneur, ne me refusez pas votre bénédiction; je suis à vos genoux.

AHASVÉRUS.

Relevez-vous. Grâce! grâce! mon enfant.

RACHEL.

Priez pour moi!

AHASVÉRUS.

Je ne puis.

RACHEL.

Sauvez-moi!

AHASVÉRUS.

Mon ciel est plein.

RACOEL.

Seulement une de vos prières!

AHASVÉRUS.

Allez dire plutôt au lépreux : Donnez-moi de l'eau bénite de votre léproserie.

RACOEL.

Seulement un signe de croix.

AGASVÉRUS.

Allez dire plutôt au roi des Sarrasins : Roi, donnez-moi le salut de votre main.

RACOEL.

Qu'ai-je donc fait? vos paupières lancent des éclairs, il y a des larmes dans vos yeux.

AHASVÉRUS.

Ne voyez-vous pas, quand vous me parlez à genoux, les violettes qui se remplissent de sang?

RACHEL.

Monseigneur, c'est la rosée du soir qui brille quand le soleil se couche.

AHASVÉRUS.

Ne voyez-vous pas, quand vous me dites de prier, une larme éternelle, qui tombe de la grotte!

RACHEL.

Monseigneur, c'est une goutte de pluie qu'une biche en passant a fait tomber de la voûte.

AHASVÉRUS.

N'entendez-vous pas des chants de fées qui répètent mon nom en gonflant leurs joues!

RACHEL.

Soyez sûr que c'est le bruit que fait le Necker contre les digues des pêcheurs.

AHASVÉRUS.

Plus loin, plus loin; j'ai hâte. Descendons la montagne.

VII.

CHOEUR DE FÉES.

I.

Tournez donc, rouets, sous nos pieds chaussés de rubis. Fuseaux ensorcelés des filandières, tournez, virez dans nos mains. Aiguilles de fées, sans vous rompre, courez, sautez, rampez, nichez-vous dans votre maille. Oui, avant que minuit sonne, nous aurons brodé cent mille étoiles d'argent pour le pays du soir. Les flocons de neige de Cornouailles tombent de notre quenouille. En Bretagne, les rayons de la lune, plus fins que nos cheveux, sont nos brins de fil. Nous cardons avant le jour, pour l'île de Thulé, le givre qui pend aux arbres. La terre, quand elle soupire, c'est notre rouet qui murmure; le ciel, quand il gémit, c'est notre fuseau qui s'endort; l'Océan d'Aquitaine, quand il verdit, c'est notre doigt qui se mouille pour filer.

II.

A présent, auprès de nous, tous les anciens dieux sont devenus des nains, grands à peine pour porter la queue de notre robe. Jupiter est un nabot; son père, le Temps, un esprit follet qui meurt dès qu'il paraît. Là-bas, dans le carrefour, voyez ce Génie qui s'oint la tête d'une goutte de rosée; c'est le vieux Dieu de Chaldée qui se blottit pour n'être pas vu du Dieu-Géant des cathédrales. Celui qui tremblotte sous une feuille sèche, trônait, il y a deux mille ans, sous un temple de granit; et ce lutin, qui porte en ricanant pour caducée un brin de chaumine, c'est Memnon découronné, que sa ruine a rendu fou. Sylphes, goules, gnômes, tout l'Olympe tiendrait aujourd'hui dans un creux d'arbre. Poussière de dieux, ces colosses des païens regardent, tremblants sous la ramée, sous les aulnes, sous le toit du bûcheron, si notre chariot à deux roues ne vient pas les écraser.

III.

Rome la louée, où est donc ton empire? D'un revers de la main, j'ai brisé ta courte épée. En soufflant dessus, j'ai rouillé ton casque. De mon marteau de diamant, j'ai démantelé tes murs, et dans mon tablier de soie, j'ai emporté ta poussière. Sur leurs chars ailés, les fées grimpent autour de ta colonne triomphale, par les portes de tes villes ciselées, par tes routes sculptées, à travers tes légions de pierre, avec des boucliers de nacre, avec des épées fourbies dans un rayon d'été ; d'estoc et de taille, elles balafrent tes armées. Entends-tu leur fouet de fil d'araignée qu'elles font claquer à ton faîte sur tes nains amoncelés?

IV.

Rome est à bas. Faisons la fête; mangeons ses miettes autour de la table ronde. Au son du cor, dans la forêt, j'ai convoqué céans la cour d'Arthus. Douze pairs se sont armés de toutes armures. De maintes reines qui s'éveillent, Yseult est la plus riante, et la plus belle, et la plus blonde. De maints barons qui vont chevauchant, son amant est le mieux fait, et le plus courtois, et le plus vermeil. Bai est son cheval, sa lance raide, son mantel vair d'écarlate. Ducs, pages, demoiselles aux cheveux d'or, depuis mille ans dormaient dans la forêt de Broceliande. Tous disaient quand je passais : Éveillez-nous au son du cor.

V.

Au son du cor, avec l'écho, éveillez-vous en Espagne, où les figues mûrissent, rois Maures, Arabes d'Orient et d'outre-mer Galilée. Sur notre enclume d'émeraudes, le sabre du prophète s'est courbé comme une couleuvre de bruyère. Sur sa lame, un négroman, de nos parents, a gravé des mots magiques. Dans Grenade la belle, à sa fenêtre que nos ciseaux ont découpée, la sultane s'est assise. Notre pinceau teint ses cils, notre lime polit son sein. Plus pâle que la rose de pré, au loin elle regarde les minarets qui nouent sur leurs fronts leurs turbans de pierre, les agas sur leurs cavales écumantes, les lévriers qui bondissent, et encore l'éclair des yataghans qui jaillissent des fourreaux, et les tentes panachées qui frémissent au cri des clairons, et les forêts qui pétillent (ah! le bel incendie), et la bataille qui hurle. Va, citronnier d'Espagne, fane-toi; j'ai dépensé sur ses lèvres plus de parfum que sur tes branches. Mer de Cadix, sèche-toi; dans ses yeux, j'ai mis plus d'azur, couleur du ciel, que dans ton flot, plus que sur ton rivage où les mules se baignent, plus que dans ta baie, plus que dans ton golfe, dont les galères et les vaisseaux à trois ponts sont amoureux, plus que dans ton lit sans fond où les pêcheurs pêchent les perles, plus que dans ton abîme teint de bleu, jusqu'au port de Macédoine.

VI.

Sus donc, Charlemagne et son écuyer! Son empire est prêt, comme à l'oiselet son nid. Pour le faire, il nous a fallu trois coups de baguette. Morgande a brodé sa bannière, Fleur d'Épine a lacé son heaumet. Ni sabres, ni cimeterres de sultan ne le dénoueront. Écoutez! la marjolaine, la paquerette, le romarin plient sous les escadrons. Sous les escadrons cuirassés, la terre tremble. Que de comtes, que de barons, que de hauberts, que de cimiers! Plaisir des fées, que de voir avant le soir, ce bel empire se rompre comme une lance de géant à l'écu de Roncevaux!

VII.

Sur un pavois porté par quatre empereurs, plus haut que tous nous élevons le pape. Sa mitre sera d'or, le plus fin qui soit à vendre. Nos meilleures filandières coudront sa chasuble. Vraiment sa science est plus grande que la nôtre. Son vieux livre est enchanté jusqu'à la dernière page. Çà, que chacun lui obéisse, sans délai ni demeurée! Qu'en toutes choses il soit le premier! Quand il voudra monter sur sa mule, roi d'Allemagne, tu tiendras son étrier. Les ducs baiseront ses souliers, les comtes sa salle pavée, et la chaîne des âmes, comme un chapelet béni, pendra à sa ceinture.

VIII.

Surtout, nous voulons, entendons, ordonnons, car c'est là notre plaisir, que terre et eau, source gazouillante, étoile vermeille, mer de Venise, de Brabant, écharpes déliées, chevelures de reines, anneaux, vitraux, ogives brodées, ciselées, ensorcelées, murmurent, sans s'arrêter jamais ni jour ni nuit, les cinq lettres qui font : Amour. A tous nos génies, servants, prescrivons de balbutier le même mot sous le pin, sous le chêne, sur le balcon, sous le haubert, dans la poignée de l'épée, à la pointe de la lance, dans le pli de la bannière, dans le pli de la nuée, pour que ciel et terre n'aient qu'un son à notre oreille.

IX.

De plus, à tous devins qui le sont ou le seront, mages, nains, négromans, enjoignons d'ajouter un grain de venin dans le pain d'Ahasvérus, un grain d'hysope dans son verre. Il faut que sa peine soit double. N'épargnez pas les pleurs qui se glacent dans les yeux, ni les soupirs qui suffoquent les gens, ni les battements du cœur qui le meurtrissent sans l'user. Les larmes nous coûtent juste autant que la rosée.

X.

Puis, quand le boisseau sera plein, quand tous les royaumes auront bu tout l'or de la terre, quand les clochers et clochetons montés à leurs faîtes mettront sur leurs fronts leurs couronnes de nuées, quand les reines seront habillées d'argent, nous soufflerons dessus. Rois, comtes, cathédrales, beaux empires de cendre, beaux royaumes de boue, belles nations d'argile crouleront sous l'essieu de notre chariot. Qui rira de leur gloire ? La marjolaine leur héritière, qu'ils ont foulée sans l'écraser, et le romarin sur les places en voyant nos danses.

VIII.

Intérieur de la chambre de Rachel. Rachel endormie dans son lit. Le matin commence à paraître.

LE CHOEUR.

I.

Chut ! chut ! à cette heure, Rachel est endormie. D'un pas moins sonore, fées et aspioles, en retenant notre souffle, entrons dans sa chambre, sans rien dire, un doigt sur nos lèvres, pour la mieux ensorceler. Cachons-nous, qui dans un nœud de ses cheveux, qui dans ce bouquet de giroflées, qui dans cette cassette de noyer, qui dans ce livre de prières, qui dans ce pli de son ouvrage. Surtout parlons bas. Qu'elle prenne notre voix pour le bruit de sa pensée dans son âme résonnante.

II.

— Êtes-vous bien ? — Oui. — Et moi aussi. — Silence. Pour la voir endormie, j'ai passé la tête sous son ciel de lit. Ah! que son cou est blanc, et droit, et doux. Ses dents, quand elle respire, semblent d'argent, et tout l'or d'outre-mer, ou de Syrie la terre lointaine, ne serait pas si blond que ses blonds cheveux. Paix! la voilà qui soupire. A présent, elle se tourne sur le côté et se retourne. Et puis voilà un songe qui passe sur son front, et sur ses joues, et sur ses lèvres ; à présent il est dans son cœur. Oh! que nenni, la chose est certaine ; jamais, dans une tour, ni dans un palais plénier, vous n'avez vu fille de haut princier, sœur de roi ou de comte, si belle à regarder. Sans mentir, je croirais qu'elle fut ange.

III.

— Çà, fée bavarde, vous tairez-vous? Un mot de plus, je vous découronne. Dans son lit encourtiné de lin, Rachel vous entendra. En baisant une heure trop tôt sa paupière, un rayon du jour l'a à moitié réveillée. Le coq chante, l'abeille bat de l'aile contre le vitrage ; et le soleil, qui appert en Orient, a déjà épanché sur le monde trois gouttes de sa coupe de lumière.

RACHEL, *en s'éveillant,*

Que la nuit a été longue! mon Dieu! et toujours le même rêve! qu'est-ce que cela veut dire? Demain il faudra que Berthe couche avec moi. Ah! le cœur me fait mal. C'est comme si j'avais reçu un coup là. Il me semble que j'ai du fiel de Syrie sur les lèvres..... Non, depuis que cet étranger est arrivé, je ne suis plus ce que j'étais. Ce qu'il a l'air de souffrir est trop grand, et je ne puis plus songer à autre chose. Quelle histoire cela peut-il être? Il y a là un grand mystère. Toujours cette idée me revient, jusque dans l'église, j'y pense..... Voilà huit jours entiers que je n'ai fait ma prière. C'est pour cela que je suis si inquiète. Je ne sais plus ce que je fais. Mon Dieu, pardonnez-moi.

(Elle se met à genoux à côté de son lit et commence à haute voix sa prière, les mains jointes.)

« Notre père, qui êtes aux cieux, que votre volonté soit
« faite, que votre nom soit sanctifié! »

LE CHOEUR.

Rachel, dis-moi, qui fait ce bruit dans la rue? Le pavé retentit, les vitres frissonnent. Est-ce ton hôte qui chevauche avant le jour? Penché sur ses rênes, est-ce lui qui fait jaillir tant d'étincelles de la corne du pied de son cheval à la croupe luisante? Sa selle est d'ivoire poli, et ses arçons sont ouvrés de fin or. Ne viendras-tu pas le voir passer sous ta fenêtre?

RACHEL.

« Et ne nous laissez pas succomber à la tentation.
« mais délivrez-nous du mal. Ainsi-soit-il. »

LE CHOEUR.

Le voilà qui s'éloigne. Écoute, écoute. Encore trois pas, tu ne l'entendras plus. J'ai traversé maints tertres et maintes grandes vallées; mais jamais je n'ai vu vol d'émérillons, ni cavalier si rapide, ni si fier, ni si preux. Son turban blanchit plus que neige et gelée au soleil. Le saurais-tu, aussi bien que lui rouler et dérouler, sans faire un nœud? A son arçon pend un calice de vermeil. N'y voudrais-tu pas boire une boisson enchantée?

RACHEL.

« Je vous salue, Marie, pleine de grâce. Le Seigneur
« est avec vous. »

LE CHOEUR.

Te rappelles-tu le jour où tu le vis pour la première fois? Il était appuyé contre un pilier de la cathédrale, et tu le pris de loin pour un ange de pierre dure. C'était le jour de Noël. Toutes les cloches sonnaient. Son front était pâle, et ses yeux avaient pleuré dans la nuit maintes larmes. Quand tu montas les degrés de l'église, il te regarda avec douleur; et toi, sans tourner la tête, tu le revis tout ce jour-là, et le lendemain, et le jour d'après encore, tu te dis en toi-même : Qui est-il?

RACHEL.

« Priez pour nous pauvres pécheurs, maintenant et à
« l'heure de notre mort. »

LE CHOEUR.

Qui est-il? Celui qui fit ciel et rosée le saura bien. De tous les hommes, il n'en est pas un qui soit comme lui.

Pour ermite, il est trop jeune ; pour fils de prince, il est trop triste ; trop pâle, pour maître templier ; trop fier, pour pèlerin d'amour.

RACHEL.

« Je me confesse à Dieu tout-puissant, à la bienheu-
« reuse Vierge Marie. »

LE CHOEUR.

Il n'est pas de ces jeunes hommes qui ne songent qu'à tromper, jamais on ne le vit avec eux. Ce qu'il dit, on sent qu'il le croit, il prend tout au sérieux. Entre vous je jurerais qu'il y a mille ressemblances ; et sans peur, tu lui confierais, je suis sûr, ton cœur et ta pensée ; pensée de jeune fille qui monte dans son âme, qui roule, qui murmure, après le jour, avant la nuit, comme un fuseau tout endormi qui vient gronder à son oreille.

RACHEL, *en se relevant*.

Oh ! cela est sûr. Je suis trop distraite à présent. Il n'y a que mes lèvres qui prient, mais mon esprit est ailleurs. Ma bouche prononce des mots ; mon cœur en dit d'autres. Cela ne peut pas durer ainsi.

LE CHOEUR.

Sur un sable d'or, va, poursuis ton rêve. Sans t'inquiéter, va où te mène ta blonde espérance. Ne vois-tu pas déjà des jours légers qui dansent en cercle autour de toi ? Ne sens-tu pas ta peine qui s'évapore avec la fleur de lilas et d'amandier. Dans l'amertume de son lac, si ton âme a trempé son aile brisée, c'est pour remonter plus agile dans son ciel. Si déjà ton cœur qui se gonfle te pèse dans ton sein, cette douleur est de miel, elle ne fait point de mal. Tremblante, si une larme sans le vouloir, mouille tes cils, d'elle-même elle s'effacera à la tiède soirée.

RACHEL.

Cette odeur de lilas porte à la tête, et le bruit de cette fontaine me rend triste. Mille idées me tourmentent que je ne puis dire à personne, et quand même je le voudrais, je ne sais point de mots pour cela. Mon front brûle. J'aurais envie de pleurer sans savoir pourquoi. Au lieu de rester ici, je ferai mieux d'aller prendre l'air dans le jardin de Berthe.

(Elle sort.)

LE CHOEUR.

Oui, sors d'ici; partout avec toi, ton âme harmonieuse murmurera à voix basse : Te souviens-tu du firmament? On y respirait sans douleur même fleur éternelle. Te souviens-tu du bord du ciel? On y entendait, sans tristesse, même bruit d'une eau qui tombe. Songes d'été, assoupis dès l'aube sur les nues diaphanes, désirs ailés, soupirs qui valent l'univers, regards qui voient dans l'ombre, pensées qui en une heure font mille lieues, tout reviendrait si quelqu'un ici seulement, sans te tromper, t'aimait d'amour entier.

IX.

Jardin de Berthe. Rachel et Ahasvérus s'y promènent ensemble.

LE CHOEUR.

D'amour entier? Est-ce là ce que j'ai dit? Voici l'endroit où l'on en trouve, quand le rossignol s'écrie au bois dès la matinée, quand les jours sont longs en mai, quand la feuille s'épaissit dans les vergers, quand l'herbe est verte et la bruyère fleurie. Rachel, parle donc sans trembler. C'est l'heure du soir, où l'arc-en-ciel tout luisant sur les Vosges porte joie et paix aux hommes de bonne volonté. C'est l'heure encore plus douce où la fleur se lève pour dire au Rhin, et le Rhin à son bord, et le bord à sa barque, et la barque au ciel, et le ciel au jour, et le jour à la nuit : Dormez-vous ou veillez-vous? moi je me tais.

RACHEL, *en cueillant des fleurs.*

Oui, les fleurs savent des secrets que nous ne savons pas; je veux consulter cette marguerite.

(Elle effeuille une marguerite.)

LA MARGUERITE.

Dormez-vous ou veillez-vous? moi je me tais.

RACHEL.

Elle était fanée, cette autre encore.

LA MARGUERITE.

Moi, je ne sais dire rien que deux mots : terre, ciel; terre, ciel; terre...

RACHEL.

Plus que celle-ci, c'est la plus grande.

LA MARGUERITE.

Et moi, je ne sais qu'une syllabe : Christ, Christ, Christ.

AHASVÉRUS.

C'est vous, Rachel, qui parlez, n'est-ce pas? Ah! laissez ces fleurs. Elles répètent tout ce que le vent leur fait dire. Revenez. Nous serons mieux là pour causer sous ce berceau de chèvrefeuille.

RACHEL.

Mon Dieu! est-ce possible? croyez-vous? Mais quand vous parlez, il me semble toujours vous avoir entendu quelque part, dans un autre endroit qu'ici, et dont je ne sais plus le nom.

AHASVÉRUS.

Et moi, si j'arrête mes yeux sur les vôtres, il me semble revoir des jours qui ne sont plus et qui ne peuvent plus être. C'est ce qui arrive toutes les fois qu'on se ressemble.

RACHEL.

C'est un souvenir qui est bien loin. Il y avait là dans cet endroit une odeur de fleur qui jamais ne se fanait, et que je n'ai plus respirée.

AHASVÉRUS.

Les fleurs que j'ai vues se sont toujours fanées.

RACHEL.

On y entendait chanter un air que je n'ai plus entendu. Vous le rappelez-vous?

AHASVÉRUS.

Je ne me rappelle rien que le chant du désert.

RACHEL.

Là les rayons du soleil éclairaient sans brûler.

AHASVÉRUS.

Les rayons du jour ont partout brûlé mon front.

RACHEL.

Là, l'air était plus léger à respirer. On n'y connaissait ni pleurs ni soupirs.

AHASVÉRUS.

Jamais, croyez-moi, je n'ai passé par ce pays. Était-ce une île, une plaine, un sommet de montagne?

RACHEL.

Je n'en sais plus ni la place ni le chemin.

AHASVÉRUS.

Ce sera une illusion.

RACHEL.

Oh! je suis sûre que je ne me trompe pas. Vous m'aviez tant promis de me raconter votre histoire quand la fauvette se tairait. Voici l'heure.

AHASVÉRUS.

Non pas, quand la cigale aussi sera rentrée.

RACHEL.

A présent, voici la cigale qui rentre.

AHASVÉRUS.

Encore un peu, quand l'étoile paraîtra.

RACHEL.

Voilà l'étoile qui paraît.

AHASVÉRUS.

Encore un jour. Demain vous la saurez. Montrez-moi seulement que je ne suis plus un étranger pour vous.

RACHEL.

Que faut-il faire?

AHASVÉRUS.

En nous quittant, une seule fois, à l'heure d'adieu, quand rien ne nous entend, ange d'amour, dis-moi : TU.

RACHEL.

Moi ! vous me mépriseriez.

AHASVÉRUS.

Plus bas, si tu veux, que l'étoile qui cherche son miel d'or, plus bas que la fauvette qui plie son col pour dormir, plus bas que la cigale qui ferme son aile.

RACHEL.

Je ne pourrai plus lever les yeux de terre.

AHASVÉRUS.

Une seule fois, la première et la dernière.

RACHEL.

Non, je n'oserai jamais.

(Elle sort.)

X.

AHASVÉRUS *seul*.

I.

Ne marche pas plus loin, Ahasvérus. Va, ton voyage est fini. L'heure qui vient de passer est une éternité. Sous ces frais lilas, voilà ton ciel. Là quelque chose t'a dit : Je t'aime. Non pas la tempête sur ta tête, non pas l'hysope dans la broussaille, non pas la poussière de ton chemin à midi, mais deux lèvres de femme avec une voix humaine, avec des mots des hommes que ta langue peut murmurer si tu veux.

II.

Ah! c'est là, c'est là ce qu'ils appelaient amour, quand toutes choses vous regardent en soupirant, quand votre haleine rafraîchit vos lèvres, quand l'aubépine vous donne un parfum pour votre route, quand l'étoile ouvre sur vous sa paupière souriante, et aussi quand la source vous renvoie votre ombre plus légère, et comme un limier qui rentre le soir du bois, quand la brise haletante lèche votre porte sans injures.

III.

Dans ce vallon ombragé de noyers, mes pieds s'arrêteront à jamais. A jamais je ferai le tour de sa ville sans la perdre des yeux ; sans m'éloigner de plus d'un pas, éternellement j'errerai nuit et jour sur la cime de la montagne qui l'abrite. Que me fait à présent, sur ma tête, cette fourmilière de soleils qui m'ont maudit! Un enfant m'a dit malgré eux : Je t'aime. Tous ensemble quand vaudront-ils une tresse de ses cheveux? et les siècles de siècles qui sont à vivre, que sont-ils à côté d'un seul souffle de son cœur?

IV.

Oui, tout est attaché pour moi à la possession de cet être délicieux; le reste du monde est vide. Je le sais, je le connais; les mers, les lacs, les forêts, je les ai visités; mais il me manquait une place dans ce cœur, et c'est là qu'est l'univers.

V.

L'univers! tu as oublié, peut-être, qu'il va s'éteindre

à chaque souffle. Cette goutte d'eau sur tes lèvres se dessèche. Aujourd'hui ou demain, Rachel va mourir. De l'éternité qui brûle ton sein, tu voudras lui donner la moitié, et tu n'auras pas une heure à lui prêter. Elle ne pourra t'entraîner dans sa mort; toi, tu ne pourras l'entraîner dans ta vie. Plus seul, plus maudit, tu marcheras ton sentier sans issue. Quand tu repasseras dans sa ville, la bruyère te barrera le chemin, l'épine du buisson te demandera : Où est donc allée celle qui te faisait aimer, et qui valait mieux que les siècles et que les empires qui t'ont honni?

XI.

MOB.

Pardonnez, si j'entre sans frapper, j'ai cru vous entendre sangloter; je vous ai fait une boisson qui vous calmera.

AHASVÉRUS.

Vous prenez trop soin de moi, vraiment; je suis confus de vos bontés.

MOB.

Est-ce encore cette même angoisse au cœur? Deux grains de digitale vous guériront; ce spécifique est immanquable, je le connais par expérience.

AHASVÉRUS.

Tant d'hospitalité ne se trouve qu'ici; mais rassurez-vous, les sanglots que vous avez entendus venaient d'un excès de joie.

MOB.

Joie, douleur, il est pardonnable, n'est-ce pas? de les confondre. Aussi, pourquoi ont-elles le même cri? Déjà je m'y suis trompée, et j'ai donné souvent, pour ces deux syncopes, le même remède.

AHASVÉRUS.

Ce que vous dites, ma chère, est plus vrai que vous ne pensez; mais, sans le vouloir, vous renouvelez toute ma peine.

MOB.

Excusez-moi, mon intention était bonne. Hélas! tous les hommes de ce temps-ci sont faits comme vous. Que sont devenus l'armure de fer et les brassards de leurs pères? Dans leur sein, ils ont tous une plaie : on ne peut les toucher sans leur arracher un cri; les lèvres les blessent, un mot les tue.

AHASVÉRUS.

Soyez sûre que ma peine, à moi, est sincère, et que vous en prendriez pitié, si vous la connaissiez.

MOB.

Mon Dieu! je la partage d'avance. Ma tête se sèche pour vous trouver un remède. Çà, que n'essayez-vous de voyager? Le changement d'air dissiperait votre mélancolie. C'était ma grande ressource à moi, quand j'étais jeune : pour chaque peine du cœur, un climat nouveau; rien que la poussière de mon chemin me faisait déjà du bien.

AHASVÉRUS.

Il y a quelquefois, au fond de l'âme, un vide que la

poussière de tous les mondes ne suffirait pas à combler; je l'ai éprouvé. Et puis encore, où irais-je?

MOB.

L'Orient est fort beau, l'Occident ne l'est pas moins : le soleil réchauffe le cœur, mais la lune le refroidit. En vérité, je ne sais plus lequel vous conseiller.

AHASVÉRUS.

J'avais cru, d'abord, trouver quelques consolations en m'adonnant à la poésie.

MOB.

Bravo ! c'est l'art que j'aurais voulu cultiver, si on m'eût laissée libre. Darder, en plein soleil, des paroles huppées; habiller de phrases une ombre, un squelette, moins que cela, un rien ; le coiffer de rimes, le chausser d'adverbes, le panacher d'adjectifs, le farder de virgules : quelle faculté dans l'homme! monsieur ; et songer que tout lui obéit, premièrement, ce qui n'est pas ! se plonger dans l'océan transparent des choses pour y pêcher le ciel, et rapporter au rivage une douzaine de mots polis, luisants, ruisselants. Ah ! voilà de ces vies d'émotion dont je serai éternellement jalouse.

AHASVÉRUS.

Je ne sais, mais j'aurais besoin de quelque chose de plus réel. Un vague désolant m'entoure; je suis devenu l'écho de toutes les mélancolies des lieux où je passe. L'herbe fauve, le vent d'hiver, la feuille tombée, tout retentit, tout crie avec désespoir dans mon cœur.

MOB.

Si ce que vous dites là est exact, l'inconvénient est vraiment grave d'entendre de si près ce pêle-mêle dans la boîte osseuse de son cerveau. Au lieu de rêves, que ne vous occupez-vous du positif des choses? La science est faite pour des hommes comme vous : à votre âge, vous pouvez encore pénétrer dans les secrets de la nature. Par exemple, faites-vous alchimiste. Allons! à l'œuvre! soufflez la forge, broyez le diamant, fondez l'or, remuez le creuset; bien! c'est cela. Encore une heure! A la fin une petite fumée s'évapore, et voilà la vie passée. Est-ce vrai?

AHASVÉRUS.

Non, la science ainsi réduite est trop sèche; j'ai essayé; jamais elle n'a pu remplir mon cœur.

MOB.

Oh! pour le cœur, voyez-vous, n'en parlons pas; le mien est aussi vide que le vôtre, et j'aurais plus à me plaindre que personne. Vous êtes malheureusement organisé : le réel vous déplaît, l'idéal ne vous convient pas; pourtant, de deux choses l'une, il faut choisir.

AHASVÉRUS.

Cette nécessité est un de mes plus grands tourments.

MOB.

Écoutez; si vous en croyez le conseil d'une amie, laissez là l'exaltation : la jeunesse s'en va, l'illusion aussi. A votre âge, le monde vous tend les bras, toutes les carrières vous sont ouvertes; prenez un état solide et une situation dans le monde. Le métier le plus honorable est celui de la guerre ; rien que d'y songer, la tête se monte. L'épée sied à un gentilhomme : voyez ! le soleil dore sa cuirasse ; haches, vouges, gants de fer, becs de faucons reluisent à son côté. Il a froncé les lèvres, il a dit un mot : Bataille ; et l'écho a répondu : Bataille ; et le sabre aussi, dans le fourreau : Bataille. Que de lances brisées déjà ! et ne cessera l'épée de cliqueter, que tout ne soit moulu, matté et tailladé et démaillé. Les chevaux hument le sang, la dague, qui a soif, se désaltère, et le vautour boit ses restes. Le soir vient, on rentre chez soi, et l'on a tué le temps.

AHASVÉRUS.

Plus d'un dard s'est déjà émoussé sur mon écu ; plus d'une épée à deux lames s'est déjà brisée sur mon cimier ; à travers maintes bandières, j'ai chevauché. Je sais comment l'étendard flotte au bout de la hallebarde, comment la corde de l'arc résonne, comment le cavalier désarçonné gémit sous le haubert. Maints javelots empoisonnés ont cherché mon sein en sifflant ; maintes flèches panachées ont crié sur ma tête : Çà, que la mieux empennée aille lever la visière de son cheval !

MOB.

Terrible moment ! mes dents claquent ; que va-t-il arriver ?

AHASVÉRUS.

Mains contre mains, dents contre dents, le combat piétinait, écumait, haletait ; en avant, en arrière, en amont, en aval, au loin, auprès, la hache d'armes écorçait l'arbre des batailles. L'aigle, qui passait, fermait sa jaune paupière, pour ne pas voir de si près la rosée si empourprée.

MOB.

Vous me faites frémir pour vous.

AHASVÉRUS.

Moi! partout un cavalier me suivait et parait les coups. Depuis l'aube du jour, dans la mêlée, il était mon frère d'armes : mille traits me cherchaient, et pas un ne m'atteignait.

MOB.

Le brave compagnon! la terre en prenne soin! Quelles armoiries avait-il?

AHASVÉRUS.

Sur son écu, il portait une tête de mort; son cheval pâle ne hennissait ni jour, ni nuit; jamais il ne délaçait son heaume; jamais son bras, le soir, n'était las.

MOB.

Grâce à Dieu, cette fois, votre mérite est donc récompensé.

AHASVÉRUS.

Jusqu'au milieu de la mêlée, un souvenir, un jour, ah! une heure rapide, passée dans un autre climat, couvrait pour moi le fracas de deux armées; les chariots de guerre passaient furieux, et je n'entendais gronder que ma voix dans mon sein. La lance retentissait sur la lance, et mes yeux, sous ma visière, ne voyaient rien que moi, rien qu'une image, je vous dis, une ombre de moi-même, rien de plus, qui a été, qui n'est plus, qui ne

peut plus être, et qui luttait une lutte géante dans mon
âme; oui, une bataille dans une bataille! Quels soupirs
qu'on n'entend pas! quelles blessures qu'on ne voit pas!
Souvenirs plus tranchants que les espadons à deux
mains; rêves plus échevelés que la flèche emplumée de
l'arbalète : vie, mort, néant, regrets, doutes plus dé-
chaînés, plus pesants, plus rapides, plus flamboyants que
des cavaliers penchés, hors d'haleine, sur leurs brides!

MOB.

Sur ma parole, cette seconde guerre est plus cruelle
que la première. Je n'en avais aucune idée. Si, décidé-
ment, la guerre ne vous convient plus, vous pouvez
vous lancer dans la politique d'État. L'intérêt, bien en-
tendu, sera votre guide infaillible. L'équilibre des pou-
voirs est d'abord la doctrine que je vous conseille. La
monarchie a du bon. L'aristocrate sent son aïeul. Le dé-
mocrate est tout nerf et tout os. Le mélange est mon
fait. Du positif, point de pathos. Le chiffre seul, nu, dé-
charné, déchaussé, désossé, déhanché, entendez-vous.
Tous les droits sont reconnus. D'un trait de plume, vous
enterrez deux ou trois peuples, et cela fait toujours hon-
neur.

AHASVÉRUS.

N'achevez pas; j'en suis déjà rassasié.

MOB.

Que vous êtes bien terriblement blasé pour votre âge,
et que les gens, à cette heure, vivent vite! monsieur.
Mais il vous reste encore des ressources, et vous auriez
le plus grand tort de perdre courage. Vous pouvez vous
jeter dans les bras de la religion.

AHASVÉRUS.

Expliquez-vous. Je vous avoue que plus d'une fois, en entendant les cloches d'une abbaye, j'ai frémi par tout mon corps; dans ce moment, j'enviais le repos d'un ermite dans son moustier.

MOB.

Ma secte, à moi, c'est le Méthodisme. La vie s'y passe à vivoter. Je vous la ferai connaître si vous le désirez. Imaginez-vous que nous avons réduit la vie entière à cinq ou six petites maximes qui, bien comptées, bien supputées, tiendraient ensemble dans une coquille d'œuf. Terre, ciel, eaux, nuées, tout ce qui entre dans la coquille, voilà l'univers; tout ce qui n'y peut pas entrer, voilà le néant. J'espère que la division est facile à retenir, et vous verrez qu'il est vraiment fort commode de posséder ainsi à chaque heure tous les secrets de la vie, tous les mystères de l'âme et du ciel, toute la science du cœur et de la nature, sur un bout de papier grand au plus comme une recette contre la migraine.

AHASVÉRUS.

Si vous ne raillez pas, cette idée est désespérante.

MOB.

Moi, railler?... Y songez-vous? Une conversion comme la vôtre ferait mon bonheur; et, pour vous ramener au pur esprit de l'Évangile, mon directeur Paulus vous enseignerait d'abord la dogmatique, la dialectique, la diplomatique et l'hypercritique.

AHASVÉRUS.

Laissez là de grâce, ces mots vides. Pour me rendre le repos, c'est une religion nouvelle qu'il me faudrait, où personne n'aurait encore puisé. C'est elle que je cherche. C'est là seulement que je pourrai abreuver la soif infinie qui me dévore.

MOB.

La nouveauté me plairait autant qu'à vous. Souvent il arrive, en effet, qu'un dieu est mort et enterré dans le ciel, et que nous l'adorons encore sur la terre. Toute la difficulté est de connaître au juste l'époque du décès, pour ne pas perdre son temps devant un squelette qui pendille à la voûte de l'éternité. Mais, après tout, dans le doute, un homme comme il faut peut toujours, au besoin, être son dieu à lui-même pendant une quinzaine d'années, en attendant que le ciel se déclare.

AHASVÉRUS.

Jusqu'à présent, hélas! je n'ai que trop erré de lieux en lieux, d'espérance en espérance, de cultes en cultes. Éplorée, mon âme a frappé à tous les points de l'univers, et n'a trouvé nulle part d'écho. J'aurais voulu souvent, pendant mes insomnies, embrasser dans ma pensée les cieux roulants, m'engloutir dans le tourbillon des mondes. Ah! que souvent, en voyage, au bruit d'une eau qui tombait des Alpes, j'ai attendu follement jusqu'au soir que mon âme s'évaporât aussi avec l'onde! Que de fois, en nageant dans un golfe écarté, j'ai pressé avec passion la vague sur ma poitrine! A mon cou, le flot pendait échevelé, l'écume baisait mes lèvres. Autour de moi jaillissaient des étincelles embaumées. Au loin, rives, villes, villages, ombres de citronniers, vallées, montagnes, tout se berçait, tout palpitait de mon souffle. A chaque haleine, je disais, sans parler : Aimez-moi, pardonnez-moi ; et de l'abime sans fond il sortait à demi, en tremblant un soupir.

MOB.

Vous faites l'Océan plus pudique qu'une jeune fille. Sa réponse est tout ce que vous pouviez en espérer.

AHASVÉRUS.

Je croyais, mais à tort, pouvoir noyer un jour mes désirs dans son immensité.

MOB.

Qui trop embrasse mal étreint, vous le savez. C'est, permettez-moi, une grande vanité de notre temps de croire que la nature ait des sympathies ou des antipathies pour qui que ce soit. La nature a des atomes, et voilà tout ; vous m'avouerez qu'elle aurait fort à faire de se mettre à la disposition du premier venu qui voudrait la faire confidente de ses vapeurs. C'est une chose triste à dire, mais une chose vraie ; et, si vous êtes de bonne foi, vous devez reconnaître que tous vos maux sont en vous-même.

AHASVÉRUS.

Ainsi tout me fuit, tout tombe, tout croule en cendres autour de moi.

MOB.

Point du tout. Si, à toute force, il vous faut une religion, l'amour, quand il est pur, en est une à sa façon.

Vous avez de la fortune, de la naissance, vous êtes indépendant, vous pouvez vous en passer la folie.

AHASVÉRUS.

Le croyez-vous! Oublier l'univers qui m'échappe, m'abriter tout entier dans un cœur ami ; en faire mon ciel, mon culte, mon toit ; ne chercher que lui, n'entendre que lui, ne respirer que lui, m'y plonger, m'y anéantir vivant ; quitter, pour une voix qui bénit, les mondes qui maudissent. Ah! oui, un être obscur, vil aux yeux des hommes, s'il avait seulement une larme pour moi!

MOB.

Ce n'est pas assez. Les sens ne doivent pas être tout à fait sacrifiés, et vous auriez grand tort de ne les compter pour rien.

AHASVÉRUS.

Défier à ses pieds la colère des mondes!

MOB.

Cependant, il faut tout dire ; il y a telles convenances qu'on ne peut enfreindre, tel usage adopté qu'on ne peut changer. On a un rang, un nom, une position à garder, des devoirs de fortune ; puis l'opinion, voyez-vous, veut avant tout être respectée.

AHASVÉRUS.

Oui, on se quitte ; mille choses vous séparent, la vie, la mort. Mais il y a eu une heure où le secret qui brûle votre sein a dépassé vos lèvres. On ne se reverra plus jamais, non jamais ; mais le monde est rempli ; un instant suffit à embaumer une éternité de siècles.

MOB.

Embaumer, c'est le mot; mais quoi? Une momie? Ne vous l'exagérez donc pas. Tous les sentiments cachent un calcul, et au fond toutes les femmes se ressemblent. Qui dit l'une dit l'autre. Un peu plus tôt, un peu plus tard, la meilleure vous dupera; d'ailleurs, vous-même, pourvu que vous les amusiez, vous êtes parfaitement quitte envers elles. Elles sont là pour le plaisir des hommes, elles se le tiennent pour dit; et rien n'est plus facile, vous verrez, que de s'en faire adorer.

AHASVÉRUS.

L'amour ne sera jamais un jeu pour moi; s'il est tel que vous le dites, il vaut mieux détruire en moi, dès à présent, cette dernière espérance.

MOB.

Encore de l'exaltation. Mais, au contraire, il vous en faut de l'amour, et beaucoup. Sans cela, que sait-on? que fait-on? qu'a-t-on vu? et la vie, qu'est-elle? Néant, néant, néant, ce mot dit fort bien ce qu'il veut dire. On n'a goûté que de la moitié des choses, et l'intimité est la plus délicieuse de toutes.

AHASVÉRUS.

Vous me rendez l'âme.

MOB.

Seulement, entendons-nous, il ne faut pas en abuser; passé trente ans, cela est déjà si ridicule. Les sentiments s'épuisent comme tout le reste; puis, une chose à laquelle je ne songeais pas, c'est qu'il est vraiment fort désagréable de penser que ces yeux, avant qu'ils aient lu jusqu'au fond dans les vôtres, vont se remplir de terre; qu'une toile d'araignée va fermer cette bouche, avant qu'elle ait pu achever son secret, et que cette belle adorée, corps et âme, dès demain sera un de ces je ne sais quoi effrontés qui ricanent à tous venants dans un pilier de catacombes.

AHASVÉRUS.

En vous entendant, un froid de mort me saisit, ma langue se glace sous mon palais.

MOB.

J'ignorais, mon cher, que votre mal fût si sérieux. Je croyais que la raison aurait plus d'empire sur vous, et vos amis avaient droit d'espérer que vous ne vous entêteriez pas à ce point. Au reste, dans votre situation d'esprit, on peut toujours se dire que la mort n'est pas loin. Si vous saviez, la mort, comme elle est le remède de toutes douleurs! Non, vous vous en laissez trop distraire. Vous ne pensez pas assez à elle; vous ne la désirez pas assez; vous ne l'aimez pas assez: elle, une femme aussi pourtant, si légère, si profonde, si sérieuse, si vieille, si jeune, si ailée, si prévenante, si changeante, un ange, une reine, une grande dame, une bohémienne, tout ce qu'on veut, de tous les états, de tous les rangs, facile à vivre, se prêtant à tout, habile à tout, à la guitare, au tambourin, à l'harmonica et au tam-tam, bonne voisine, bonne ménagère, point prude, point monotone, travailleuse, un peu moqueuse, mais fort heureuse, pourvu qu'il lui

reste un charbon pour écrire : Ci-gît qui fut.........
Votre nom, s'il vous plaît?

AHASVÉRUS.

Qu'importe le nom? elle est si lente à arriver.

MOB.

Il y a, en définitif, des positions extraordinaires où l'on est excusable de la devancer par le suicide. La morale vous condamne, mais le ciel vous absout. C'est une chose qui vous reste à essayer. Un brin de paille vous suffira, et le néant vous amusera.

AHASVÉRUS.

Et quand cela aussi est impossible, il ne reste donc que le désespoir sans fin.

MOB.

Je le sais comme vous, et mieux que personne, on ne tient souvent qu'à un fil, mais ce fil est sacré. On a des devoirs à remplir, une carrière à parcourir, une famille à élever, des amis qui vous sont chers. Alors il faut patienter et prendre la vie comme elle est faite. Elle est courte; pas assez, je l'avoue; mais une cinquantaine d'années au plus, ce n'est pas non plus exorbitant. A présent, tout dépend de vous, pensez-y, réfléchissez-y, et prenez un parti.

AHASVÉRUS.

Que faire, ou que ne pas faire? Je n'en sais rien. Un chaos pèse sur ma poitrine.

MOB.

Déplorable conclusion!

AHASVÉRUS.

Tout mon cœur est une plaie. C'est que la moindre peine nouvelle réveille en moi chacune de mes douleurs passées. J'ai peine à me soutenir; attendez, c'est une faiblesse qui passera.

MOB.

Ne m'en voulez pas, au moins. La vérité, quand elle vient d'un ami, doit toujours produire cet effet.

AHASVÉRUS.

Regardez donc. Mes yeux clignotent. Je ne vois plus que des ténèbres.

MOB.

Tant mieux, la nuit porte conseil. Sur ce, je me retire. Minuit sonne. C'est mon heure d'habitude. Mon devoir m'appelle ailleurs. Votre très-humble, monseigneur.

AHASVÉRUS.

Écoutez une prière.

MOB.

Un ordre, vous voulez dire.

AHASVÉRUS.

Encore un mot.

MOB.

Désolée de vous refuser. Mes moments sont réglés.

AHASVÉRUS.

Rien qu'un instant.

MOB.

Impossible! ma santé en souffrirait.

XII.

MOB *seule*.

I.

Ah! ah! Mob, si ton rire fou te prend, te voilà perdue, ma chère, ma favorite, ma mignonne, l'os de mes os. Quelle fadeur que tous ces beaux esprits immortels! le conçoit-on? et pourtant, sans eux, quelle contenance prendre? Quel vide! quel ennui! quelle sécheresse! quel froid tête-à-tête, avec qui, je vous le demande? Répondez. — Avec moins que rien, avec soi-même..... Puisque tu n'en peux rien faire de mieux, qu'au moins ils te divertissent. Les larmes en viennent aux yeux..... les larmes, ai-je dit? Dieu merci, c'est déjà trop de n'en avoir rien que la place.

II.

Çà, la comédie est jouée. A présent, la tragédie. L'heure avance; quelle tâche jusqu'à demain! Un empire est debout; il faut qu'avant le jour sa tête soit à bas, que ses membres soient jetés à mon gré, un bras dans l'orient, un autre dans l'occident, son cœur dans la mer. Partez donc, il est temps, bel ange. Déployez vos grandes ailes noires sous votre manteau. Prenez vos habits de cour, vos souliers de soie, votre robe traînante; votre chiffre brodé sur votre écharpe vous sera fort utile. Votre blason aussi vous est indispensable. Il y a des grandeurs, voyez-vous, de rois et de royaumes qu'il faut disséquer avec dignité.

III.

Mes ailes fidèles m'ont emportéee..... bien..... les villes tremblent sous mon vol..... Pauvres petites, mon ombre, qui passe, est plus lourde, n'est-ce pas, que vos murailles. Encore un battement d'aile, et je serai sur la nue. D'ici, ma foi, le coup d'œil est divin. L'Océan est comme une coquille qui blanchit, la terre est comme un jeu d'osselets. Mais c'est plus haut qu'est le véritable point de vue : le ciel noir, l'horreur du vide et une goutte d'eau qui s'évapore.

IV.

A cette distance, heureux qui entend le silence des astres. De trop près, l'harmonie m'agace les nerfs. Plus heureux qui écoute la lyre de l'infini, quand elle a cassé ses trois cordes. La pensée s'élève au secret des cieux. Tout est compté par poids et mesure. Pourtant, dans chaque lieu, le rien surabonde. Le zéro est le nombre sacré. C'est sur lui que tout repose. Sa forme est mystérieuse. Il n'a ni commencement ni fin. Il étreint sans saisir. Sans être, il paraît; et la sphère des mondes est un grand zéro qui se trace vide dans le vide espace.

V.

Du néant faire quelque chose, c'est une difficulté; mais de toutes choses faire un néant, ci-gît le véritable problème. D'un souvenir tirer un ombre, d'une ombre une pensée, d'une pensée un rêve, d'un rêve moins qu'un rien, dans un rien qui s'ignore, ci-gît la vie. Seulement d'y songer, la tête se fend. A cette profondeur, les idées se brouillent. Vos raisonnements s'en vont en cendre, et le cœur aussi me manquerait, si, heureusement, une fausse relique n'en remplissait fort bien la place.

XIII.

RACHEL, BERTHE, AMIE DE RACHEL.

RACHEL *chante*.

« Ne pleurez pas, Dieu de la terre,
Si maints autans,
Maints ouragans,
Contre vous sifflent en colère. »

BERTHE.

Rachel, où as-tu appris ce cantique? personne ici ne le connaît que toi.

RACHEL.

Je l'ai toujours su, et je ne me rappelle pas où je l'ai appris; de temps en temps il m'en revient quelques mots, je cherche les autres, mais je ne peux pas les retrouver.

BERTHE.

Encore une autre chose. Dis-moi donc, Rachel, ton fiancé t'a-t-il demandé de tes cheveux?

RACHEL.

Oh! oui.

BERTHE.

Et toi, lui en as-tu donné?

RACHEL.

Il y a longtemps.

BERTHE.

Alors je me couperai aussi, pour Albert, cette longue tresse; et je lui en ferai une à trois brins, car je l'aime de toute mon âme, et certainement je donnerais ma vie pour lui; mais je ne voudrais pourtant pas agir autrement que tout le monde.

RACHEL.

C'est ce que tu m'as toujours dit.

BERTHE.

Si tu voulais, nos noces se feraient le même jour; c'est hier qu'Albert a été nommé professeur de gymnastique. Depuis cinq ans, nous attendions ce moment sans espérer qu'il arrivât jamais.

RACHEL.

Ainsi, toi, tu n'as plus rien à désirer.

BERTHE.

Non, plus rien au monde. Si tu savais comme tout me plaît dans notre maison, à cause de lui, comme dans toute chose c'est lui que je retrouve! Sur le toit, une cigogne a fait son nid autour de la cheminée, et cela porte bonheur. Je suis attachée au petit jardin et aux roses qu'il y a plantées, autant qu'à des êtres vivants. Ses vieux meubles semblent tous avoir quelque chose de lui à me raconter; quand je serai seule, je parlerai de lui avec eux, sans rien dire. Tu sais la belle gravure de la cathédrale de Strasbourg qu'il m'a donnée; je l'ai clouée au mur, en face de ma table à ouvrage; toutes les fois que je lève les yeux, c'est elle que je rencontre. Mon crucifix est de l'autre côté, et ma chambre, à présent, ressemble à une petite chapelle, où ma vie se passera à penser à Dieu et à lui. Au bas de ma fenêtre, il y a un berceau de chèvrefeuille qui ferme la cour. Jamais mon cœur n'ira plus loin ; sans me lever, je verrai, à travers les vitres, tout mon univers.

RACHEL.

Tu méritais bien ce bonheur.

BERTHE.

Oh ! c'est qu'il est si facile d'être heureuse, Rachel, si tu savais ! un jour d'été sortir ensemble de la ville, se regarder tous deux, à travers le pont, dans l'eau du Rhin ; cueillir, dans la haie, des roses sauvages, puis après en faire des guirlandes qu'on pend aux murs de sa chambre ; chanter, en faisant son ouvrage ; écouter l'orgue de l'église, et, le soir, la trompe du veilleur ; passer des heures entières sans se rien dire ; voir l'hirondelle bâtir son nid à votre fenêtre ; tout préparer dans la maison quand un voisin vous visite ; y veiller sur chaque chose, tous les jours refaire ce qu'on a déjà fait la veille : cela est le bonheur, et tu le connaîtrais si tu voulais.

RACHEL.

Nous ne demandons, pour nous, pas autre chose.

BERTHE.

Quand vous êtes si longtemps ensemble, ton fiancé et toi, de quoi parlez-vous donc !

RACHEL.

Il me raconte ses voyages ; il me dit le nom des îles

où il a passé, comme son cœur y était triste; les bords des lacs, les forêts, les bruyères, les batailles, les tempêtes sur mer, les nuits dans les déserts. Moi, je reste suspendue à ses paroles, comme sur des ailes enchantées; quand il a fini, il me semble que la musique des anges vient de se taire; je ne peux m'empêcher de pleurer, et c'est lui qui essuie mes larmes.

BERTHE.

Ses sentiments semblent fort honnêtes, et il n'a, je crois, que de bonnes intentions. Il est cependant étonnant qu'il ne te parle pas de t'épouser?

RACHEL.

Depuis le jour où il m'a rencontrée avec toi, je sais bien que rien au monde ne peut plus nous séparer. Nous nous sommes plus nécessaires tous deux que l'air que nous respirons. Dès que mes yeux ne le voient plus, je souffre, mon cœur me pèse, ma tête est vide.

BERTHE.

Il devrait pourtant agir autrement qu'il ne fait : mille bruits, dans la ville, courent sur son compte; il ne fait rien pour les démentir. Cela te compromet; si j'en croyais Albert, je ne devrais déjà plus sortir dans la rue avec toi ni avec lui.

RACHEL.

Ma bonne Berthe, ne m'ôte pas tout à la fois. Qu'étais-je sans lui? avant lui? dis-moi. Le ciel, je le regardais sans amour, et la terre sans désir. En entendant le bruit des cloches, je rêvais que j'étais tombée de je ne sais quel séjour que je regrettais sans le connaître. Quand je passais près d'un ruisseau, son eau me disait : Vois-tu, Rachel, je vais, je vais vers un pays d'amour où toi jamais tu ne retourneras. Si je levais les yeux, je trouvais toujours un nuage qui me disait tout bas : Vois-tu? Rachel, je vole, je vole dans le ciel, plus haut que jamais toi tu ne remonteras. Si j'entrais dans l'église, j'oubliais sur la porte ma prière. Du bout des lèvres, je murmurais des mots vides, et ma tête s'épuisait à chercher des noms que je ne trouvais plus. A présent, au contraire, je prie avec délice pour lui; il y a des moments, pendant que l'orgue joue, où c'est le ciel qui m'environne.

BERTHE.

Vois-tu? ce qui ne me plaît pas en lui, c'est qu'on ne le voit jamais à l'église. Il passe pour un grand hérétique.

RACHEL.

Et moi, je l'ai vu cacher ses yeux dans ses deux mains, sangloter le jour où nous nous promenions, par hasard, vers le grand crucifix qui est à l'entrée de la ville. Sa peine fut si grande, qu'il fut obligé de s'appuyer sur moi, et il ne me dit plus rien ce soir-là.

BERTHE.

Pense aussi que sa condition est au-dessus de la tienne. Bien souvent, ces fils de prince s'amusent de nous avec de belles paroles qui nous font pleurer; ils jouent, eux; mais nous, c'est la mort.

RACHEL.

Lui, il ne joue pas, sois-en sûre. Si tu entendais, dans

un seul mot, comme il met toute sa vie. Mon Dieu ! il me semble que je l'ai toujours connu ; il est si facile de distinguer les voix de celui qui nous aime et de celui qui nous trompe. Non, il ne joue pas. Lui qui a vu tant de choses, il semble, quand il est avec moi, qu'il n'a vu que moi au monde ; un enfant ne serait pas plus soumis ni plus facile à contenter.

BERTHE.

Quel homme inconcevable ! Certainement, je crois qu'il t'aime ; mais son amour ne ressemble à celui de personne. Quand il te parle, il y a dans ce qu'il dit autant de peine que de bonheur. Il est trop ardent, trop violent, trop passionné pour la vie ordinaire. Il ne dit rien, il ne fait rien comme un autre. Va ! j'ai bien peur qu'il ne te rende pas heureuse, et je n'entrevois rien de bon pour votre avenir.

XIV.

(Chambre de Rachel.)

AHASVÉRUS, RACHEL.

AHASVÉRUS.

Oui, mon ange ; c'est dans cette chambre qu'est mon ciel. Je n'en demande point d'autre.

RACHEL.

Appelle-moi de tous les noms que tu voudras, mais ne m'appelle pas ton ange.

AHASVÉRUS.

Tout me fait du bien à voir ici. Tout est enchanté.

pour moi dans cette humble retraite. C'est là que je voudrais passer des milliers d'années. A cette fenêtre, que de fois tu as soupiré le soir! Que de fois, sous ces rideaux transparents comme ton âme, tu as rêvé la nuit! Voilà la lampe qui éclaire tes pas quand tu abrites du vent sa lumière sous ta main. Voilà ta mandoline que j'ai entendue avant de connaître le son de ta voix, en marchant dans la rue. L'acacia, qui est planté vis-à-vis, a jeté ses fleurs sur le plancher, et on respire ici un parfum de printemps dans toutes choses. On dirait que des voix de fées résonnent dans l'air, et que les rayons des étoiles entrent en tremblant d'amour pour demander si tu veilles.

RACHEL.

Il n'y a point d'autre enchantement ici que ta voix quand tu parles.

AHASVÉRUS.

Laisse, mon amour, tes cheveux dénoués sur tes épaules, comme ils étaient quand je suis entré. Dans chaque anneau, jusqu'à terre, j'ai mis une pensée de mon cœur, une année de ma vie. C'est mon âme qui s'évapore quand tu secoues leur parfum sur tes pieds.

RACHEL.

Bien souvent, avant toi, ils ont servi à essuyer mes larmes.

AHASVÉRUS.

Maintenant, ils t'enveloppent comme deux ailes qui se ferment.

RACHEL.

Mon Dieu, que nous sommes bien ensemble! n'est-ce

pas? Qu'une seule heure passée ainsi peut faire oublier de maux! Je ne désire plus rien au monde. Et toi?

AHASVÉRUS.

Ni moi, depuis que ton ombre rafraîchit mon front. Mes yeux se noient dans les tiens. Tout est silence, tout est bonheur. Je voudrais t'adorer ici, sans faire un pas, pendant l'éternité.

RACHEL.

Dans les premiers temps, je me faisais scrupule de de t'aimer autant que Dieu. J'ai longtemps souffert ce combat. Je m'en voulais de ne plus trouver que toi dans mon cœur, à l'église, ici, partout. Mille voix me criaient dans la journée : Tu vas te perdre. Mais à présent, au contraire, je suis bien sûre que mon amour est saint et que le ciel le bénit.

AHASVÉRUS.

Ne t'inquiète pas, ma chère âme. Le véritable ciel est en toi : il est dans tes yeux, quand ils sourient; il est dans ton nom, quand c'est toi qui le prononce. Sur ta tête, il n'y a que la nuée qui se penche, il n'y a que l'abîme qui ouvre sa paupière bleuâtre pour te voir ; il n'y a que l'éternel Vide qui t'écoute, pour répéter à jamais le mot qu'il aura entendu de ta bouche. Tu es toute chose, et tout ce qui n'est pas toi n'est rien. C'est sur tes lèvres que les roses sauvages ont pris leur parfum. C'est pour toi que l'étoile du soir se lève. A une seule pensée palpitante dans ton sein, tout l'univers est suspendu.

RACHEL.

Autrefois, Joseph, tu me disais la même chose, et je

trouvais cela impie. Aujourd'hui, je vois que c'était moi qui ne te comprenais pas assez. Tu avais au fond plus de religion que moi, et tu te faisais une idée bien plus grande de l'amour.

AHASVÉRUS.

Tu verras que tes autres doutes se dissiperont aussi avec le temps.

RACHEL.

Il y a une chose à laquelle je ne m'accoutumerai jamais, c'est de penser à ta mort.

AHASVÉRUS.

Chasse cette idée, ma chérie.

RACHEL.

Mourir avec toi, ici, à la même heure, je le comprends; mais toi, mourir seul, ah! peux-tu le concevoir?

AHASVÉRUS.

Si tu cesses de m'aimer, voilà la mort dès cette heure; jusque-là, dans un de tes regards, il y aura toujours pour moi une éternité de vie.

RACHEL.

Cette idée me revient sans cesse, et fait mon tourment; au moins, dis-moi, ne crois-tu pas que tu ressusciteras, et que nous nous reverrons pour jamais dans le paradis?

AHASVÉRUS.

Qui peut jurer, mon âme, que la mort ne refroidira pas son sein après mille ans, et qu'il n'aura qu'à essuyer la terre de ses yeux pour revoir, à ses côtés, l'image qu'il adorait? Qui peut jurer qu'un si long rêve n'engourdira pas sa langue, et que des fantômes ne l'amuseront pas dans la tombe, après le moment du réveil? vie, mort, néant, qui en sait la différence? Et sans le battement de nos cœurs, qui répondrait à l'univers, quand il demande tout haletant : Quelle heure est-il? Hier, sans toi, c'était la mort, aujourd'hui, c'est la vie; dans un souffle de ton sein respirent des siècles de siècles; dans une larme de tes yeux, dans un soupir de tes lèvres, dans un mot à moitié achevé, dans la trace de tes pieds que la bise a effacée, voilà toute l'immortalité. Sentir autre chose que toi, te désirer, t'attendre, ne pas te voir venir, à présent et toujours ne pas rêver de toi, ne pas penser à toi, ne pas vivre de toi, c'est là l'horrible enfer plein de vipères brûlantes. Le paradis, c'est toi, c'est le chemin où tu as marché, c'est la fleur que tu as touchée, c'est la rougeur qui passe sur tes joues, c'est ici, où tu es.

RACHEL.

Certainement, je suis heureuse avec toi, quand je t'écoute; mais le paradis doit être quelque chose de plus parfait. Là, je te comprendrai en toutes choses : ici il arrive bien souvent que je ne pense pas comme toi : cela me trouble, et la tête me tourne.

AHASVÉRUS.

Ne t'arrête pas aux mots, vois toujours au fond mon cœur qui te parle.

RACHEL.

Je n'ai peur que d'une chose; c'est que tu ne m'aimes pas assez à cause de mon âme.

AHASVÉRUS.

Ton âme, Rachel, n'est-ce pas toi dans tout ce que tu es? Malheur au jour où je pourrai dire : Ceci est elle, et ceci est sa cendre! Crois-tu qu'il n'y a pas un esprit invisible dans tes cheveux, qui les fait luire au soleil? Crois-tu qu'il n'y en a pas un qui baisse lui-même ta paupière, et qui, à présent, arrête tes larmes dans tes cils? Crois-tu que ce ne soit pas un souffle divin qui fait trembler tes lèvres et qui courbe ta tête sous un fardeau d'amour? Toi-même, qui sait si tu es autre chose qu'un esprit dont mon esprit a soif, qu'une ombre pour rafraîchir une ombre, qu'une pensée pour engloutir ma pensée dans un néant entrecoupé de parfums et de soupirs?

RACHEL.

Mon Dieu, les oreilles me tintent; la tête me fait mal; tout tourne autour de moi... Il me semble, pendant que tu me parles, que mon crucifix pleure à mon cou. Regarde donc; est-ce du sang?

AHASVÉRUS.

Non pas, non pas.

RACHEL.

Si, c'est du sang! je le vois...

AHASVÉRUS.

C'est une larme tombée de tes yeux. Laisse-moi l'essuyer.

RACHEL.

Miséricorde! plus tu l'essuies, plus la tache paraît!

AHASVÉRUS.

Va? mes baisers l'effaceront bien.

RACHEL.

Tes baisers sont amers plus que de l'absinthe. Ah! anges du ciel, la tache grandit sous tes lèvres. Laisse-moi.

AHASVÉRUS.

Mon haleine la boira.

RACHEL.

Non. Ton haleine est une flamme qui la ternit encore. Seigneur du ciel, ayez pitié de moi!

AHASVÉRUS.

Christ! Christ! je te reconnais là. Oui, c'est toi; que me veux-tu? Jusque sur le cœur qui bat pour moi, tu me poursuis. Tu me défies, n'est-ce pas? tu te ris de mo-imême à ma barbe; tu me terrasses; tu m'écrases; tu t'amuses, beau maître, de ce long rêve, que tu appelles ma vie; toi, un rêve s'il en fut, un songe devenu dieu pour un monde de songes. Eh bien! pour mieux te faire fête, vois donc de plus près mon bonheur; sois-en jaloux à en mourir encore. Pleurs, désespoir délirant, désirs, délices envenimées, angoisses palpitantes, doutes, remords noyés dans une larme, adultère de la terre et du ciel, que la vie, que la mort, que tout t'entraîne avec elle, avec moi, dans ma joie de damné!

RACHEL.

Que dis-tu? Mes genoux tremblent. Je n'en puis plus. Ouvre la fenêtre, que je respire.

AHASVÉRUS.

Christ! c'est toi qui l'as voulu.

RACHEL.

Je suis à tes pieds; j'embrasse tes genoux. Aie donc pitié de moi.

AHASVÉRUS.

Et lui, a-t-il pitié?

RACHEL.

Christ! Christ! à mon secours!

AHASVÉRUS.

N'appelle pas le Christ. Tout son sang coulerait jusqu'à terre, que jamais mes lèvres ne quitteraient plus tes lèvres.

XV.

CHOEUR DE FÉES.

I.

Dis, Sodome ou Gomorrhe,
Où trouverai-je encore,
Au val, avant ce soir,
Du bitume assez noir,
De la suie et du soufre,
Pour refermer ton gouffre
   Avant ce soir?

II.

Beau prince des fées,
  Parmi les nuées,
Qui haut sieds, plus haut vois,
N'entends-tu pas la voix,
Qui bien me désagrée,
De Rachel l'éplorée?

               (Le chœur s'éloigne.)

III.

Adieu, monde qui t'empires chaque jour. Adieu, rosée des bois, maintenant trop impure pour y baigner nos cavales invisibles. Adieu, femmes, nos rivales, au corps léger, à présent trop dépensières de votre cœur dolent, pour puiser sur vos lèvres notre boisson du ciel. Vous avez trop pleuré. Ah! vos beaux yeux en sont las. Vos joues sont plus pâles que pâles fleurs de lis cueillies au val de Clarençon. Adieu aussi, étoiles de David et du berger, qui, sans clore jamais vos paupières, demi-cachées sous vos nues, trop curieuses, trop avez vu d'adultères tricheries. Dans ce grand univers, il n'y a plus, par Dieu l'omnipotent, un coin de terre où mon char, pour une nuit, ne s'embourbe jusqu'à l'essieu. Honni soit-il! Frappons-le d'un coup de pied au départir.

IV.

Au départir, sœur Brigitte, savez-vous comment est fait l'amour que j'aime? C'est celui d'un long regard, le front clair, la tête encline, qui, jamais ni soir, ni matinée, n'a dit: Assez, qu'une goutte de pluie de mai désaltère pour une année, qu'un baiser d'un doux ami tuerait: C'est à la vêprée, sous la lune luisante, un propos qu'on voudrait retenir, et puis deux, et puis trois, et puis quatre, tous plus secrets, et meilleurs, et plus bas et plus longs, qui oublient, en s'écoutant, que le jour se meurt, et que là-bas la cloche sonne l'*Ave*. C'est, quand l'aube s'est un peu éclaircie, la marguerite de prairie qu'une reine à marier vient consulter en soupirant dans son jardin, sur un songe d'amoureuse, qu'elle a fait.

C'est encore, si vous le voulez savoir, un prince de Thulé, beau, bien fait, de grand renom, qui courtise, à deux genoux, une fée sur son sopha de corail, dans une rose de verger.

V.

— Pour une rose de verger, ah! Morgande, la terre est trop vieille. Dans sa chaumine, rien ne germe, que des épis qui font mourir. L'œil trompe, la bouche aussi. Pour ternir deux lèvres, il ne faut rien qu'une haleine. Déjà, dans ce laid univers, le pan de ma robe s'est sali. Je veux aller laver mes souvenirs dans un lac tout de lumière. Çà partons et promptement. D'aventure, en tardant trop, si nous perdions en cet endroit notre blanche innocence, que ferions-nous? Chaque étoile nous montrerait du doigt: Voyez! voilà la fée mal famée, qu'un gnôme, son ami, a séduite et délaissée sur un roc d'émeraudes dans une île de la mer.

VI.

Dans les îles de la mer, femmes, femmes, au front clair et à la fraîche couleur, seul miel que je regrette dans votre val ténébreux, pensez à moi. Ah! qu'il m'en coûte pour vous quitter plus d'un soupir! Donc, je ne nouerai plus vos tresses sur votre cou plus blanc que neige ni cristal. Pour m'amuser tout un jour, je ne me bercerai plus sur un de vos cheveux d'or, en écoutant le vent qui chante: Qu'elle est belle, ta maîtresse! A présent, vos chagrins sont trop grands pour que mon baume vous guérisse. Les hommes sont trop durs: vers impurs qui vous rongent le cœur, une fois ils vous demandent un rien; et puis après, un souffle; et puis après, toute la vie; et puis après, pour votre noce, ils vous habillent d'une robe de soucis. Allez! pleurez! pleurez! une larme que vous cachez entre vos doigts sera toujours plus belle que turquoise d'anneaux ni d'annelets, et plus rare et plus précieuse et plus chérie du ciel que ces colosses de poussière où ces beaux nains vont se pavaner.

VII.

D'ailleurs, en partant, sur vos blanches mains je lis ceci : Tout ira mieux à l'avenir. D'ici, en me tenant debout sur mon char; je vois d'autres cieux plus bleus qui fourmillent; de ce côté, une mer nouvelle qui n'a point encore baisé son sable m'attend pour la fiancer avec sa rive. Là, jamais le mât ne faudra en pleine eau à la barque, et mon haleine gonflera, jusqu'à son arrivée, la voile des désirs trop inquiets. Les regrets n'y dureront qu'une heure au plus, ou deux. Pour reines, vous le serez, et tous vos amants seront rois. Sur un pont fait d'un cheveu, légère, votre âme, sans l'ébranler, passera; en regardant au-dessous d'elle, appuyée sur le bord, sa dernière larme tombera et se noiera dans le grand fleuve où toute larme arrive.

XVI.

(Chambre de Rachel.)

RACHEL, *les yeux égarés* à AHASVÉRUS.

Horreur, horreur! laisse-moi, démon d'enfer. Tu n'es pas lui! tu n'es pas celui que j'aime; tu as pris sa figure pour tromper une pauvre fille... Oh! va-t'en, va-t'en, je t'en conjure. Je lui dirai tout à lui, il ne m'aimera plus; oh! non; c'est sûr. Mais va-t'en donc, toi, esprit des morts! Va, prends tes ailes noires de serpent. Que me veux-tu? Je ne suis pas morte; oh non! le cœur seulement me fait mal, et la tête aussi, là : mais je vis encore, regarde.

AHASVÉRUS.

Ma chère vie, ne m'effraie pas plus longtemps. Ne m'entends-tu pas?

RACHEL, *en éclatant de rire.*

Oui, je t'entends, va. Ferme la fenêtre. Oh! nous nous sommes heureux, n'est-ce pas? bien heureux, autant que Berthe? Tu ne me quitteras plus jamais, puisque nous sommes mariés; jamais, entends-tu? nous ne sortirons plus de cette chambre. (*Après un moment de réflexion.*) Mon Dieu! tu contrefais la voix du ciel. Une fois, sais-tu? j'ai vécu dans le ciel; mais aujourd'hui le ciel est loin, et l'enfer est près. Tes yeux brillent, mais c'est de la flamme des damnés. Tu as beau faire, tu ne me tromperas pas. Lui, ses cheveux se bouclaient sous mes doigts, et les tiens se hérissent sous une couronne de ténèbres. Tu dis les mêmes choses que lui; mais sa voix était douce, et la tienne ressemble aux ricanements des esprits dans la nuit. Si tu es le roi des démons, au nom du Père, du Fils et du Saint-Esprit, quitte-moi.

AHASVÉRUS.

Que faire, si tu ne me connais plus? J'ai cherché le ciel, et j'ai trouvé l'enfer.

RACHEL.

Qu'as-tu dit de l'enfer? y sommes-nous déjà? Ah! oui, c'est ici; là où on étouffe. Et lui, mon fiancé, où est-il? Est-il parmi les vivants? est-il mort aussi? Dis-le-moi; donne-m'en des nouvelles. Est-il bien vrai que je ne le reverrai jamais?

AHASVÉRUS.

Ne sens-tu donc pas cette eau froide que je verse sur tes tempes? l'air du soir rafraîchit ton haleine; ne le reconnais-tu pas? Si tu m'aimes, de grâce, ne promène pas tes yeux égarés comme tu fais, autour de toi; arrête-les sur les miens; encore, encore.

RACHEL.

Mes pieds ne veulent plus me porter.

AHASVÉRUS.

Essaie de marcher, mon amour, toute seule jusqu'à moi. (*Il lui tend les bras et recule à mesure qu'elle avance*). Encore un pas, encore un pas.

RACHEL.

Oui, à présent c'est toi. Ta main, ah! qu'elle est brûlante! Mais tout à l'heure, qui était ici? L'as-tu vu? Écoute, je veux te raconter un songe.

XVII.

MOB *entr'ouvre la porte avec un éclat de rire. Elle n'est vêtue que d'un pan de manteau qui laisse voir son squelette.*

Vous, monseigneur, à cette heure, dans la chambre

de cet ange! A merveille! Mille pardons de vous importuner. C'est votre faute, si vous me voyez cette fois en déshabillé.

AHASVÉRUS.

Quoi! mort affreuse, ricaneuse, que j'ai tant cherchée, c'est toi. Insecte, nain, colosse! boiteuse, ailée, rampante, aux pas muets, c'est toi! laisse-moi voir à mon aise comme te voilà faite.

MOB.

Allez! ne dites pas trop de mal de moi, en ce moment; c'est moi qui donne un sens à l'homme, et qui, souvent, l'oblige de se faire éternel en une minute.

AHASVÉRUS.

Comment faut-il donc t'appeler?

MOB.

Choisissez. J'ai tant de noms, qu'on en ferait une litanie :

> Si l'on parle du ciel,
> Je m'appelle le vide;
> De la mer, la tempête;
> De la terre, l'abîme :
> Si des arbres, je suis le cyprès;
> Des oiseaux, le vautour;
> Du feu, la cendre;
> De la coupe, la lie;
> De l'église, le caveau :
> Si de la lance, je suis la pointe;
> De l'épée, le tranchant;
> De l'amour, l'heure d'adieu;
> De l'espérance, la fumée;
> Du désir, le regret;
> De la couronne, l'épine;
> De la cloche, le glas :

Si des couleurs, je suis le noir ;
Si d'Arabie, le désert ;
La ruine, si l'on parle d'empire ;
Si du fruit, je suis le ver ;
Si du monde, le néant ;
Si des rois, la poussière ;
Si de l'homme, le soupir ;
Et finalement, en toutes choses, je suis le RIEN.

AHASVÉRUS.

Que ne venais-tu, quand je te cherchais dans les vieux troncs d'arbres des forêts? Souvent j'ai cru te voir me faire signe de ton doigt, à travers la fenêtre d'une basilique : je montais dans la tour, et je ne trouvais qu'un aveugle qui sonnait un glas d'agonie.

MOB.

A cette heure, j'étais dans le monde. C'est là que je me trouve à mon aise, et que je m'entends le mieux avec tout ce qui m'entoure. Non, il y a là un instant, à la lueur des lampes, que rien ne peut remplacer, après dîner, dans un cercle, chacun sur son siége, quand l'horloge sonne mon heure ; quand les mains, en se serrant, se glacent, quand les cœurs, en se touchant, se brisent ; quand chaque femme, sur sa chaise, tisse autour d'elle, de sa navette d'ivoire, le désespoir en fil de soie ; et quand le néant, qui me fait vivre, circule emmiellé dans un verre de cristal, que porte mon page galonné ; d'ailleurs, en cet endroit, un seul air de tête, un mot appris par cœur, et un manteau fourré de martre zibeline me déguisent à merveille.

AHASVÉRUS.

Une autre fois, il m'a semblé te rencontrer dans la

brume du matin, sur une cime chauve; tu luttais corps à corps avec le porte-croix de Nazareth. Son épée brandie d'acier flamboyait sur ton écu; et toi, ta masse d'armes tombait sans retentir sur son auréole. Quand j'approchai, je ne vis que la rosée foulée par les pieds de deux jouteurs.

MOB.

Vos sens vous ont encore trompé. Jamais je ne frappe plus d'un coup; puis, s'il m'en souvient, ce jour-là je m'amusais à attacher une couronne sur la tête d'un roi, en murmurant à son oreille la liturgie du sacre : REX IN ÆTERNUM.

AHASVÉRUS.

Ce qui a été a été. A présent emporte-nous où tu voudras. Cache-nous, traîne-nous, enfouis-nous dans un de tes tombeaux. Mais scelle bien la pierre sur ma tête, que je n'en sorte jamais.

MOB.

Tout beau, mon maître. Si vous étiez un limaçon que la pluie trouve en chemin loin de son gîte, ou une vipère dans la broussaille, ou un pauvre dans la rue, je pourrais vous traîner sans façon où vous dites. Mais vous, en ce moment, y songez-vous? vraiment je m'en ferais scrupule. Cette jeune fille s'intéresse à vous. Vous avez l'air d'avoir été créés l'un pour l'autre. Une pareille union me touche, et certainement ce n'est pas moi qui la romprai. Tout ce que la morale demande, c'est que cela finisse par le mariage, et c'est moi qui ferai les fiançailles.

RACHEL.

Elle, les fiançailles! Ah! fuis! fuis! Tout est perdu, et pour l'éternité.

MOB.

Ma chère, l'exaltation vous rend injuste. Je ne vous connaissais pas ce faux accent de chérubin.

RACHEL, *à Ahasvérus*.

Viens dans mes bras, que je te couvre de mon corps. Elle ne pourra rien contre toi.

MOB.

La passion vous embellit vraiment, Rachel, et ce genre de coquetterie vous va à merveille. Cependant vous savez que j'ai les nerfs très-irritables, et vous devriez me ménager.

RACHEL.

Oh! ne le tue pas, Mob, au nom du ciel, laisse-le vivre autant que moi. Si je t'ai offensée, pardonne-moi. Tout ce que tu commanderas, je le ferai. Dis, que veux-tu? Pourquoi ne sais-tu pas ce que c'est que dire : Je l'aime. Tu ne voudrais pas me torturer plus que les damnés.

MOB, *à Ahasvérus*.

Cette petite a de la physionomie, savez-vous? et je vous félicite du choix que vous avez fait. Beaucoup e religion et de poésie. Il me tarde extrêmement de vous voir en ménage.

AHASVÉRUS.

Pitié pour elle; la voilà qui s'évanouit.

MOB.

Comme cela lui sied à ravir! Ses cheveux blonds qui se dénouent sur ses lèvres pâlies! Avouez-le, elle est presque aussi belle que morte, et je comprends on ne peut mieux votre inclination.

AHASVÉRUS.

Maudite! la laisseras-tu mourir?

MOB.

J'en serais assez tentée. Pourtant ne craignez rien; je vous réponds d'elle sur mon honneur.

AHASVÉRUS.

Tu le jures?

MOB.

Oui. Tenez, prenez en gage cette pincée de poussière.

AHASVÉRUS.

Donc, qu'entends-tu faire?

MOB.

Le voici. Je ne doute pas que votre amour n'ait été aussi pur que le jour. Cependant mes scrupules exigent que Rachel et vous, vous receviez au plus tôt la bénédiction nuptiale; autrement, je ne dormirais pas tranquille.

AHASVÉRUS.

Tu railles quand tu commandes; mais cette fois, quel qu'il soit, ton ordre n'est pas dur.

MOB.

C'est un véritable ange que je vais vous donner, entendez-vous. Cependant, si j'ai un conseil à vous offrir, c'est, quand elle sera en votre possession et que vous aurez la loi pour vous, de la traiter comme une simple esclave.

AHASVÉRUS.

Tu peux la tuer, mais tu ne peux pas désenchanter cet être tout céleste.

MOB.

Laissez-moi faire. Depuis longtemps votre situation me touchait. Il serait, en effet, infiniment à regretter que votre nom vînt à périr, et qu'il ne restât pas de vous un rejeton pour recueillir les avantages que la vie vous a faits. Votre isolement me peinait, et je ne le sentais que trop par moi-même. Car vous voyez devant vos yeux une pauvre veuve.

AHASVÉRUS.

Veuve de qui?

MOB.

Du Néant. Il vous fallait une compagne. Sans cela le sens de votre vie était incomplet. A l'avenir, toutes vos impressions seront doubles. Quand vous, vous rêverez du ciel, votre compagne filera vos chausses et comptera ses mailles; c'est ainsi que vous arriverez à ce miroir de réalité où je ne puis me lasser de regarder ma figure.

AHASVÉRUS.

Seras-tu à nos noces?

MOB.

Presque toujours, à présent, je m'arrange pour me trouver entre les deux époux dans la couche nuptiale.

AHASVÉRUS.
Et quand veux-tu partir?
MOB.
J'en meurs d'impatience. De tous les sacrements des vivants, un mariage de raison est celui qui me convient le plus.
AHASVÉRUS.
Ta puissance lie ma langue. Je ne sens plus ni joie ni douleur.
MOB.
Nous n'invitons personne, n'est-ce pas? et pourtant il ne manquera pas de témoins.
AHASVÉRUS.
Tu m'entraînes, je te suivrai partout.
MOB.
Entends mon cheval qui piaffe dans la cour. Allons, sus! bel épousé! c'est l'heure de la danse des morts. Va lui sangler sa selle. Charge ta fiancée sur sa croupe, et tiens-toi ferme avec elle sur les arçons.
AHASYRRUS.
Je t'obéis, mais je ne puis m'empêcher de frémir.
MOB.
C'est bien. Tiens-lui la bride haut et ferme; autrement il irait lécher la rosée de sang de Pharsale ou de Roncevaux.
AHASVÉRUS.
Je suis prêt.
MOB.
Une seule minute encore, j'oubliais mon sablier. Çà, partons ensemble.

AHASVÉRUS.

De quel côté?

MOB.

Par ici.

AHASVÉRUS.

Qu'il fait noir!

MOB.

C'est l'ombre de mes ailes.

RACHEL, *évanouie*.

Ah! qu'il fait froid!

MOB.

C'est le nuage qui me porte.

RACHEL.

Où suis-je? D'où vient ce bruit qui me réveille?

MOB.

De la grosse cloche de Strasbourg.

XVIII.

L'orgue et les cloches de la cathédrale de Strasbourg retentissent et se répondent alternativement.

LA CATHÉDRALE.

I.

Ma voix, entendez-vous ma voix qui gronde, ma voix qui bourdonne? Je dormais accroupie sous mon manteau de pierre. Orgue aux tuyaux faits dans le ciel, bel orgue, que me veux-tu? Pourquoi m'enivres-tu de tes cris comme d'une coupe du vin du Rhin? Mes cloches et mes clochetons tremblottent, mes vitres frissonnent, mes pieds chancellent sous la grêle et le vent de tes chants. Allons, mes saints de pierre; allons, mes

saints de vermillon assoupis sur mes vitraux, debout!
Entendez-vous? Allons, mes vierges de granit, chantez
dans vos niches en tournant vos fuseaux. Allons aussi,
mes griffons qui portez mes piliers sur vos têtes, ou-
vrez vos gueules. Allons, mes serpents, mes colombes de
marbre qui vous pendez aux branches de mes voûtes!
Allons, mes rois chevelus, qui rêvez le long de mes ga-
leries sur vos chevaux caparaçonnés dans un roc des
Vosges! Taillez, navrez, éperonnez leurs flancs, déchi-
quetez leurs croupes, brisez vos sceptres de granit sur
leurs poitrails et leurs crinières de granit, tant que la
pierre hennisse, tant qu'au loin, à l'alentour, les cavales
des Vosges demandent à leurs maîtres dans l'étable :
Maître, maître, où vont les chevaux de pierre qui hen-
nissent? où vont les cavaliers de pierre qui montent à
cette heure au galop, dans les tours, jusqu'au bord des
nuages? Allons, nains, anges, dragons aspidiques, sa-
lamandres, gorgones, incrustés dans les plis de mes
piliers, gonflez vos joues, ouvrez vos bouches, criez,
chantez avec vos langues et vos voix de porphyre; hur-
lez dans l'arceau de la voûte, dans la dalle du pavé, dans
la pointe de la flèche, dans la poussière du caveau, dans
la niche de la nef, dans le creux de la cloche. Donnez-
moi tous vos chants dans le pli de mon manteau, à moi
qui monte au ciel avec ma plus haute tour. Encore!
encore! oh! je veux monter plus haut. Encore un degré,
encore un pan de mur, encore une tourelle, encore un
fût rongé qui me grandisse assez pour que je jette leurs
voix avec ma voix sur le plus haut nuage où le Seigneur
est assis!

II.

Qui a tracé, il y a mille ans, sur un rouleau de parchemin, le plan de mes tours à dentelles, de ma nef dorée? Est-ce un maître de Cologne, ou bien est-ce un maître de Reims? qui a tracé en vermillon le plan de mes colonnettes agiles, de mes portes rugissantes? Est-ce un maître de Vienne, ou bien est-ce un maître de Rouen? Non pas, non pas. C'est le diable qui l'a vendu à l'ouvrier pour le prix de son âme; monte donc, ma tourelle; échevelée, habillée en pleureuse, glisse-toi, roule-toi dans le nuage comme une âme qui frappe de son aile de soie à la voûte du ciel, sans pouvoir l'entr'ouvrir.

III.

Ma tête, ah! ma tête a percé le nuage d'automne. Elle a percé le plus haut des nuages. Pourquoi les arbres ne veulent-ils pas monter plus haut que les fougères? Pourquoi les éperviers ne veulent-ils pas monter plus haut que ma ceinture? C'est que l'aile des éperviers est lasse; c'est que l'œil des éperviers se trouble. Déjà mes tours ont le vertige. Comment feront-elles pour redescendre leurs degrés?

IV.

Voyez! mes petites chapelles noires se couchent autour de moi comme des génisses noires au pied de la montagne. Ne craignez rien, mes petites chapelles. Des trèfles et des ceps de pierre croissent dans mon vallon; le faucheur ne les fauchera pas, le vigneron ne les arrachera pas dans ma vigne. Des troncs et des branches de sapin germent sur mes sommets. Le bûcheron ne coupera pas de sapin dans ma forêt, la bûcheronne n'abattra ni troncs ni branches sur mes coteaux.

V.

Des rois et des papes trônent dans mes vallées ; ils ont pour château une niche ciselée par un bon ouvrier. Si la pluie en tombant les découronne goutte à goutte, après mille ans, ils ont sur leurs têtes un dais de rochers festonné en trois jours par l'aiguille d'une fée. Le rayon du soleil les salue dès qu'il luit ; l'épervier fait son nid sur leurs diadèmes ; le lierre leur refait leur manteau chaque automne. Jour et nuit, depuis mille ans, ils tiennent leurs sceptres levés sur les frimas et sur les orages entassés qui s'agenouillent à leurs pieds.

VI.

Écoutez ! écoutez ! sans mentir, je vais vous dire mon secret pour ne pas crouler. Les nombres me sont sacrés : sur leur harmonie je m'appuie sans peur. Mes deux tours et ma nef font le nombre trois et la Trinité. Mes sept chapelles, liées à mon côté, sont mes sept mystères qui me serrent les flancs. Ah ! que leur ombre est noire et muette et profonde ! Mes douze colonnes dans le chœur de pierre d'Afrique sont mes douze apôtres, qui m'aident à porter ma croix ; et moi, je suis un grand chiffre lapidaire que l'Éternité trace, de sa main ridée, sur sa muraille, pour compter son âge.

VII.

Courage, mes saints, mes dragons, mes vierges incrustées dans mes piliers ! Vous m'avez répondu dans la poussière du caveau, dans la niche de la nef, dans le creux de la cloche. Vos voix grossissent, mes portes hurlent, mes tours résonnent comme l'ouragan; mes colonnes et mes colonnettes vibrent comme la corde d'une viole.

VIII.

Les montagnes à pic n'ont point de voix pour dire leurs secrets; les rochers n'en ont point dans leurs grottes, ni les forêts de sapin sur leurs cimes qui grisonnent. Moi, je parle pour eux; de mon sommet, j'écoute nuit et jour leurs génies égarés, leurs esprits muets, pour leur prêter ma voix d'airain, et pour rouler dans les nuages d'hiver leur âme paresseuse sur mes paroles bondissantes et sur mes chants aux roues de bronze.

IX.

Quand les jeunes ouvriers avec leurs truelles furent montés en chantant jusqu'au pied de ma tour, ils dirent au maître : Maître, aurons-nous bientôt fini? l'ouvrage est long, la vie est courte. Le maître ne répondit rien. Quand les jeunes ouvriers devenus hommes furent montés avec leurs truelles jusqu'à la fenêtre de ma tour, ils dirent au maître : Maître, aurons-nous bientôt fini? voyez! nos cheveux blanchissent, nos mains sont trop vieilles, nous allons mourir demain. Le maître répondit : Demain, vos fils viendront, puis vos petits-fils, après eux dans cent ans, avec des truelles toutes neuves; puis, vos petits-neveux; et personne, ni maître ni ouvrier, ne verra jamais la tour se clore sous le ciel, ni sa dernière pierre. C'est le secret de Dieu.

X.

Dans les plis de ma robe je traîne des peuples éternels;

dans ma ceinture je noue autour de mes reins, pour me faire plus belle, des siècles ciselés. Pendant mille ans, j'ai cherché dans la ville une place pour m'asseoir. Qui sait, qui sait où est dans la ville le carrefour le plus fréquenté à toute heure, pour que j'y voie de mes fenêtres où vont avec leurs pieds boueux les rois, les peuples, les années, les empires, les générations de ribauds, de moines, de fileurs et de peigneurs de lin qui passent jour et nuit sur les dalles de mon pavé, sans jamais revenir; ainsi la louve se blottit avec ses louveteaux pour regarder fondre la neige dans son creux de rocher?

XI.

Savez-vous qui est mon maître? Ah! savez-vous comme il se nomme? Il a rougi mes vitraux du sang de sa tunique. C'est lui qui a attaché par un lien de pierre ma nef au rivage du ciel, comme une barque de Galilée à un tronc de figuier, pour naviguer, quand il lui plaît. Allons, vogue, vogue, ma nef, avec tes cordages, avec ton mât de granit sur la brume. Vogue avec ton beau pilote, avec tes voiles de marbre repliés en fuseau, en haut, en bas, sur la mer des siècles, jusqu'à la ville des anges.

LE CHRIST, *sur un des vitraux de la cathédrale.*

Ma cathédrale, c'est assez.

LA CATHÉDRALE.

Seigneur, je me suis tue.

SAINT MARC, *sur un des vitraux.*

Et moi, Seigneur, je vous en prie, laissez-moi

dans mon vitrail écarter de mes yeux mon manteau de cristal pour regarder, à travers mes paupières azurées, ceux qui entrent dans l'église. C'est l'heure de la danse des morts. Tous les morts ont entendu la voix de la cathédrale. Les voilà. Ils viennent, ils viennent pour la danse. Ils viennent à pas légers, sans bruit dans les galeries, sans bruit dans les chapelles, sans bruit dans le jubé, comme la neige qui tombe par flocons dans un verger par une nuit de Noël. Les voyez-vous? Ils ont tous pris leurs habits de fête; à présent ils se penchent sur les balcons comme des cascatelles sur leurs rochers. Oh! qu'ils ont l'air triste pour venir à la danse! Quand les feuilles de chêne tourbillonnent sous le vent dans les carrefours de bruyère, elles ne regrettent pas davantage la cime de l'arbre, ni le creux de la grotte. Mes larmes pleuvent l'une après l'autre sous mon auréole. Mais que pensent-ils de tourner leurs yeux vides du côté de l'horloge? A présent ils se pendent avec les dents aux grilles du chœur; ils se cramponnent avec leurs ongles aux dragons des piliers; ils s'accoudent dans les niches; ils se heurtent, ils se broient sous les voûtes, sur les degrés du maître-autel. A présent, les portes sont fermées, l'église est pleine. Que font les papes et les archevêques? Ils gardent leurs mitres sur leurs chefs; après eux viennent les rois qui portent leurs couronnes sur leurs fronts de squelettes; après les rois, six mille comtes qui couvrent leurs nuques de leurs manteaux. Voyez-les! les rangs se serrent pour leur faire place. Les voilà maintenant qui se donnent la main. Ils font une grande ronde dans la nef, et ils vont commencer à chanter. Que vont-ils dire? Leurs pieds nus sonnent sur les dalles. Leurs épées claquent à leurs côtés dans le fourreau. Leurs têtes branlantes s'entre-choquent; la cathédrale bondit avec eux comme une barque par la tempête sur la mer de Galilée.

CHOEUR DES ROIS MORTS.

Rentrons dans nos caveaux. Nos paupières sont trop pesantes; nos cheveux secouent autour de nous une poussière trop humide; nos mains qui pendillent, sont trop froides....... Ô Christ! ô Christ! pourquoi nous as-tu trompés? O Christ! pourquoi nous as-tu menti? Depuis mille ans, nous nous roulons dans nos caveaux, sous nos dalles ciselées, pour chercher la porte de ton ciel. Nous ne trouvons que la toile que l'araignée tend sur nos têtes. Où sont donc les sons des violes de tes anges? Nous n'entendons que la scie aiguë du ver qui ronge nos tombeaux. Où est le pain qui devait nous nourrir? Nous n'avons à boire que nos larmes qui ont creusé nos joues. Où est la maison de ton père? Où est son dais étoilé? Est-ce la source tarie que nous creusons de nos ongles? Est-ce la dalle polie que nous frappons de nos têtes, jour et nuit? Où est la fleur de ta vigne, qui devait guérir la plaie de nos cœurs? Nous n'avons trouvé que des vipères qui rampent sur nos dalles; nous n'avons vu que des couleuvres qui vomissent leur venin sur nos lèvres. O Christ! pourquoi nous as-tu trompés.

CHOEUR DES FEMMES.

O vierge Marie! pourquoi nous avez-vous trompés?

En nous réveillant, nous avons cherché à nos côtés nos enfants, nos petits-enfants et nos bien-aimés, qui devaient nous sourire au matin dans des niches d'azur. Nous n'avons trouvé que des ronces, des mauves passées, et des orties qui enfonçaient leurs racines sur nos têtes.

CHOEUR DES ENFANTS.

Ah! qu'il fait noir dans mon berceau de pierre! Ah! que mon berceau est dur! Où est ma mère pour me lever? où est mon père pour me bercer? où sont les anges pour me donner ma robe, ma belle robe de lumière? Mon père, ma mère, où êtes vous? J'ai peur, j'ai peur dans mon berceau de pierre.

LA CATHÉDRALE, *au bruit des cloches et de l'orgue.*

Dansez, dansez, rois et reines, enfants et femmes; ce n'est pas le temps de pleurer. L'éternité se rit de vous, comme le vent, quand il s'amuse, à travers les carrefours, avec l'herbe des faneurs qu'il a ramassée dans les clairières.

LE ROI ATTILA.

Est-ce là mon royaume? Il a six pieds de long pour y coucher son roi. Maudites soient mes amulettes! Maudits soient les bâtons des sorciers! Ma jument s'est égarée dans la forêt du Christ. Voyez! elle a renversé son cavalier sous son poitrail noir. Dites-moi donc, mes amulettes, où sont passés les vautours couronnés avec les corneilles grises qui les suivaient? Dis-moi, ma belle cavale noire, où sont passés mes peuples qui croissaient sous la corne de tes pieds d'ébène, comme les ombres du soir en automne? Les ombres sont restées. Mes frères sont partis. Ma tente, couleur de tes cheveux, pend sur ma tête à la branche de l'arbre des combats par l'anneau de la mort. Ramène-moi vers eux dans les steppes du ciel, ma belle cavale noire. Je te baignerai tout un jour, jusqu'à ta croupe haletante, dans la source où boivent les étoiles.

LE ROI SIGEFROY.

Est-ce là le Walhalla? Non, ce n'est pas là le Walhalla. Est-ce le frêne des Ases qui verdoie sur le monde? Est-ce le coursier des mers qui hennit sur la vague avec les hommes des combats? Et cette voix qui hurle, est-ce le corbeau qui prophétise sur l'épaule de Révil? Louves attelées de vipères; cornes magiques que le bouvier remplit pour enivrer les lèvres des héros; rameaux des cerfs qui distillent les fleuves goutte à goutte; runes gravés sur le tranchant de l'épée, sur le plat de la rame, sur le bord du bouclier, sur la proue du vaisseau, sur la roue du chariot, sur la pointe des nuages; tout le ciel orageux de Révil, comment s'est-il changé sur ma tête en voûtes de rochers? Pourquoi les valkiries ont-elles des lits de pierre? Et pourquoi les nornes nébuleuses ont-elles mis à leurs reins des ceintures de granit? Malheur! malheur! les dieux sont morts; leur soir est arrivé. Chantons le chant des funérailles.

LE ROI ARTHUS, *à sa cour.*

Non pas, non pas, Lancelot, Tristan, Parceval, mes prud'hommes, ne dites pas que voici la forêt de Brocéliande. Depuis plus de cent ans, j'écoute, l'oreille contre terre, le cor enchanté de Clingsor. Depuis plus de cent ans, je n'ai pas entendu seulement le char d'une fée heurter de son essieu ma couronne. Pourquoi avons-nous laissé nos coupes à demi pleines sur notre table ronde? Les nains de Bretagne, si nous étions restés chacun à notre place, nous les auraient remplies jusqu'à la fin du monde. Mais le Christ n'a rien à nous donner. Il n'a ni pain, ni vin, ni panetier, ni échanson, ni écuyer courtois. Regardez! sa table est vide et creuse. Il n'y tient qu'un convive à la fois. Sa coupe n'est jamais pleine que des gouttes de pluie qui suintent des dalles, une à une, tous les ans.

L'EMPEREUR CHARLEMAGNE.

Arthus, parlez bas. Si vous faites un pas de plus sur mes dalles, avec vos éperons résonnants, ma barbe blanche qui reluit, ma bulle impériale, mon pourpoint d'écarlate, mes douze pairs à mes côtés, mon cœur d'aigle des Alpes, mon sceptre à fleurs de lis coupé dans une futaie de Roncevaux, s'en vont choir en poussière sur un pan de votre manteau royal; et vous direz en secouant à terre le pan de votre manteau terni: Mes gendres, où donc est Charlemagne? Par où est-il passé, sans hérauts ni pages, notre empereur, qui tenait tout à l'heure son globe dans sa main, comme un faucon qui dort? (*En se mêlant à la ronde.*) Christ! Christ! puisque vous m'avez trompé, rendez-moi mes cent monastères cachés dans les Ardennes; rendez-moi mes cloches dorées, baptisées de mon nom, mes châsses et mes chapelles, mes bannières filées par le rouet de Berthe, mes ciboires de vermeil, et mes peuples agenouillés de Roncevaux jusqu'à la forêt Noire.

LA CATHÉDRALE.

Dans la vallée ombreuse qui mène en Italie, je connais une grotte plus cachée que tes cent monastères ; je connais sur les monts un pic plus haut que tes clochers ; les nuages, en été, flottent mieux que tes bannières filées par le rouet de Berthe ; la rosée est plus fraîche sur une marguerite de Linange que dans tes ciboires de vermeil, et les flots de l'Océan sont mieux courbés vers terre que tes peuples de Roncevaux jusqu'à la forêt Noire.

CHOEUR DES FEMMES.

Rendez-nous nos soupirs et nos larmes !

LA CATHÉDRALE.

Les vents aussi ont des soupirs quand c'est le soir : demandez vos soupirs aux vents. Les grottes ont des larmes qu'elles distillent goutte à goutte : demandez vos larmes aux grottes.

CHOEUR DES ENFANTS.

Rendez-nous, à nous, nos couronnes de fleurs ; rendez-nous nos corbeilles de roses que nous avons jetées à la Fête-Dieu sur le chemin des prêtres !

LA CATHÉDRALE.

Il y a des roses de pierre sur ma tige ; il y a des guirlandes de pierre autour de ma tête. Enfants, si vous pouvez, découronnez ma tête et reprenez vos roses sur ma tige.

LE PAPE GRÉGOIRE.

Et moi, qu'ai-je à faire désormais de ma double croix et de ma triple couronne ? Les morts s'assemblent autour de moi pour que je donne à chacun la portion de néant qui lui revient..... Malheur! le paradis, l'enfer, le purgatoire n'étaient que dans mon âme; la poignée et la lame de l'épée des archanges ne flamboyaient que dans mon sein; il n'y avait de cieux infinis que ceux que mon génie pliait et dépliait lui-même pour s'abriter dans son désert..... Mais peut-être l'heure va sonner où la porte du Christ roulera sur ses gonds..... Non, non! Grégoire de Soana, tu as assez attendu! Tes pieds se sont séchés à frapper les dalles; tes yeux se sont fondus dans leur orbites à regarder dans la poussière de ton caveau; ta langue s'est usée dans ta bouche à appeler: Christ! Christ! et tes mains sont restées vides; oui, elles sont encore vides, toujours vides comme tout à l'heure! Regardez, regardez, mes bons seigneurs; c'est la vérité: voyez! que tous les morts me cachent leur blessure! que tous les martyrs mettent leur plaie dans l'ombre! je n'en peux guérir aucune. J'apporte en retour une toile filée par l'araignée à ceux qui ont donné leur couronne au Christ; j'apporte, dans le creux de ma main, une pincée de cendre à ceux qui attendaient un royaume d'étoiles dans l'océan du firmament.

CHOEUR DE TOUS LES ROIS MORTS.

Malheur! malheur! Qu'allons-nous devenir?

LA CATHÉDRALE.

Çà! que feriez-vous donc tous d'un royaume éternel, si je vous en donnais un? Croyez-moi! vos bras sont trop maigres, vos mains sont trop froides, pour porter de nouveau ni sceptre, ni bulle, ni couronne.

Deux ou trois jours de vie, debout sous le soleil, ont séché la moelle dans vos os. Que diriez-vous, s'il fallait porter comme moi, été, hiver, sur votre tête, sans fléchir, un diadème de rocher sous la neige et sous la pluie? Allez! quand l'horloge a sonné sous mes arceaux, l'heure qui tremble ne dit pas à l'Éternité : Arrête-moi sur le bord de la cloche; je veux durer, je veux vibrer toujours! Et moi, je suis l'Éternité visible sur la terre. Vous êtes, vous, l'heure errante qui s'est vêtue dans le monde, en courant, de son manteau retentissant. Maintenant, que je me joue de vous, s'il vous plaît, mes heures couronnées, oh! si fragiles, est-ce possible? oh! si fantasques! oh! si bruyantes! allons! amusez-moi, égayez-moi, déridez-moi, mes belles heures empourprées! Faites sonner en carillon, faites vibrer dans l'air, les uns contre les autres, comme ferait un sonneur qui marquerait ma journée, vos mitres de papes, vos crosses d'évêques, vos sceptres de rois, vos têtes branlantes, vos mains pendantes, vos épées de capitaines, vos chapelets d'ermites, vos éperons de cavaliers, vos blasons, vos noms et vos couronnes! Je suis triste, vous êtes tout mon jouet; dansez et dansez, rois et reines, enfants et femmes, jusqu'au matin?

XIX.

On entend frapper trois coups à la porte de la cathédrale.

LA CATHÉDRALE.

Qui frappe à la porte?

MOB.

Une vieille connaissance. Ouvrez.

LA CATHÉDRALE.

Votre nom?

Mob.

MOB.

(Les portes de la cathédrale s'ouvrent et roulent d'elles-mêmes sur leurs gonds. Entre Mob, qui donne le bras à Ahasvérus et la main à Rachel.)

CHOEUR DES MORTS.

Voilà notre reine! salut à notre reine! Courbons-nous, si nous pouvons, jusqu'à terre, et semons de nos mains notre cendre sur ses pas. Son cheval s'abreuve sous le porche dans le baptistère de porphyre. Elle ricane en s'appuyant sur le bras de ses deux compagnons. A sa robe, elle a attaché un bouquet de veuves nouvelles. Mais jamais son cheval n'a été si pâle sous le porche; jamais son front à elle n'a été si chenu; jamais la plante de ses pieds n'a cliqueté si haut sur les dalles. Comment va finir la fête?

MOB, à *Ahasvérus.*

Nous arrivons un peu tard, vous voyez. La compagnie est brillante et nombreuse. Mon beau seigneur, mêlons-nous à la foule, et allons rendre le salut des mains à ceux qui nous le donnent. Allons, Rachel, mon bras se lasse à te traîner. (*Elle s'avance vers un cercle de morts.*) Eh! bonjour, reine Berthe! bonjour, Yseult la blonde, ma belle reine d'amour! Mon Dieu? comme vous voilà faite, depuis le jour où j'ai agrafé votre couronne sur votre tête. Enveloppez-vous mieux de votre mantelet incarnadin d'Espagne, ma chérie! si votre amant de Cornouailles vous voyait! Qu'avez-vous fait de vos tresses d'or aplaties sur les tempes, qui vous allaient si bien, de votre long regard, de votre teint vermeil, de vos bracelets et de vos gantelets : allez voir si vous ne les avez point oubliés à la vesprée dans le fond de votre cassolette... Votre servante, mon saint père le pape. Votre sainteté me reconnaît, j'espère. C'est moi qui lui ai porté, avec mon baudrier de héraut, en boitant, sa mitre d'or, sur l'escalier du conclave. Si votre tête papale ne branle pas trop, allons, ouvrez avec moi la danse ; vos indulgences ne vous en dispensent pas. Entre mes dents, je sifflerai mon vieil air, que j'apprends, par la bise, aux crevasses de vos tours d'Italie... Vous aussi, mon noble roi Robert ! si nu, si chenu, si barbu ! qui a coupé, dans la forêt Noire, votre sceptre de bois de noisetier, si ce n'est moi ? Qui a taillé dans votre cour, avec le tranchant de sa hache, votre trône de bois de cognassier, si ce n'est moi ? A présent le noisetier est émondé, le cognassier a secoué ses nids de rossignols. Régnez, mon noble vassal, les yeux creux, la tête vide, dans mon comté sans nom, sans bannière, sans pont-levis, que je vous ai éternellement inféodé. Mais, si vous m'aimez, messeigneurs, ne vous heurtez pas, je vous prie, au pommeau de l'épée de mon cavalier. Si vous tombiez en poussière, songez-y ! comment ferais-je, en jetant à poignée votre cendre à la face du Seigneur, pour dire, sans me tromper ni de siècle, ni de climat : Seigneur, ceci qui poudroie dans ma main, c'est l'armée d'Attila ou d'Alexandre le Grand ; ceci, c'est trente siècles des rois de Syrie et de Chaldée ; ceci, c'est Rome avec ses empereurs et ses papes ; ceci, c'est mille années du royaume de Bretagne, avec ses pairs, avec ses écuyers, qui ternissent en retombant l'agrafe d'or de vos souliers, comme ferait un de vos pas en cheminant devant la porte de votre éternelle cité.

AHASVÉRUS.

Oh! mes bons seigneurs, dites-moi, par pitié, si pas un de vous n'a vu passer le Christ avec sa croix sur vos dalles.

CHOEUR DES MORTS.

Non, non, nous ne l'avons pas entendu.

AHASVÉRUS.

Dites-moi, oh! sans mentir, si vous ne l'avez pas vu, Jésus de Nazareth, avec des yeux flamboyants, à travers les toiles d'araignée qui voilent vos paupières.

CHOEUR DES MORTS.

Non, non, nous ne l'avons pas vu.

AHASVÉRUS.

Dites-moi, mes bons seigneurs, je vous prie, s'il ne vous a pas demandé par où a passé un voyageur qui vient de Terre-Sainte.

CHOEUR DES MORTS.

Non, non, il ne nous a rien demandé; c'est nous qui l'avons cherché sans le trouver. Ne le savez-vous pas? Il n'y a point de Christ, ni de Jésus de Nazareth. Passant, allez, si vous voulez, vous railler des vivants. Ni le grillon, ni le ver ne nous ont annoncé pour aujourd'hui la venue d'un voyageur ou d'un hôte de Terre-Sainte. Notre table est remplie. Allez ailleurs; plus loin, plus loin, jusqu'au néant.

21.

AHASVÉRUS.

Redites ce que vous avez dit, et, quand vous l'aurez dit, répétez-le encore. Vos bouches ne se sont-elles pas ouvertes une fois pour dire : Il n'y a point de Christ? Vos langues ne se sont-elles pas déliées une fois pour dire : Il n'y a point de Jésus de Nazareth? Oh! si je mens, messeigneurs, si mes oreilles mentent, si mes yeux mentent, faites-moi un signe seulement. Est-ce que j'ai blasphémé? pardonnez-moi : je suis un pauvre voyageur qui ne pense pas à injurier ses hôtes.

CHOEUR DES MORTS.

Croyez-nous, si vous voulez ; mais le Christ n'est pas ressuscité ; il n'est pas non plus avec nous : encore une fois, passant, laissez-nous ; il n'y a point de Christ.

AHASVÉRUS.

Et plus d'enfer pour moi, n'est-ce pas? messeigneurs; plus de sentier de deuil que mes pieds, comme le tisserand, noueront et dénoueront sans fin autour de son royaume. Rachel, les as-tu entendus? secoue de ton haleine les siècles amassés sur mes cheveux, comme la rosée d'une branche nouvelle d'amandier. Mon jour de fête est arrivé. Partons, attachons à nos pieds nos éprons de fer. Sellons nos chevaux noirs. Maintenant, je serai le bon messager de ville en ville. En me penchant sur mon arçon, je dirai à l'herbe d'Arabie : Herbe flétrie, pourquoi t'es-tu séchée sur ton pied? reprends autour de toi ta feuille de printemps et tes couleurs de joie; au ruisseau de Palestine : Pourquoi t'es-tu tari? reprends ta source dans ton lit, et ta robe d'écume sur ta rive; aux montagnes de Judée et à la cime du Golgotha : Pourquoi vous êtes-vous déchirés jusqu'au roc? pourquoi vous êtes-vous ensemencés, sur vos flancs, de ronces, d'hysope et de votre éternelle douleur? reprenez vos ceps et foulez vos grappes sur vos coteaux; à l'Orient : Pourquoi t'es-tu brûlé la face sous le soleil? pourquoi as-tu déraciné tes champs? pourquoi as-tu pris dans tes ruines ta tunique de cendre? baigne-toi de nouveau dans la rosée du premier jour du monde, et assieds-toi, en riant, sur sa porte, pour que le soleil redore tes cheveux. Ne sais-tu pas la nouvelle que mon cheval apporte, quand il frappe si vite ton seuil de ses ongles? Je dirai à Rome, en passant sur son chemin : La belle, la belle ! pourquoi pleurez-vous et criez-vous soir et matin : César! César! Pourquoi descendez-vous, chaque année, d'un degré dans vos catacombes, comme une fille qui va, en pliant la tête, chercher dans son caveau une coupe de vin écumant pour son hôte? remontez votre escalier; à votre plus haute fenêtre remontez pour voir passer le joyeux messager qui n'a plus soif de vin ni d'eau de source. Aux cathédrales, aux chappes et aux chapelles d'Allemagne et de Brabant, je dirai : Holà! pourquoi vous êtes-vous voilées, depuis la tour jusqu'au pied, de dentelles noires, de crêpes de granit et de manteaux de veuves? reprenez dans vos cassolettes vos habits de vierges, vos fuseaux couleur de marbre et vos tourelles dorées. Ne savez-vous donc pas que vous n'avez été ni fiancées ni épousées, et que votre nuit de noces, vous l'avez passée debout dans le carrefour à attendre mille ans vos épousailles, sous la pluie. A tout ce que mes yeux verront, je dirai : Pourquoi es-tu triste ? herbe fauchée, pluie de printemps, étoile qui tombe, feuille qui trembles, nuée épaisse, vent qui gémis, cloche qui hurles, ne savez-vous pas qu'il n'y a point de Christ ? l'entendez-vous ? il n'y a point de Jésus de Nazareth ; il n'y a point de seigneur du jugement dernier. Plus de deuil, il n'est pas mort; plus d'épouvante, il ne vit pas. Réjouissez-vous dans la pointe de l'épi, dans le rayon de l'étoile, dans la goutte de rosée, dans la cime de l'arbre, comme vous faisiez au premier jour du monde, avant d'avoir appris son nom.

RACHEL.

Joseph! dis, si tu veux, que le ciel est ici, je le croirai ; dis encore que ces dalles froides sont les tapis de lumière du firmament, je le croirai ; mais ne dis pas qu'il faut se réjouir.

AHASVÉRUS.

Va, mon amour, laisse là ton Seigneur ; qu'en ferais-tu? Tes yeux sont plus bleus que sa tunique : ton regard brille mieux que son auréole.

RACHEL.

Ne crois pas le chœur des morts. Leur voix est si froide, quand ils parlent ; on ne sait pas s'ils se moquent ou s'ils se plaignent. Leur cœur ne bat pas dans leur poitrine. Quand ils vous regardent, il semble que rien de vous ne les intéresse, et que vous êtes mort comme eux. Ne les crois pas ; ils te trompent, j'en suis sûre, et tu vas perdre ton âme. Viens, retournons à Worms ; je te chanterai mes chansons qui te plaisent le mieux ;

je t'attendrai tout le jour à ma fenêtre : oh! tu seras heureux, tu verras.

AHASVÉRUS.

Je le suis à présent, mon amour. Allons où tu voudras; ma chaîne est rompue.

RACHEL.

Chaque mot de ta bouche brise mon cœur. Qu'as-tu donc fait pour que tu aies si peur du Christ!

AHASVÉRUS.

Rien, rien, je te jure. Une de ces fautes légères que le matin on commet, et que le soir on oublie.

RACHEL.

Tes yeux me brûlent. Dieu! qu'as-tu fait? dis-le moi.

AHASVÉRUS.

Encore une fois, presque rien, mon enfant, ne pense plus à cela ; quel est l'homme qui pourrait dire à sa vie, quand elle est pleine: Il n'y a pas une goutte de trop dans ta coupe?

RACHEL.

Tes lèvres pâlissent. Il semble qu'elles disent une chose et ton cœur une autre. Est-ce que tu as été maudit? avoue-le ; dis-le moi. J'embrasserai tes pieds.

AHASVÉRUS.

Mon amour, y a-t-il un homme qui n'ait pas été maudit, au moins une fois, avant de naître? maudit dans son cœur, ou maudit dans sa tête? maudit sur sa porte, ou maudit sur son banc? maudit dans son amour, ou maudit dans sa haine? maudit dans son désir, ou maudit dans son regret? Y a-t-il une fleur sur sa tige qui n'ait été maudite, avant d'éclore, par un passant? une ronce, par un bélier? une rame, par la mer? une bride, par une cavale? une rive, par le fleuve? une étoile, par le ciel? Maudit! Y a-t-il, dis-moi, un épi qui ne l'ait été par le vent? un terrier, par un aigle? un sentier, par un voyageur? un seuil, par la bise? un toit, par la pluie? un caillou, par le torrent? Que fait à présent la malédiction au caillou dans le sable, au seuil, au terrier, à l'épi dans le champ, puisqu'il n'y a point de Seigneur pour juger? Ne t'en inquiète pas plus qu'eux, mon amour!

RACHEL.

Mais, mon Dieu! s'il n'y a point de Christ, qui donc nous bénira? qui nous mariera? qui nous sauvera?

MOB *à Rachel.*

N'en soyez pas en peine non plus. La bénédiction est toujours facile; le ciel en fait ensuite ce qu'il veut. Les évêques ni les cardinaux ne nous manqueront pas; et le pape Grégoire a déjà mis sur sa tête sa triple couronne: il vous attend au maître-autel. N'est-ce pas? monseigneur.

LE PAPE GRÉGOIRE.

Je le veux bien. Faites approcher vos deux fiancés. C'est vous qui tiendrez sur eux l'étole de lin. A présent, qu'ils me disent leurs noms.

RACHEL.

Rachel.

LE PAPE GRÉGOIRE *à Ahasvérus.*

Et vous?

AHASVÉRUS.

Mon nom? Je ne peux le dire. Ma langue ne veut pas le prononcer.

(Les morts font une grande ronde autour d'Ahasvérus, en se tenant par la main.)

CHOEUR DES MORTS.

Votre nom? votre nom? pour que chacun le voie, faisons tourner notre ronde autour de lui, comme un serpent d'eau qui se balance dans la source d'un pré. Regardez! qu'il est pâle! son front a l'air de se courber sous un poids invisible. Qui est-il donc?

UN ROI.

C'est un roi qui a laissé sa couronne dans sa tente.

UN ÉVÊQUE.

C'est un faux dieu qui a perdu son ciel.

UN SOLDAT.

C'est un bon écuyer à qui on a pris son écu enchanté.

LA CATHÉDRALE à *Ahasvérus*.

Votre nom, que je le jette sur le nuage qui passe.

AHASVÉRUS.

Le souffle me manque pour le dire.

MOB.

Qu'est-ce donc qu'un nom pour vous tous? messeigneurs. Vous en avez assez cueilli de ces feuilles sur mon arbre; vous en avez assez foulé en marchant dans mes forêts. Que feriez-vous d'un nom de plus?

LE PAPE GRÉGOIRE à *Ahasvérus*.

J'y consens. Dis-moi seulement d'où tu viens?

CHOEUR DES MORTS.

Oui, d'où viens-tu? qui es-tu? Il ne répond rien, ou les vitres, qui frissonnent, couvrent son murmure. Encore une fois; qui es-tu? parles plus haut, si tu parles.

LE CHRIST, *sur un des vitraux*.

C'est Ahasvérus, le JUIF-ERRANT; et moi, je suis le Christ que vous avez cherché dans vos tombes. Toute la nuit, je vous ai vus par les vitraux de mon église. Allez, rentrez sous vos dalles jusqu'au jour du jugement dernier.

SAINT MARC, *sur un des vitraux*.

Seigneur, je vous supplie, n'ajoutez pas un mot de plus; votre voix a fait déjà tomber de mon vitrail, en éclat, le pan de ma tunique de cristal. Les morts s'en vont en fumée comme un grain d'encens qu'un enfant fait brûler dans la nef; la cathédrale bondit comme un cheval sous l'éperon; Ahasvérus a roulé sur les degrés du maître-autel; et les démons, taillés sur les piliers, sont descendus de leurs colonnes pour déchirer de lanières la jeune fiancée.

VOIX DES MORTS *qui s'évanouissent*.

Sois maudit, Ahasvérus!

LA CATHÉDRALE.

Sois maudit, Ahasvérus!

RACHEL.

Sois béni, Ahasvérus! Grâce pour lui? seigneur; ouvrez-lui votre ciel. (*Les démons la fouettent de lanières de flamme.*) Sont-ce les anges qui veillent à la porte du paradis? Anges, anges, ouvrez-moi la porte; il y aura aussi une place pour Ahasvérus, n'est-ce pas? Oh! que vos épées sont flamboyantes! oh! que vos verroux sont pesants! Viens, viens, Ahasvérus : les étoiles du paradis se lèvent de l'autre côté du seuil.

MOB.

Pauvre folle! c'est le matin qui commence à poindre. Je t'envelopperai cette nuit de mes ailes royales; n'aie pas peur. Viens; la porte crie sur ses gonds. Partons. Notre cheval foulera, en passant, de la corne de son pied, ton Ahasvérus sur les dalles.

LA CATHÉDRALE.

« Et vous, mes saints de vermillon, mes vierges dans vos niches de pierre, mes dragons incrustés dans mes piliers; allons, criez, chantez, hurlez, dans l'arceau de la voûte, dans la stalle de la nef, dans la poussière du caveau, dans le creux de la cloche; jetez à hauts cris, pendant la nuit, cette histoire, avec ma voix, sur le nuage de printemps, sur l'aile de l'épervier, sur la branche du pin, sur le chevet du baron qui sommeille, sur le cimier du cavalier attardé dans la brume, sur la trompe du veilleur, sur l'écume du Rhin. »

INTERMÈDE

DE LA TROISIÈME JOURNÉE.

LE CHOEUR.

I.

Depuis que le soleil luit sur ma tête, j'ai vu plus d'une église. J'ai vu Saint-Marc avec ses cinq coupoles comme les voiles gonflées d'un vaisseau qui revient de Palestine, dans le port de Venise. J'ai vu le dôme de Cologne qui sort du Rhin comme une fleur des eaux qui chaque siècle pousse un nouveau feuillage. J'ai vu dans le pays d'Andalousie, où croissent les citrons, des cathédrales pour monseigneur comme un manteau de laine blanche suspendu au clou de son hôtellerie. J'ai vu ta nef, petite chapelle de Brou, comme une agrafe de buis ciselée par les bergers des Alpes pour le berger du ciel.

II.

En France, en Allemagne, et dans le pays où viennent les citrons, quand l'église est achevée, quand les ouvriers sont partis avec leur salaire, le maître qui l'a bâtie se creuse, dans un coin, une niche de jaspe. De là, il veille jour et nuit sur son œuvre; jusqu'à l'Éternité, il la regarde pour voir ce qui y manque. Et si, un soir, par aventure, le vent de mars, ou la grêle, ou la pluie, ou la neige, ou un soldat qui passe, ou quelque esprit ressuscité de son tombeau, y brise une tuile, ternit un vitrail, effeuille une rosace, il descend de sa place pour refaire, avec sa truelle de pierre, la colonnette qui croule ou la fenêtre qui chancelle.

III.

Et toi, poëte, déjà ton toit croule, ta colonnette branle, ta porte avec ses gonds sont usés; et nulle part je ne te trouve sous les arceaux rompus de ta parole. Plus d'un pan manque encore à ton œuvre; déjà les boucs en passant rongent les piliers de ta prose d'argile. Sur mes lèvres ta voix est tarie; sur ma rive j'ai dépensé le dernier flot qui est sorti de ta source. J'ai répété le dernier mot que tu m'avais appris. Bouche close, avant une heure, si tu ne viens pas, il faut qu'avec les ronces je me retire de ta ruine résonnante. Dans son chaos, tout est mêlé. Le cèdre y pousse sans se courber. Et toi, brin d'herbe, où es-tu donc?

LE POETE.

Me voici.

LE CHOEUR.

De quel côté?

LE POETE.

De la nef de Brou, où Marguerite de Savoie dort dans son lit de noce sur son chevet de pierre fine, sans plus jamais tourner la tête vers l'époux couché à son côté, un chemin conduit à la forêt. Dans la forêt (si tu y entres), les couleuvres de mes broussailles iront jusqu'au carrefour à ta rencontre. Les hérons t'attendront sur la margelle des étangs. Mes cavales sauvages soulèveront des marais leurs tresses ruisselantes pour regarder qui passe, et les sangliers qui labourent mon champ diront de loin : Allons-nous-en, c'est notre maître qui vient. Au loin, auprès, la terre est nue, usée comme un manteau de mendiante, sans sel ni rosée ; et à l'heure où le soleil emporte dans le bois des Dombes, sur son épaule, sa gerbe d'épis blonds, la fièvre en été y est froide autant que dans la Maremme. Sous un cerisier fleuri tu trouveras mon toit qui a abrité maintes douleurs. Sur le perron ma mère lit la bible de Luther ; ma sœur, que j'aime, est allée cueillir, pour son enfant, des mûres sauvages dans les buissons. Ma maison est petite, mon chevet est dur et souvent trempé de larmes. Il y a place à ma table pour un voyageur égaré et pour un rouge-gorge que le givre a empêché à Noël de glaner dans sa clairière.

LE CHOEUR.

Que fais-tu là ?

LE POETE.

I.

Partout mon cœur dans mon sein m'a aiguillonné comme mon éperon mon cheval. Partout j'ai dévoré dans mon sentier la rosée que j'ai trouvée. J'ai bu mes larmes plus que du vin dans ma vallée de Bourgogne. J'ai mangé miette à miette le pain de mes regrets plus que mon seigle dans mon sillon de Bresse. A cette heure, je venais un moment puiser une goutte d'eau dans mon puits d'héritage pour laver la sueur de mon âme.

II.

Ici, ma vie est une tour que je bâtis dans le mystère. J'ai monté jusqu'à moitié les degrés de mes jours. Je ne vois rien paraître que l'ombre de ma ruine qui s'allonge dans mes ronces, que des écorces rejetées de ma nappe, que des années entassées qui ne peuvent me suivre, que ma source qui n'a plus d'eau pour pétrir le limon du lendemain. Un peu plus haut, que verrais-je autre chose? Va, laisse-moi redescendre, sur mon seuil, vers mes jeunes années, pour les prendre dans mes bras, comme un chevreau des Alpes qui frappe la porte de sa corne, et ne peut pas monter l'échelle.

LE CHOEUR.

Le ciel n'est pas si loin que la porte de ta vie; et la douleur, si tu y es entré, est un chemin qui monte et qui ne redescend jamais. Noie ta peine, comme une feuille de saule, dans l'éternelle poésie, où toute peine afflue, et qui te rendra en retour, pour t'endormir, une plainte de sa rive.

LE POETE.

I.

Maintes fois j'ai ouvert la bouche pour parler; mais la parole me manque. Ma voix était dans mon cœur; mon cœur s'est brisé. Quand une larme, en tombant dans mon sein, s'y est creusé peu à peu sa demeure, ma pensée, pour mieux guérir cette plaie, souvent s'en est allée errante par le monde, mendier un peu de son eau à la mer, un de ses rayons à l'étoile, un lambeau de sa voile au vaisseau qui sort du golfe : A la barque, donne-moi l'or de ton sillon; au rivage, le murmure de tes herbes; au filet du pêcheur, ta maille rompue; au désert, le lac de tes sables embrasés. Ah! que serait l'Océan, que serait l'étoile, que serait l'herbe du rivage, que serait le désert de Syrie, pour combler ce soir l'abîme et l'ennui de mon âme?

II.

Au lieu de faire bruire plus longtemps à mon oreille des mots sonores, je voudrais bien plutôt désormais nourrir ma pensée de têtes de pavots, si bien qu'à mon réveil, en la cherchant dans mon sein, je ne l'y trouverais plus. Je voudrais que la bise de mon chemin, en courant, la prît sur mes lèvres, ou qu'elle restât glacée, le soir, avec mon haleine sur les vitres de ma fenêtre. Car il est une heure que je hais; et toujours, hiver, été, ma pensée est debout sur mon chevet pour broyer en secret cette heure de poison, et la mêler à tous mes jours dans le creuset de mes années.

LE CHOEUR.

Si tu le peux sans pleurer, car tes larmes, en tombant sur terre, deviendraient de la boue, dis-moi donc, il le faut, quelle heure ce fut que celle qui fit ton mal, et comment cela est arrivé.

LE POETE.

I.

J'aurais voulu le cacher toujours; et si la force ne m'eût manqué une fois, personne n'en eût rien su de ma bouche. A toi, pourtant, je le dirai, quoique ce souvenir me pèse, et que chaque matin il me réveille trop tôt sur mon chevet. Il est un mot que jamais ma bouche ne veut prononcer, que jamais ma main ne veut écrire dans mon livre ; c'est celui que toutes choses prononcent en soupirant, que les reines envient sous leurs dais, que deux âmes balbutient en se voyant, que les femmes savent dire, que les étoiles palpitantes écrivent dans leurs veillées d'été, avec leur encre d'or, et qui a brisé mon cœur dès le matin du jour de mai où je l'ai lu.

II.

Ce jour-là, sur le chemin, celle dont ma bouche est trop rude pour prononcer le nom de miel, m'a dit : Va! prends cette fleur de mai ; avant qu'elle soit fanée, nous nous reverrons demain. Mais la fleur s'est fanée, le lendemain a passé, et le jour d'après aussi ; et après le jour la nuit encore ; et nos yeux ne nous ont plus nulle part revus, ni au loin, ni auprès, ni dans la plaine, ni sur le mont. Nous avons fait mille détours, sans jamais nous retrouver ; nous avons monté mille degrés sans jamais nous rencontrer ; nous avons frappé à mille seuils, et toujours un étranger nous a ouvert. La vie nous a divisés et la mort fera comme elle. Un dur destin ne voudra pas donner à nos os même terre. Éternellement nous nous retournerons sur le côté dans nos tombes moitié vides, moitié remplies, en criant chacun : Est-ce toi? Éternellement nous nous chercherons à l'endroit où toute chose renaît, sans jamais nous reconnaître.

III.

Pour me désennuyer, j'ai vu plus d'un ciel, plus d'une source, et plus d'une ville remplie d'hommes. Pas un ciel n'est si pur que ses yeux; pas une source n'est si profonde que son cœur; pas une ville, dans un jour de fête, n'est si remplie que l'escalier où elle monte chaque jour.

IV.

Il y a sept ans que cette larme a coulé; et, si tu veux le savoir, un monde impur, pour qui rien n'est sacré, en fut la cause. Jamais il n'a pu croire que j'adorais une pensée, comme lui adore son limon; ni que mes yeux, sur la colline où les vignes mûrissent, ne cherchaient qu'une image du ciel. Eh bien! es-tu content, monde que j'ignorais? Ah! que t'ai-je donc fait pour me tuer si vite? Calomnie, calomnie noire, qui germais autour de moi, là où mes pieds marchaient; mensonge de damné, qui as vécu dans mon ombre, es-tu content? Ni larmes dans mes yeux, ni souffle dans mon âme, ni chimère à nourrir, ni pensée à bercer, ni cieux, ni terre, ni moi, ni elle, je n'ai plus rien, rien! et ce mot, tu l'as écrit de ton venin partout où je regarde.

V.

Poésie, poésie, beau mot qui retentit bien fort! quand je fouillerais de ma pensée la mer entière, jusqu'où son flot roule ses perles, à présent, je ne trouverais plus que sable et qu'herbe de marécages. Elle, elle était poésie, à toute heure, en tout lieu, et ses lèvres, sans parler, vous racontaient le ciel, quand elle cherchait de sa terrasse, après le jour, l'étoile du berger pour la faire voir à son enfant; et quand elle entendait, dans son jardin, son grand peuplier trembler, et qu'elle disait: Voici le soir; et aussi le long du canal, quand elle voyait l'eau s'arrêter et frissonner; et quand elle ouvrait sa porte à l'odeur des vignes en avril et en mai; et dans sa cour, quand le rossignol, sur un groseiller, lui chantait, jusqu'à minuit, pour l'amuser comme à ses petits; et quand assise, sans rien dire, sur son banc, elle tenait tout le jour mon âme dans sa main, comme un livre entr'ouvert qu'on feuillette, et qui ne finit pas.

VI.

Ah! le livre est fini, et plus d'une page y manque. Le vent les lui a arrachées une à une des mains et ne les lui rendra pas. L'herbe de son jardin la verra à toute heure: il n'y a que moi qui ne la verrai plus. L'oiseau sous son toit la peut entendre, s'il veut; il n'y a que moi qui ne l'entendrai plus. La feuille errante peut demander de ses nouvelles à sa porte; et moi, il n'y a que la mort qui m'en dira. Trop grande pour le monde, le monde ne la connaîtra pas; son pur secret, le plus beau de la terre, périra sur ses lèvres, sans que personne le sache, — hors celui qui n'en peut rien dire.

VII.

Nonchalante, au milieu de son ouvrage, son doux génie montait, montait, sans le savoir, jusqu'où les étoiles ne vont pas. Comme d'autres, sans se lasser, nuit et jour, filent le coton ou la soie sur leur seuil, elle, dans sa maison, en faisant toutes choses, pour sa tâche, sans le vouloir, laissait tomber, du plus loin de son âme, la laine et la soie de ses pensées trempées de larmes de quoi vêtir un monde. A la ville et dans la fête, au premier souffle, son cœur, sans effort, s'en allait dans le ciel, comme une barque à la voile latine, au premier vent, sans bruit, ni rameurs, ni adieux, quitte la côte et le môle, et les lourds vaisseaux du port, et les rues des marchands, pour aller toute seule rêver et se baigner dans le grand Océan. Puis après, elle disait que le bruit de la terre ne vaut pas un soupir, et que rien ne peut dire jusqu'au bout ce qu'une âme voudrait dire. Et moi, je croyais à son Dieu; et je restais muet, et je baissais les yeux ; et je ne pensais pas redescendre jamais de ce poëme vivant au vil ouvrage que ma main à regret fait à cette heure.

VIII.

C'en est fait. Il n'y a point eu d'adieu, il n'y aura point de retour. Pourquoi écrire? pourquoi parler? pourquoi se taire? pourquoi toucher des mots qui n'ont plus que l'aiguillon? Celle qui m'apprenait le ciel, ne conduira pas ma plume, et ne me reprendra pas à l'endroit de ma faute. Tout est fini. Il n'y a plus ici de poésie, il n'y a plus de poëte; il n'y a plus que la corde qui vibre encore à l'arc de la calomnie.

IX.

Pour qui regarde et passe, la plaie se cicatrise; mais le ver, pour se cacher, rampe chaque jour plus avant. Chaque soir, il dit : Encore un pas; et le fruit de votre vie tombe de votre branche, par un beau jour d'été, à l'heure où l'on croit qu'il mûrit. Voilà ce qui fait ma peine, et comment j'ai appris quelle chose dure c'est de pleurer les larmes que tu vois. Je n'en puis dire davantage.

LE CHOEUR.

Malgré moi, ta peine m'a fait pencher la tête vers terre, et m'a tiré un de ces pleurs amers. Si celle qui en eut sa part, au temps des cruels soupirs, l'a oublié, je ne te le demanderai pas, ni comment cette fleur d'azur a pu naître dans l'impur sillon de nos jours. Mais tes lèvres se sont trop vite fermées ; plutôt que de mourir vivant, comme toi, j'aurais voulu pétrir mon sang et ma douleur dans un poëme ; et les étoiles en me voyant, et le bruit de l'eau, le bruit des hommes, le bruit des cloches, le ciel changeant, tout aurait murmuré le soir autour de moi, pour assoupir mon cœur, comme une femme, à demi voix, endort son enfant sur la route.

LE POETE.

I.

Oui, si ma plume était d'un oiseau du ciel qui n'a jamais niché sur terre, si mon encre était d'or, si mon livre était de parchemin ! alors, peut-être, oui, sans parler, je voudrais, encore à présent, écrire le nom de toutes les choses que j'aime, pour faire durer leur vie jusqu'à ce soir. Pays de Bourgogne, qui m'as donné, au lieu de ton vin, mes larmes à boire sous ton pressoir, je gorgerais ta cuve, jusqu'au bord, des grappes de Chypre et de Candie, si bien que tu crierais à la fin : J'en ai assez. Petite ville de Charles le Téméraire, où ma sœur demeure, et qui m'as coupé mon pain sur la table quand j'étais enfant, sise sur tes deux rivières, proche de Cluny et de celui qui fit si bien parler Elvire ;

toi qui te caches des passants et des bergers dans ton creux de vallon, toute honteuse de te voir si hâlée par le temps sous ta vieille poterne, au lieu de tes murs et de ta tour caduque, je te ferais trois murailles peintes d'azur, trois tours ciselées, trois toits d'ivoire pour abriter, avec tes nids de sansonnets, le souvenir de mes jeunes années. Et toi, village sans beffroi ni clocher, qui m'as banni, veille, veille nuit et jour sans t'enivrer de ton raisin, sur celle que tu m'as ravie. Ah ! je t'aurais donné pour elle toutes les mosquées de Syrie, avec leurs blancs minarets, leurs fraîches citernes, tous les palais, à ogives de Venise, avec les gondoles amarrées sur leurs degrés, tous les vieux châteaux d'Allemagne, avec leurs balcons sur le Rhin. Même à présent, si tu m'apprends seulement que tu l'as vue passer, qu'elle allait à la fête, que sa bouche souriait, et que tu as planté dans ta haie un baume pour sa douleur, j'irai chercher, au fond de ma pensée, dans un autre climat, du sable d'or pour ton ruisseau. Je dirai, quand je repasserai, à la vague de la baie de Zéa, et aux citronniers de la villa que j'aime, d'envoyer leurs brises sans se lasser, chacune par un sentier, jusqu'à la croix de ton chemin.

II.

Mais toi, pays d'Allemagne, je dirais sans mentir comme tu m'as rendu mon amour pour toi en fiel, en noires insomnies, en douloureuses journées. T'en souviens-tu seulement quand je gisais sur le bord de ton chemin, évanoui dans ma douleur? Au fond de ta science, ah ! que la nuit alors était noire ? Dans ton église blanchie, qu'il faisait froid seul, sur les dalles, le soir, sans prêtre et sans Dieu! Surtout que tes femmes sont dures, bien plus dures mille fois que ton ciel! Leur sourire est fait de fleurs d'hiver; pourquoi ai-je goûté de son miel? Le Danube s'arrête pour regarder leurs tresses blondes; un mystère clôt leurs bouches. Plus blanches que l'amandier en fleur, timides elles naissent, timides elles meurent; une pensée apportée une fois par le vent, sans douleur murmure, toute leur vie, à leur oreille; comme une source dans la forêt Noire, leurs pas ondoient languissants. Mais leur sang trop pâle a peine à teindre leurs joues d'un souvenir. Pour qui revient du pays où l'olive et l'orange mûrissent, leur cœur bat trop lentement; sous le ciel des passions, en un jour il fond comme neige; leur silence est doux, et plus douce leur parole, mais le sens en est dur. Pour guérir les plaies qu'elles ont faites, leurs lèvres sont trop froides. Dans leurs seins leurs larmes restent figées; et le cœur qu'elles ont brisé une fois ne guérira plus jamais.

III.

Non! je n'aime plus en Allemagne, ni partout où la brume s'épaissit au nord de ce côté des Alpes, les sentiers sous les sapins qui tous mènent à un regret, ni les grands tilleuls trop pleins d'ombres et de souvenirs, ni la ruine gothique que l'on voit à Linange, trop semblable à un désir sur son penchant, ni les longs flots du Rhin, vers Bade, qui me font trop rêver et soupirer comme eux, ni ses îles de vapeurs, ni ces cathédrales sourcilleuses, ni son ambre, ni sa vallée trop profonde,

ni sa vague trop dolente qui me dit, quand je passe :
Souviens-toi de moi.

IV.

J'aime à présent l'endroit, vers Salerne, en Calabre, ou encore plus loin, vers le vieux Navarin et Tinos, où le soleil qui vient d'Asie, dès qu'il se lève, scintille dans ma nuit et rend plus courte de moitié mon insomnie. Soir et matin, j'aime à boire, à chaque haleine, pour mon remède, ses rayons qui sentent la mirrhe. Il fait froid et sombre à cette heure dans mon cœur. J'aime à sécher la plaie qu'un autre m'a faite aussi trop amère, à la lumière d'août, quand le pêcheur de Capri étend, à midi, sur la grande marine, son filet tout démaillé, comme moi mon souvenir; quand la mouette, toute seule dans le golfe de Lépante, cherche son ombre sous son aile, ou quand l'éclair du rivage d'Albanie vous dit : Je veux luire, et regarder, jusqu'au fond de votre sein, comment est faite votre peine.

LE CHOEUR.

Va! tout tortueux qu'il est, le sentier de ton poëme vaut encore mieux que la vie. Là, ta blessure sera ton baume; et, sans aller si loin que l'Albanie, le soleil qui meurt sur ta colline, aspirera tes larmes dans ton sein comme rosée. Assez aimé! assez souffert! trop espéré! N'attends plus que ton désir trop éconduit s'achève avant la mort, ni que de l'Océan tu gardes dans ta main plus qu'une goutte. A l'univers ne demande plus rien, que deux rayons du jour pour voir, pour voir encore, sous les voûtes, les peintures dorées des vieux maîtres florentins, et le menu sentier que ta pensée laisse en marchant. Après l'amour, après la foi, l'art est beau, l'art est saint. Ce n'est pas le ciel, mais ce n'est plus la terre.

LE POETE.

I.

Si tu le peux, je le veux bien; ramène-moi dans ma pensée vers l'endroit où mes pas m'ont égaré; et je ferai comme celui dont les pieds suivent son guide, et dont le cœur trop lourd reste avec son poids en arrière. Pour toi, monde, en te quittant, je te connais; tu m'as brisé, tu ne m'as pas vaincu; c'est toi qui m'as tué, c'est moi qui te méprise. Çà, tu raillais donc, beau masque? une heure avant la mort, je m'en suis aperçu : une heure! oh! c'est assez!

II.

Ah! que le cœur me bat! après m'être tu plus qu'avant de parler. Tout m'ennuie, tout me gêne; j'ai fini trop tôt ce que je voulais dire.

III.

Ah! que le cœur me pèse! je ne sais comment faire pour écrire ce soir ma tâche. Mon encre n'est pas d'or, elle est faite de larmes. Ma plume n'est point d'un oiseau du ciel; elle est arrachée de l'aile de mes rêves. Mon livre n'est pas de parchemin; il est fait de mon âme, oui, de mon âme et de mon désespoir.

IV.

Ah! que le cœur me serre! ah! que le cœur me saigne! je ne sais plus rien que ce mot; et il en faut, pour achever mon livre, plus de mille. Puisque mon sein est tout sanglant, que ne suis-je le bouvreuil? Soir et matin, en gémissant, dans le jardin, je redirais toujours le même mot sur une branche de groseiller. Puisque ma voix sanglote, que ne suis-je le ruisseau? Sans avancer, sans reculer, en serpentant, je baignerais toute ma vie le seuil où ma pensée, trop mal guérie, veut demeurer nuit et jour assise.

QUATRIÈME JOURNÉE.

LE JUGEMENT DERNIER.

QUATRIÈME JOURNÉE.

LE JUGEMENT DERNIER.

I.

L'OCÉAN, *à Ahasvérus.*

Ahasvérus, arrête-toi, je t'en prie, jusqu'à ce soir sur ma grève. Autrefois des foules d'hommes passaient avec le bruit de leurs villes sur le sable de mes rivages. En m'approchant de leurs murailles, la nuit, sous la brume, j'entendais leurs secrets échappés à demi-voix, flots d'amour, de colère, de soupirs, d'hymnes de prêtres, de chants de noce que j'allais mêler avec mes flots. Souvent j'arrivais jusque sous leurs balcons, triste, lassé de ma journée, n'ayant trouvé dans mon chemin que joncs et qu'algues déracinés; et je remportais une heure après une couronne d'or, une mitre de diamant ou quelque vieil empire ruiné qu'un passant me jetait à pleines mains, de son char triomphal, pour m'amuser la nuit dans mon abîme. Leurs tours grimpaient sur la cime de mes rochers pour me voir de plus loin ; l'escalier de leurs palais descendait sous mes vagues pour m'aider à monter quand j'en avais besoin. Pour courtiser mon onde trop amoureuse, les vaisseaux et les frégates à banderoles se penchaient sur mon lit en écoutant mon haleine. Seulement pour me toucher du bout de l'aile, ils allaient sans se lasser porter mes messages à mes caps hurlants, à mes golfes, à mes îles égarées. L'ombre des villes et des clochers qui roulaient leurs voix humides dans le fond de mes flots, me servait d'abri sous les voûtes d'écume. Souvent une âme qui regardait par hasard mes cieux frémissants, m'a tenu suspendu pour respirer son secret, ou sa peine, ou sa joie, mieux qu'un myrte de ma baie de Gaëte, ou qu'un arbre d'encens de mon golfe d'Arabie. J'aimais ces foules d'hommes, ces cris, ces langues résonnantes, cet éternel soupir qui sortait du genre humain, comme mon souffle de mes naseaux, quand j'arrive à la plage. Dis-moi, où est-il ? que fait-il ? qu'est-il devenu, ce monstre aux mille pieds de marbre et de granit, qui avait des murailles dorées pour écailles, des tours à créneaux pour marcher dans le sable, des villes pour mamelles, et qui me ceignait tous mes rivages de peuples et d'empires comme un serpent-géant qui s'endort à mon soleil ?

AHASVÉRUS.

Je le cherche comme toi. Les fleurs des bois ne se souviennent pas qu'il ait été jamais, et la poussière du chemin n'a pas gardé la trace de ses pieds. Les marguerites des prés ont mieux su défendre leurs couronnes sur leurs têtes que les rois vêtus de fer. Les joncs que tu as semés ont plus duré sur leurs tiges que les tours à bastions qui grimpaient à leurs sommets pour t'appeler de plus loin. J'ai vu la foule se dissiper peu à peu autour de moi, comme en un jour de fête, quand vient le soir. Les hommes s'asseyaient sur les bornes, et se cherchaient dans les bruyères un baume pour leur cœur qui avait cessé de battre. Leur âme était morte dans leur sein; et ils attendaient encore debout qu'une pensée, une espérance, quelque nom, quelque dieu oublié vînt ranimer leur vie dans leur poitrine. Les enfants regardaient dans les yeux de leurs mères; et les trouvant vides, sans larmes et sans pensée, ils criaient tout effrayés : Ma mère, laissez-moi. Rendez-moi à la vierge inconnue qui me berçait, avant de naître, en soupirant mieux que vous. Ses yeux étaient plus doux, son voile était plus long, les histoires qu'elle savait me réjouissaient mieux que les vôtres. Les peuples s'en allaient aussi, les yeux vides, chercher en tâtonnant sur les fleurs, sur les pierres un nom qu'ils ne pouvaient plus lire. S'ils me rencontraient par hasard, je les entendais qui disaient, les mains jointes : Ahasvérus, bon Ahasvérus, toi dont les yeux voient encore, dis-nous-le, ce nom que nous cherchons, que nous avons perdu, qui nous aurait sauvés. Et quand je répondais : Est-ce le Christ? ou bien : est-ce son père? ils reprenaient en ricanant : Le Christ? ah! oui, vraiment, Jésus de Nazareth, n'est-ce pas? il est trop vieux pour nous. La terre ne produit plus dans son sillon de dieux nouveaux pour notre faim. Jéhova, le Christ, Mahomet, nous avons semé depuis longtemps leurs cendres dans nos champs. Nous glanons à présent le néant. Notre âme s'est tarie dans notre sein, comme la citerne à qui manque l'eau du ciel. Que nous ferait la pluie du firmament? la soif de nos cœurs ne peut plus se guérir. Toi, demeure pour chanter, après nous, notre chant des funérailles. Nous te laissons en héritage les pleurs qui nous restaient à verser, et tout le fiel que nous n'avons pas bu.

L'OCÉAN

Ainsi, jour et nuit, quand je suppliais ma rive de m'envoyer, du milieu des carrefours, les chants d'amour qui me berçaient hier, il aurait mieux valu me cacher dans mon lit. Ainsi les rois ne me jetteront plus leurs coupes d'or pleines de vin de Chypre; et le doge de Venise, que j'avais pour fiancé, ne viendra plus passer à mon cou son collier de perles.

AHASVÉRUS.

Non. N'attends pas davantage. Le Bucentaure n'ira plus, avec sa quille dorée, se bercer dans tes flots. La cloche de Venise ne sonnera plus ton mariage. Le doge, avec son manteau d'hermine brodé, n'ira plus sur la poupe te passer à ton doigt ta bague d'épousée.

Oh! va-t'en à présent, si tu veux, sur ta route, donner tes soupirs à tes grottes d'azur, tes baisers au sable du Lido, et tes caresses d'amoureuse à tes golfes endormis. Balance dans tes bras une vieille barque échouée, toute chargée de ton limon. Couronne, si tu veux, de tes fleurs des lagunes, l'ancre rouillée d'une galère mise en poussière. Lave, comme une femme à ton lavoir, une voile souillée, trouée par la tempête et que ta brise maintenant craint de toucher. Va demander, soir et matin, en murmurant sous les balcons de la ville, comme un pauvre quêtait dans la rue, tes sérénades embaumées dont tes vagues sont avides, ta part de fleurs et de parfums dans le festin des rois, tes voiles de femmes, ta madone avec sa lampe allumée, les banderoles qui jouaient sur ton sein, et l'épée bénite que ceignait ton fiancé à ton côté. A présent, va chercher tes rivages. Tu n'y trouveras plus pour ta soif que du sable et des joncs. Tu ne monteras plus pour ta noce sur les dalles de ton palais ducal. Tu n'auras pour amant que l'étoile fatiguée qui se repose le soir, que l'anneau de fer suspendu au rocher, que la rame brisée, que la maille usée d'un reste de filet, que la mousse de l'écueil, que l'herbe arrachée de ta vase, et que mon âme naufragée dans l'océan de ma douleur.

L'OCÉAN.

S'il n'y a plus pour moi de banderoles de fêtes, si les villes n'ont plus à me jeter ni ombre, ni encens, ni chants d'amour; si les barques que j'aimais ont toutes plié leurs ailes sous le vent de la mort, qu'ai-je à faire désormais d'appeler de ma voix de tempête les bords qui ne me répondent plus! qu'ai-je à faire de bondir avec ma croupe ruisselante, si je n'ai plus à porter ni vaisseau à la housse brodée, ni frégate à la voile de soie? Je voudrais, s'il n'y a plus pour moi ni époux ni fiancé, être une source obscure, cachée dans la forêt d'Ardennes, connue dans l'univers seulement du bouvreuil qui vient y baigner en secret, sur le bord, sa gorge de corail.

AHASVÉRUS.

Ne crains-tu pas au contraire que tes vagues, l'une après l'autre, ne tarissent dans ton lit, comme les âmes des peuples ont tari dans leur sein?

L'OCÉAN.

Depuis longtemps, vraiment, les fleuves ne descendent plus jusqu'à ma vallée ; ils s'endorment dans leurs lacs, sans plus songer à leur ouvrage. J'ai beau grossir ma voix ; ils s'amusent en chemin sur leurs sables d'or. Sans doute, ils se sont égarés dans quelque bois touffu, depuis que le guide qui leur montrait chaque jour le chemin ne monte plus avec sa torche l'escalier du phare allumé sur mon promontoire.

AHASVÉRUS.

A présent que tes môles sont détruits, que tes ports sont comblés, où vas-tu aborder?

L'OCÉAN.

Au Néant.

RACHEL, à l'Océan.

Et vous aussi, ne croyez-vous pas que votre maître puisse vous rendre avec son urne tous vos flots, quand vous les lui demanderez?

L'OCÉAN.

Oui, quand mon écume naissait avec le monde, quand l'herbe de mes rives effleurait mes épaules pour la première fois, oui, alors, je croyais. Sans tourner la tête en arrière, je marchais devant mon maître, et chacun de mes flots s'écriait : Seigneur ! Seigneur ! Mais vous,

Rachel, vous êtes plus jeune que la plus jeune de mes vagues. Mon herbe, que j'ai arrachée ce matin, a plus vécu que vous ; et mon écume toute blanche est plus souillée par les années, que votre cœur dans votre sein. Si vous aviez comme moi sondé tous mes abîmes, si vous aviez attendu comme moi, dans le creux du rocher, pendant la grêle et la tempête, si vous aviez usé vos jours, comme moi le sable de mes grèves, vous diriez comme moi : Dieu est mort ; allons lui faire ses funérailles.

RACHEL.

Prenez garde que ce ne soient les vôtres.

II.

AHASVÉRUS, *à Rachel*.

Ange qui me suis, va, retourne à ta demeure, si tu la peux retrouver. Plus le soir du monde approche, plus l'angoisse de mon cœur augmente. Quand les hommes vivaient, je marchais avec eux, le soir, dans leur foule. Je frappais aux portes des villes, et les gardiens m'ouvraient. A présent que les villes sont closes, et que les gardiens ne peuvent plus se lever pour ôter les verroux, voici aussi que l'Océan va se cacher dans le creux de son lit. N'as-tu pas vu, sous mes pieds, tarir la source où j'avais bu, l'étoile pâlir où j'avais arrêté mes yeux, la forêt se flétrir, qui m'avait prêté son ombre? Fuis, fuis, si tu ne veux pas finir comme elles. Bientôt je n'aurai plus pour compagnon dans l'univers une seule herbe de bruyère debout sur sa tige. La terre sera vide autour de moi, que je marcherai encore par mon sentier ; mon ombre même me quittera; et la dernière nuit, l'immense nuit va venir, sans que j'aie trouvé encore avec mon bâton ferré un pan de muraille pour m'asseoir, ni un hôte pour me prêter sa lampe.

RACHEL.

Laisse mourir les fleurs sur leurs tiges, si leur jour est arrivé; laisse l'étoile pâlir; laisse la bruyère se dessécher sur son rocher; je trouverai toujours une source dans la montagne pour t'apporter à boire, et un sentier pour te conduire. Ah! que me font les villes et les portes des hommes où nous frappions? Leur voix était si dure quand nous passions! leur escalier était si triste à monter! Toujours, quand ils nous regardaient, ils avaient l'air de maudire. J'aime mieux gravir ce dur sentier que de repasser les degrés de leur seuil.

AHASVÉRUS.

Mais leur trace s'efface et notre chemin se perd.

RACHEL.

Ne crains rien. Marche toujours. Plus leur trace s'efface, mieux je peux reconnaître dans les vallées les pas de mon Seigneur, avec ses larges sandales, avant que les villes et les tours et les pans de murailles les eussent comblés.

AHASVÉRUS.

N'as-tu pas entendu l'Océan? il n'y a plus que toi qui croie à ton Seigneur. Veux-tu le connaître mieux que le bord des fleuves et que le sable de la mer?

RACHEL.

Plus l'Océan se baisse pour chercher sa goutte d'eau,

plus la forêt se dessèche sur ma tête, plus l'étoile se cache, et mieux je vois briller ses yeux dans la forêt, et son manteau au firmament.

AHASVÉRUS.

Pour moi la nuit ne fait que s'entasser.

RACHEL.

Ne te souviens-tu pas, quand tu l'as vu sur le vitrail de la cathédrale, et qu'il a dit : C'est Ahasvérus?

AHASVÉRUS.

Que d'années écoulées !

RACHEL.

Elles ne nous ont pas faits plus vieux d'un jour.

AHASVÉRUS.

Regarde. Ce soleil qui pâlit, n'est-ce pas son auréole qui s'est éteinte sur sa tête ? cet azur du ciel sous le nuage, n'est-ce pas le reste de sa tunique que la tempête déchire ? ce lit que la mer vient de quitter, n'est-ce pas son sépulcre qu'elle lui a taillé dans le roc ?

RACHEL.

Ahasvérus, toi qui vivras toujours, ne parle pas comme parlent les morts.

AHASVÉRUS.

Si j'étais né aux premiers jours du monde, quand l'étoile en se levant, la source en voyant le sable de son lit, la fleur en regardant le ciel pour la première fois, l'oiseau en secouant son duvet sur l'abîme, disaient : Maître, nous voici ; qu'avons-nous à faire pour gagner notre salaire chaque jour? et moi aussi, mon âme dans mon sein aurait chanté avec eux. Je me serais assis pour répéter en moi-même leurs cantiques commencés. Mais tout ce que mes yeux voient, la grotte, l'étoile, la fleur sur sa tige, n'ont plus ni voix, ni soupirs. Il n'y a plus que toi qui pries.

RACHEL.

Laisse-moi m'arrêter pour prier encore pour toi.

AHASVÉRUS.

Oui, prie encore. Ah! si je pouvais croire!

I.

Tout meurt, tout s'efface. Étoiles et cieux, tout se défait; îles, caps, mers lointaines, tout disparaît, hors cette plainte dans mon sein, hors cette larme dans mes yeux, hors cette coupe sur mes lèvres. Le jour baisse. Comme une haleine du Néant, le firmament s'évapore. Comme des sarcelles de voyage, les mondes passent rapides dans la brume, et ne reviennent pas. Après eux, dans leur ombre, rien ne reste que la douleur.

II.

Douleur sans nom, douleur sans voix, douleur sans forme, que l'infini exhale, comme l'encensoir l'encens, qu'attends-tu aussi pour disparaître? La dernière étoile a lui, les cieux s'éteignent; éteins donc avec toi ce rayon dans mon cœur, et n'oublie pas ce soir de dissiper d'un souffle cette vapeur de ma pensée.

III.

Lampe d'agonisant, que ferais-je de luire, seul dans

la nuit, près du chevet du genre humain? Puisqu'il est mort là dans son lit, jamais sa grande paupière ne se rouvrira pour pleurer, ni sa bouche pour dire : Veillez-vous? donnez-moi sur mon front de moribond l'huile du Christ.

IV.

Plus loin! avançons! Quand le monde est passé, il reste encore dans son verre un goût amer; quand il s'est tu, on entend après lui frissonner à sa place un mot qui s'appelle Désespoir. De sa branche sont tombés ses noms, ses jours de fête, ses calomnies, ses fleurs sanglantes; comme feuilles mortes en novembre, mes pas les balaient. A mon tour, quand viendra pour moi ma saison de novembre?

V.

Plus loin! plus loin! ici peut-être, je serai mieux. Plus de chemin, plus de broussaille; point d'eau qui sourdit, point d'herbe qui verdoie; ni plaine, ni vallée. Ni chaume, ni bruyère : c'est le carrefour où tout se perd. Sur sa porte est écrit : NÉANT. Holà! sans frapper; entrons ici, comme chez l'hôte. Ma douleur, ni mon âme ne m'y suivront pas.

VI.

Ah! plus loin! encore plus loin! plus loin! jusqu'au bout, l'éternité s'amusera-t-elle? Sous son poids les cieux ont croulé, et dans mon sein un souvenir reste debout sans chanceler. L'univers s'est dissipé, et mon cœur tout navré n'est pas encore usé! L'orage a emporté un monde; sur mes lèvres il m'a laissé mon âme et mon souffle et un nom plus léger qu'une feuille.

Tout est tari, tout est vide, hors mon calice qui s'est encore rempli de lie.

RACHEL.

Donnez-le-moi. J'en vais boire la moitié.

(Elle prend le calice et boit.)

III.

Les quatre Évangélistes au haut du ciel. A leurs pieds, le lion de saint Marc et l'aigle de saint Jean.

SAINT MARC.

Si j'étais à cette heure sur le lac de Nazareth, mes deux rames attachées à ma barque ne me sauveraient pas. Voyez! aux quatre vents, quelle tempête s'amasse sur le lac du genre humain! N'est-ce pas la création sans foi qui se détache brin à brin des mains du créateur, et tombe dans l'abîme, comme le chapelet d'un prêtre d'Arménie tombe à ses pieds, grains à grains, sur le seuil de l'église, quand l'agrafe et le nœud de cuivre sont rompus? La pluie arrive jusqu'à nous; elle ternit nos auréoles. Le vent s'engouffre dans ma niche; et la brume du Néant a mouillé cette nuit les vitraux de ma fenêtre. Depuis plus de mille ans, j'ai lu, sans lever les yeux, mon livre d'or jusqu'au bout. Puisqu'il est fini et que son agrafe est close, prends-le dans ta griffe, mon lion; garde-le sous mes pieds, sans en user les bords, pour que je puisse regarder là-bas, sous ces nuages, où passe Ahasvérus.

LE LION.

Grand saint, je vous en prie, laissez-moi retourner dans mon pays de Nubie. Mes griffes sont fatiguées de porter votre livre et de frapper l'air du plat de votre glaive. Les siècles ont rongé ma crinière. Que m'a servi, dites-moi, de tenir jour et nuit sur ma tête, hiver, été, vos écussons de bronze, votre bible de pierre, vos trophées de victoire, vos foudres, vos nuages et ce globe du monde que les empereurs m'ont donné? Si j'eusse seulement, au lieu de vos trésors, porté un jour, entre mes griffes, un peu de sable du désert, un brin d'herbe arrachée par la bise, à présent j'aurais au moins des feuilles mortes, j'aurais un peu de la poussière de mon chemin pour me faire ma litière.

SAINT MARC.

Eh bien! va, si tu veux, pendant une heure, sur la terre. En trois bonds tu l'auras visitée. Regarde ton caveau de Palestine et les os blancs que tu y avais entassés; tu viendras après cela nous dire ce que tu auras trouvé.

SAINT JEAN.

Saint Marc, entendez-vous mon aigle qui glapit sur mon épaule? Son bec a dévoré mes rayons d'or autour de ma tête; son aile secoue sur mes reins les boucles de mes cheveux; sa langue altérée lappe le bord de ma coupe qu'il a vidée. Aigle du Christ, pourquoi glapir si fort sur mon épaule?

L'AIGLE.

Maître, je vous en prie, laissez-moi retourner dans le

creux de mon ravin sur ma montagne de Syrie. Ne verrai-je plus jamais, de ma paupière de diamant, la mer battre de l'aile dans son aire, sur sa couvée de flots qu'elle a suspendus sous mon rocher? Ne verrais-je plus de ma paupière jaunissante, le soleil qui se bâtissait son nid à découvert sur ma tête, pour me faire une proie de feu dans ma vieillesse? Détachez l'anneau de mes pieds. Mes yeux sont las d'épeler l'avenir sur votre rouleau de parchemin; mes serres se sont usées à soutenir votre âme à la cime du ciel. Prenez un autre que moi pour boire goutte à goute dans votre coupe votre boisson de flamme, et pour déchiqueter de ses ongles son lambeau saignant d'Éternité. Que m'a servi, dites-moi, de porter sur ma tête un diadème d'émeraudes et d'or de sequins? que m'a servi d'embrasser dans mes serres des sceptres d'empereurs, des couronnes de rois, des mitres de papes, des drapeaux de pachas et des colliers de reines? Si j'avais une fois becqueté le nid d'une fauvette, le chaume des bruyères, l'écaille blanchie sur le rivage, ou la verveine d'un rocher, maintenant, j'aurais au moins une feuille d'écorce, une coquille vide et un jonc de marécage pour faire une aire pour mes petits.

SAINT JEAN.

Prends tes ailes, si tu veux, et rase, en passant, le sommet de la terre. Va t'asseoir un moment sur le sable de mon île de Pathmos; quand tu en auras fait deux fois le tour, tu reviendras nous raconter ce que tu auras vu.

LE LION.

Maître, ai-je dépassé l'heure? Me voici revenu de la source de l'Euphrate.

SAINT MARC.

Non. Qu'as-tu trouvé dans ton voyage?

LE LION.

J'ai balayé de ma queue la poussière de cent villes. Ma crinière est toute souillée de la cendre des rois et des toiles d'araignée des tombeaux de leurs peuples. J'ai humé dans mes naseaux des bruits sauvages. Quand je passais, les fleurs dans la haie, les ruisseaux dans leurs lits, les montagnes sur leurs cimes, disaient : Non, non, il n'est point de Dieu. Voyez! le lion de saint Marc a perdu son maître. Ses flancs sont amaigris. Dans tout son ciel, il ne s'est pas trouvé de quoi étancher la soif de son palais. Il n'a point eu de salaire pour son éternel servage. Que nous servirait, à nous, d'attendre, comme lui, notre maître? Il ne viendra pas sur nos sommets, ni sur nos rives, regarder si nos fleurs sont écloses en leurs saisons; si nous puisons nos flots à pleins bords dans nos urnes; si nous nous levons à son heure dans le ciel, et si nous tenons allumé, pour son arrivée, l'âtre de nos volcans. C'est assez de parfums dans l'air qui les prodigue; c'est assez de vagues sur nos rives; c'est assez de rayons versés de nos nuages. Reposons-nous sans plus rien faire, puisque notre maître ne viendra pas inspecter notre ouvrage.

Grand saint, c'est ainsi qu'ils parlaient, je le jure; et plus leur foi s'en allait dans leur cœur, plus la vie leur manquait sous les pas. J'ai vu des fleuves qui, doutant en chemin si la vallée les attendait encore pour les prendre dans son lac, s'arrêtaient dans leur route, et tarissaient leurs flots ; j'ai vu des mers qui, ne sachant plus quel nom prononcer dans la brise des nuits, se creusaient d'elles-mêmes un silence mortel, et dispersaient leurs ondes en secret ; j'ai vu de belles étoiles vagabondes qui, doutant du lendemain, s'arrêtaient dans la nuit et se noyaient dans l'Océan ; j'ai vu de grands déserts secouer autour d'eux sur le monde leurs crinières de sable, las d'attendre, accroupis à la porte des temples, que les temples s'ouvrissent. Les fleurs ne croyaient plus au lever du matin, et les fleurs fanées ne se levaient plus pour boire la rosée ; l'ombre ne croyait plus au corps, ni le flot à sa source, ni le vin à sa coupe, ni le banc à son seuil, ni la barque à sa rame, ni la vallée à son sommet, ni l'univers à son seigneur. Les forêts toutes jeunes, qui doutaient de leur sève, flétrissaient leurs lianes sur mon front ; et la terre, au hasard, roulait vide sous ma griffe, sans plus s'inquiéter de son chemin, comme la bulle de cuivre que les rois m'avaient donnée pour m'amuser sur leurs blasons lampassés d'or.

SAINT MATHIEU.

As-tu trouvé encore mon pays de Galilée et son bois de figuier ?

SAINT LUC.

Et mon jardin d'olivier où je descendais chaque matin pour prier ?

LE LION.

Je n'ai plus reconnu le chemin de la Judée. Toutes les

villes étaient désertes. Le vent du soir arrachait leurs portes sur les gonds, et je les entendais qui chantaient : « Puisque nos habitants ne reviendront plus de la fête, qu'avons-nous à faire de nos lourdes murailles? Puisque Dieu est mort dans le ciel, et que les saints ont fait ses funérailles, qu'avons-nous à faire de nos clochers de basiliques, et de nos nefs sur nos têtes? Puisqu'il n'y a plus dans nos rues à voir passer ni rois, ni fiancés d'amour, jetons bas nos terrasses et nos balcons. » A chaque mot qu'elles chantaient, une pierre tombait. En ricanant, les villes d'Orient s'asseyaient sur la terre humide. Sur un flot tout bourbeux, j'ai vu passer Venise dans sa noire gondole, à demi submergée; ce n'était plus Venise qui me donnait son drapeau à porter en descendant l'escalier de son palais ducal. C'était Venise morte, sur son coussin de soie, qu'un gondolier menait à Josaphat à travers la tempête. Des buffles démuselés broutaient leur herbe sur la tombe de Rome, et des cavales sauvages fouillaient, avec leurs pieds, la terre : Holà! nos cavaliers, où êtes-vous? venez peigner nos longs cheveux qui tombent sur nos fronts comme des joncs des marécages du Tibre amassés sur le flot qui les a arrachés de ses bords. Mais ce qui fit ma plus dure peine, le voici : A Saint-Paul, hors les murs, sur le chemin qui va à la Maremme, la grande église était rompue. Çà et là, sa colonne était couchée; elle avait pris son fût pour chevet, ne voulant plus se relever. Serpents de masures, couleuvres, vipères venaient lécher le ciboire, et emportaient avec leurs aiguillons, pour leurs petits, la blanche hostie. Dans l'enclos du monastère, un seul frère était agenouillé tout pleurant. C'était le Christ-Géant qui comptait les brins d'herbe sur l'autel. De ses grands yeux ruisselaient jour et nuit deux larmes sur la dalle qu'elles usaient. Courbé jusqu'à terre pour soutenir sur son épaule, la nef qui croulait, plus pesante que sa croix, il soupirait : Je n'en puis plus. Si bien que la moitié de ma crinière a blanchi sur mes reins, et que ma langue, avec ses dardillons, a rugi plus qu'au désert : Maître, laissez-la choir, je lécherai votre blessure.

L'Italie était assise comme Sodome sur sa grève. Les vagues de son volcan étaient une armée qui montait en rugissant à l'assaut de ses créneaux. Et ne trouvant personne, elles cherchaient leur chemin par les soupiraux, par les carrefours, par les rampes de marbre; elles se couchaient dans son lit encore tiède et lui muraient sa porte : Ah! mon golfe, prends-moi dans ton abîme. Ma grotte, cache-moi dans ton creux de rochers de Pausilippe. Ma barque d'Ischia, apporte-moi dans ta voile un soupir de mes îles, pour rafraîchir mon sein que dévore le bitume du ciel. Maître, j'ai aussi traversé la mer salée, sans me mouiller les griffes; sous les algues qui l'embarrassent, j'ai trouvé avec mes ongles Albion échouée sur le flanc comme un vieux vaisseau à la triple carène que son pilote a quitté. Vers le pays que le Rhin désaltère, et que le Danube, qui s'ennuie de ronger son champ de houblon, laisse derrière son flot pour aller demander au Bosphore sa part de soleil et de sable, les cathédrales hurlaient : « Martin Luther de Wittemberg, qu'as-tu fait? Pourquoi nous as-tu empêché d'élever nos tourelles jusqu'au firmament? à présent nous y monterions sans peur, en faisant fi de notre ruine. Plus loin, là où la Seine qui sanglote retourne en arrière sur ses pas, et fait plus d'un détour pour chercher dans son limon la ville qu'elle abreuvait et qui lui faisait compagnie encore hier, le rivage pleurait, le flot disait, en bramant, à la mer, du plus loin qu'il la voyait : Mer, rends-moi, rends-moi, pour m'aider à me sauver, ce qui te reste de mon empereur de Sainte-Hélène. Au même endroit, un peuple avait décapité un fils de roi d'ancienne race. Ce tronc de géant qui gisait sans sépulture, se relevait toujours sur ses genoux, et se cherchait une tête en gémissant. Mais à peine ceux qui étaient à l'entour, et qui pleuraient, lui en avaient-ils donné une autre, qu'il la laissait choir à ses pieds, comme un poids qu'un homme ne peut plus porter. Trois fois cela arriva, trois fois la tête tomba, trois fois ce vieux tronc redemanda un chef royal, de quoi couronner sa plaie qui saignait sur ses épaules. Cette vue était dure, et elle tira de mes paupières des pleurs de lion.

SAINT MARC.

N'as-tu trouvé rien que cela, en France l'honorée ?

LE LION.

J'ai remué le sable de l'abîme ; j'ai balayé la plage. La France n'a laissé ni or, ni vases, ni bracelets de prix, ni beaux pendants d'oreilles, ni mosaïques peintes, ni escaliers de marbre. Je n'ai trouvé d'elle rien que cette branche de chêne foulée dans les combats, rien que ce bec d'aigle de bronze, rien que cette poignée d'épée sans tache que je vous rapporte pour la garder avec votre écusson. Partout à l'entour, dans la bruyère du genre humain, comme des levriers à travers monts, quand le cor a retenti, et qu'ils suivent gueule béante, le sanglier sous la ramée, l'un se tait et écoute, l'autre flaire une broussaille, l'autre aboie, et la meute le suit, après lui le chasseur courbé sur son cheval, puis après le silence revient encore; ainsi une meute d'empires que le Néant menait en laisse, s'en allaient par mille et mille sentiers, l'oreille basse, le chef enclin, chercher leur Dieu qui fuit plus loin; et toujours dévoyés, l'un fouille l'abîme, l'autre passe, et puis regarde, qui se dépite, qui retourne en arrière, qui pousse un cri dont la terre tremble; et chacun se remet en quête, et veut hurler à son tour, et dévorer avant le soir sa part d'une ombre.

SAINT MARC.

Depuis la Terre-Sainte, dis-moi quels passants tu as rencontrés?

LE LION.

Quand je suis revenu, tous les empires étaient finis, toutes les villes étaient désertes. Je n'ai rencontré que le Temps qui descendait sur la grève pour remplir son sablier de la cendre des morts, et Mob, sur son cheval pâle, qui demandait dans les bruyères s'il restait encore un brin d'herbe vivant. Je n'ai entendu qu'Ahasvérus qui soupirait quand j'ai passé, et qui buvait ses larmes dans le creux de sa main.

SAINT MARC.

C'en est assez. Retourne à présent, si tu veux, dans ton pays de Nubie.

LE LION.

Maître, que ferais-je à présent dans la Nubie ou dans

la Palestine? les sentiers sont effacés. Pas un voyageur n'y passe dans la nuit. Laissez-moi me coucher ici pour toujours à vos pieds. Mieux que le ciel vide qui pendait sur mon front, j'aime ici mon dais d'or de sequins. Mieux que cette mer immense qui n'a plus de pilote et murmure sans Dieu, j'aime le pan de votre manteau béni. Mieux que ce soleil qui s'éteint à la voûte des hommes, j'aime votre lampe pleine d'huile; mieux que cette âme désolée qui se traînait sur mon chemin, j'aime le lambeau de ma bannière, et votre niche vermoulue. Mieux que ce sanglot de l'univers qui monte jusqu'ici, j'aime votre écusson de bronze, votre bible de pierre, vos foudres, vos nuages, et ce globe du monde, que les empereurs m'ont donné.

SAINT MARC.

A présent, saint Jean, voici votre aigle.

SAINT JEAN, *à l'aigle.*

D'où viens-tu?

L'AIGLE.

Du sommet du Golgotha.

SAINT JEAN.

Pourquoi si tard?

L'AIGLE.

Les oiseaux du néant qui, du bord de leurs nids, s'abattent avec leurs cous de vautours, sur le cadavre du monde, me fermaient le passage. La terre était pareille à l'aire d'un aigle du Taurus, quand un homme a emporté ses aiglons pour amuser ses enfants. L'ombre de mon envergure ensanglantait les cimes où je passais.

Déjà les morts ressuscités germaient partout à travers le gazon. Les rois, comme un épi de blé, perçaient, en se relevant, les touffes d'herbes de leurs tombes, avec les pointes de leurs couronnes. Leur barbe tombait jusqu'à leurs pieds, et faisait sept fois le tour de leurs tables de pierre. Ils chantaient sans avoir peur : « Nous avons germé pendant l'hiver dans notre sillon. Voici que notre été va commencer. Nous avons trouvé, en voyant la lumière, nos diadèmes tout éclos sur nos têtes, et nos sceptres qui verdissaient sur notre tige. Nous n'avons plus qu'à attendre la rosée du matin pour boire notre bonheur dans nos coupes de printemps. » Au bord des chemins, les peuples s'asseyaient sur leur séant, la tête sur leurs coudes. Les larmes qu'ils pleuraient roulaient la terre de leurs linceuls dans le creux de leurs yeux. Sur leurs pieds de squelettes, ils étendaient leurs manteaux que le ver achevait de ronger. Leurs cheveux avaient continué de croître dans leurs tombes, et les couvraient à demi. Quand je passais, leurs langues, engourdies par le sable, disaient en balbutiant: « Si j'avais les ailes d'airain de cet aigle qui passe, si j'avais ses serres et son bec de diamant, je quitterais pour jamais la glèbe de mon champ et la porte d'osier de ma cabane. Sur la cime du ciel, je m'en irais pour ne plus voir le dur sillon où j'ai mêlé ma sueur avec l'eau de ma cruche. Mais mes bras sont fatigués, j'ai déjà peine à tendre la main sur le chemin du Seigneur pour mendier, jour à jour comme une obole, ma vie nouvelle. »

Sur le sommet du monde étaient assis, tout pleurants, trois enfants qui criaient : Nous n'avons plus ni père, ni mère ; prenez-nous sous vos ailes. De loin, je dis au premier : Qui es-tu? Et lui, sans se relever et sans essuyer ses joues : « Qui je suis? il s'en souvient peut-être, celui qui m'a si souvent réveillé dans la nuit sur mon chevet, qu'à cette heure j'ai encore sommeil et que mes yeux ne peuvent plus se rouvrir. Je suis LOUIS CAPET. J'ai pleuré bien des larmes ; je suis né sur un trône et mort dans une dure prison. Mes mains, qui devaient nouer sur ma tête ma couronne, ont noué plus d'une fois aux passants les cordons de leurs souliers. Comme mon maître dans son échoppe, l'Éternité m'a dit trop tôt dans mon tombeau : Louis Capet, dors-tu? moi, je veille. Et à présent je pleure, parce que mon père et ma mère sont déjà à demi ressuscités, et qu'il leur manque à tous deux encore la tête sur les épaules. » Et je dis au second : Qui es-tu? Et lui : « J'étais, quand je vivais, Henri de France, neveu de cent rois, prince de Navarre, héritier de Sicile et de Naples, duc de Bordeaux. A présent je n'ai plus de nom. Dans mon verre, on m'a donné d'abord le miel ; mais l'amer est au fond ; je ne veux pas le boire. Le pain de l'exil est de cendre ; je n'en veux pas manger. Voilà pourquoi je pleure. »

Le troisième tenait sa tête penchée vers le sable, comme un aiglon ; et je lui demandai : Que cherches-tu? — « Mon héritage. Je suis celui qu'on appelait le Roi de Rome, et qui n'a jamais porté de couronne. Plus tard, j'eus un autre nom, mais ma peine fut toujours la même. La France a eu mon cœur, l'Allemagne a eu mes os, le monde connaît mon père ; il ne m'a tenu qu'un soir sur ses genoux, pour m'apprendre à épeler son nom de géant. Va le chercher pour qu'il me mène dans mon royaume. »

Un bond, et je franchis la terre ; un bond, et je franchis l'Océan. Dans une île de la mer, sous un saule, était debout, comme un aigle, un empereur. Je lui dis : Quel est ton nom ? Et lui : — L'univers le sait bien.— L'univers ne sait qu'un nom. Es-tu celui qui s'appelle NAPOLÉON ? Et quand, sans parler, il eut dit, Oui, j'eus peur plus que d'une flèche lancée ; et je voulais me sauver. Mais lui, en souriant : Ne crains rien ; les aigles me connaissent. Si tu viens de France, donne-moi des nouvelles.

— Mes soldats, que font-ils ?

— Ils ressuscitent.

— Et mon fils ?

— Il crie : Où est mon père ?

— Et mes maréchaux ? et Kléber ? et Desaix ! et Lannes ? et Duroc ? et Ney ? et Murat ? et Rapp ? et Bertrand ? et Montholon ?

— Ils vous attendent.

— Et mon trône ?

— Il est brisé.

— Et ma colonne ?

— Elle est debout.

— Et ma gloire ?

— Elle use ma paupière. Laissez-moi repartir.

Maître, voilà ce que j'ai vu. Quand je suis remonté, les anges avaient mis déjà leurs trompes sur leur bouche.

LES QUATRE ÉVANGÉLISTES.

Nous les entendons d'ici. Tous nos corps frémissent. Nos dais vont s'écrouler.

L'AIGLE.

Regardez! tout à l'heure, le cheval d'Ahasvérus s'est cabré quand les trompes se sont tournées vers lui.

LES QUATRE ÉVANGÉLISTES.

Maintenant, elles résonnent du côté des ruines des villes pour les éveiller plus vite. Écoutons!

IV.

CHOEUR DES ANGES DU JUGEMENT DERNIER.

I.

Sanctus, sanctus, sanctus, Dominus, Deus Sabaoth. C'est l'heure, c'est l'heure. Monde, si tu dors, lève-toi! Que la fleur séchée ramasse autour d'elle sa couronne dans le limon, et la renoue sur sa tête! que l'Océan passe tremblant, comme un ruisseau, pour que son juge compte ses vagues! que les étoiles éteintes, une à une, jaillissent du néant, comme une procession de candélabres, pour que leur maître regarde, sous le pourpris du ciel, si leur front ne pâlit pas!

II.

Homme aussi, lève toi! ramasse autour de toi, dans ton néant, tes souvenirs, tes désirs, tes espérances, tes regrets et tes longues douleurs, pour refaire toi-même ton argile. Pétris-la dans tes pleurs, revêts-toi de désespoir. Dans le Campo-Santo, et là où maintes nefs épanchent à pleines mains la nuit sur leurs dalles, et dans les cimetières où les bouvreuils sifflent sous la haie, et là où les comtes sommeillent dans le marbre africain, et là, sur la grève où la mer manie entre ses doigts, comme fait un enfant, le limon qui fut un peuple, lève-toi, lève-toi, lève-toi ! Si ton âme, qui se ressouvient de sa douleur, se rendort à moitié en murmurant : C'est trop tôt, mon cri qui redouble la réveillera.

III.

Villes aussi du Levant et du Ponent, de marbre ou de briques cuites au feu, remontez vos escaliers. Ramassez vos grands ossements qui blanchissent dans la compagne. Insectes-géants, renouez à vos reins vos longs aqueducs qui vous servent d'antennes pour boire dans les sources lointaines. Sur vos fronts, coiffez-vous de vos coupoles; sur vos épaules, peignez d'un peigne d'or votre chevelure de blondes colonnes. En haut, en bas, jusqu'au faîte, comme autrefois, déjà vous êtes pleines de soupirs et de vagissements. Vous branlez vos lourdes têtes en sanglotant. Dans vos rues, votre foule ressuscite. Encore une heure, vous n'aurez plus qu'à monter sur vos toits pour voir venir votre Christ.

ATHÈNES.

Je suis prête, Seigneur; le soleil m'a filé chaque année ma tunique dorée autour de ma colonne, et m'a vêtue chaque matin de mon marbre ciselé. Je n'ai qu'à me baisser pour ramasser sur mes degrés la robe que mon sculpteur m'a faite. Allons, beaux pallichares, apportez-moi dans ma corbeille les beaux cadeaux de noce que le maître m'a donnés; mes acanthes cueillies dans le cœur du rocher, mes urnes funéraires qui s'entassaient si vite dans la maison du potier, mes siècles de génie, et mon histoire entière toute vidée d'une fois dans ma coupe d'albâtre. Pour me faire plus belle que les autres, ramassez dans mon buisson trois anémones, et mettez-les à mes cheveux. A présent, déliez mon vaisseau ; levez l'ancre à mes montagnes flottantes, à mes sommets de marbre, à mes îles qui se balancent au vent, à mes champs de batailles, à mes bois de citronniers, à mes rives enflammées, à mes sentiers usés par mon chariot, à tous mes souvenirs pour que j'aborde avec eux dans la vallée de Josaphat. A cette heure, amenez, amenez la voile ! ma barque est si petite, et la mer est si grande !

L'ANGE DU JUGEMENT.

Réveillez-vous, réveillez-vous.

ROME.

Encore un jour, je vous prie. Je cherche dans ma poussière mes habits pour m'habiller, sans les pouvoir trouver. Bel ange, dites-moi, quelle robe mettrai-je pour mieux plaire au Seigneur ? sera-ce ma tunique de Sabine quand j'étais jeune fille, et que je filais sur ma porte le lin de mes jours à venir ? Faut-il prendre à ma main mon livre de prêtresse, mon manteau d'Étrurienne, ou ma couronne sanglante quand j'étais reine assise sur une gerbe de blé mûr. Faut-il tirer mon épée rouillée pendant dix ans dans mon lac de Trasymène, ou renouer à mes reins ma ceinture d'affranchie, ou faire sécher à ma fenêtre mon manteau empourpré jusqu'à la lisière dans le sang de mes empereurs ?

L'ANGE.

N'as-tu pas une meilleure parure pour la fête?

ROME.

Aimez-vous mieux ma crosse et ma mitre de vieillard, et la coupole bénie dont ils ont chargé ma tête? Aimez-vous mieux mes cent cloches qui bourdonnent, ma chasuble de marbre que le monde m'a faite de tout l'or de la terre, et les débris de mon passé qui ornent mon manteau, comme un pèlerin de Latran emporte sur ses épaules les coquilles de son naufrage? Ne vaut-il pas mieux, pour rentrer dans la foule et n'être pas reconnue, garder dans ma main ma faucille de moissonneuse que je rapporte aujourd'hui, chaque été, de mes montagnes des Abruzzes? A présent, mes pieds sont nus. Voyez-les! Mes yeux sont noirs, ma robe est de lin blanc. J'ai, dans mes cheveux deux aiguilles d'acier; j'apporte dans mon panier, au voyageur qui passe, des figues de Vellétri, des fraises de l'Ombrie. Si je tiens à ma main mon panier et ma faucille, l'Éternel lui-même ne connaîtra plus Rome. Au lieu de mon passé, de mes cent empereurs, de mes peuples roulés dans mon chemin, de mes gigantesques années, il ne mettra dans sa balance que les jours d'une fille hâlée de Pérouge ou de Terni, ses épis moissonnés, son chapelet béni, ses chansons de printemps, et sa madone suspendue à son collier de verre.

L'ANGE.

Partout il te reconnaîtra à la tache de sang que tu n'as pu laver dans l'aiguière d'or de Pilate.

ROME.

Si, pour me sauver, je montais dans mon tombeau qui est ma forteresse, et si je mettais mon verrou, vous ne me verriez plus.

L'ANGE.

L'Éternel a une échelle qu'il appuierait sur ta muraille; il te prendrait, sous tes créneaux, comme un aiglon de Terracine dans son nid.

ROME.

Si, pour me cacher, je m'asseyais par terre, dans l'ombre de mon Colysée, il croirait que je suis une mendiante qui mendie mon pain d'avoine du gardeur de chevaux.

L'ANGE.

Il te donnerait dans ta main son pain de vengeance pour ta faim.

ROME.

Si je descendais dans les volcans éteints de ma campagne, il croirait que je suis une lave refroidie, une écume calcinée, un peu de cendre vomie de son cratère.

L'ANGE.

Il te ramasserait dans son tablier, comme le laboureur, pour te semer dans son champ de colère.

ROME.

Es-tu donc sûr que tous mes siècles de vie ont passé déjà, chacun l'un après l'autre, par ma porte triomphale, et qu'il ne reste pas quelqu'un de mes peuples en arrière, ou seulement une de mes années égarées qui, en arrivant ce soir à mon secours, pourrait encore me sauver?

L'ANGE.

Toutes tes années sont passées, tous tes peuples sont rentrés en leur temps, quand leur soleil s'est couché. Va porter à présent la clef de ta poterne au maître qui te l'a prêtée.

ROME.

Alors, dis à mes peuples qui chevauchent en marbre, le long de ma colonne impériale, qu'ils tournent bride à leurs triomphes, et qu'il est temps de descendre, avec leurs habits de pierre, pour marcher devant moi; dis à mes sept collines à demi effacées sous mes pas, à mes murailles renversées, à mes cirques que j'ai arrondis avec ma truelle, à mes armes rouillées qui boivent ma rivière depuis mille ans, qu'ils me fassent ensemble une vaste cuirasse contre la colère de mon juge.

L'ANGE.

Viens donc. Tu auras, pour te défendre, les cigales qui chantent dans tes chardons et les longs roseaux du Tibre.

ROME.

Quoi! pas une heure de plus? Deux fois vivante, deux fois morte, et voilà tout! Quoi! pas une heure seulement pour boire encore une fois l'eau jaillissante de mes fontaines de cornaline, pour peigner la crinière de mes étalons après la course, pour jeter la curée à mes chiens hurlant pendant la nuit? Quoi! pas une heure pour déterrer avec ma pelle la moitié de mes jours ensevelis sous mes degrés, pour mener paître mes troupeaux de chèvre dans les cours de mes palais, pour allumer ma lampe dans le caveau de mes papes, pour tirer le rideau sur mes vierges que j'abandonne toutes seules endormies sur leurs toiles, pour prendre mon pain et mon sel de voyage sur ma table sans convive?

L'ANGE.

Non! pas une heure!

ROME.

Eh bien, je pars, mon Dieu. Mes tours sont déjà loin. Je ne vois plus sur mon coteau mes cyprès de Monte-Mario, ni mes pins qui me servaient de dais, ni mon chêne de Saint-Onuphre qui étendait son ombre sur mon banc. Mon soleil, en se couchant, se tresse pour jamais une couronne des joncs et des herbes fauchées de ma campagne, comme un convive qui s'en va emporte à sa main les fleurs de grenade et les roses qui gisent sur la nappe. Mon chemin est bien rude. Là-bas, sur mon sentier, qui voyage devant moi? Les aigles noirs des Abruzzes, les vautours des Apennins avec leurs cols meurtris, les louves de Calabre avec leurs langues altérées. Allez-vous-en de mon chemin, mes aigles noirs, mes vautours et mes louves, je n'ai plus rien à vous donner à boire. Mes ruisseaux n'ont plus de sang, mon épée n'est plus tranchante. Cherchez un autre compagnon pour le voyage. Qui est-ce qui vient après moi? Les papes, les enfants que j'ai nourris dans mon Église, mes jeunes vierges qui descendent de leurs toiles pour regarder où je vais. Allez-vous-en, mes papes; je n'ai plus à vous donner ni mitres ni encensoirs. Mes petits enfants, retournez chacun sur vos pas; je n'ai plus à vous donner ni oranges ni figues, ni citrons. Mes belles vierges, retournez sur vos toiles bénies vous endormir le long de mes murailles : ma palette est épuisée; je ne peux plus vous peindre chaque jour votre robe en indigo ni en vermillon de Foligno. Laissez-moi descendre toute seule au dernier fond de la vallée qui mène à Josaphat.

L'ANGE, *tourné du côté de l'Orient.*

Oh! que vous êtes lents dans la Chaldée, dans l'Arabie et dans l'Orient! Faut-il que j'aille mettre la selle à vos cavales, et que j'attache vos outres sur vos chameaux.

BABYLONE *à l'Euphrate.*

Mon fleuve, ne murmure pas si haut. C'est toi qui m'as réveillée en sursaut. Je rêvais de banquets et de fêtes dans ma vallée.

LE FLEUVE.

Plût au ciel que ce fût moi qui aie parlé!

L'ANGE.

Es-tu prête, Babylone? ou faut-il descendre pour frapper à ta fenêtre?

BABYLONE.

Mon songe était si beau! Ma licorne, mon lion couronné et mon sphinx, pourquoi parlez-vous si haut sur ma terrasse?

LE SPHINX.

Ce n'est pas moi qui ai parlé.

LA LICORNE.

Ni moi non plus.

LE LION.

Ni moi.

BABYLONE.

Quelle heure est-il?

L'ANGE.

La dernière heure du monde.

BABYLONE.

Si tu veux que je te croie, viens t'asseoir à mon chevet.

L'ANGE.

M'y voilà! me connais-tu?

BABYLONE *à l'ange.*

Oh! oui, tu es si beau! tes ailes se sont tant de fois baignées pendant la nuit dans mes sources de naphte! Comme la sueur coule de ton front! viens, je l'essuierai de ma main, et je te donnerai mon vin dans ma coupe d'Alexandre. Laisse sur mon lit ton épée qui te fatigue. Tu es si jeune! reste avec moi. Je t'aime, je fermerai ma porte; personne ne te verra; tu auras mes bracelets et mes fioles de parfums. Tu auras tous mes baisers; tu boiras goutte à goutte les larmes de mes yeux; et j'étendrai mon rideau sur ton sommeil pendant que l'univers vide roulera autour de nous, comme une feuille de palmier sous le vent de son désert.

L'ANGE.

Que me font tes bracelets? ils sont rouillés depuis plus de mille ans; tes fioles sont fêlées; elles ont perdu leur odeur. Maintenant il est trop tard; j'ai trouvé déjà dans une chapelle de Pérouge la madone que j'aime et qui est plus belle que toi.

BABYLONE.

Mes sœurs viendront-elles aussi à votre fête? Faut-il mander un messager à Bactres mon aînée, à Ninive qui est assise dans son jardin, à Thèbes qui demeure au désert, à Memphis qui s'est fiancée par delà la montagne, et pour nous servir d'esclave, à Jérusalem qui remplira nos calumets de senteurs d'Arabie, qui étendra sur le sable nos coussins pour nous asseoir et nos dais de toile contre notre soleil. J'enverrai en avant mes sphinx, mes griffons d'albâtre et mes lions de granit pour qu'ils balaient le sentier par où nous passerons. Les griffons porteront sur leur dos nos outres de vin de l'Idumée, les sphinx nos tentes, les lions nos couronnes qui nous pèsent en chemin.

L'ANGE.

Votre table est déjà mise.

BABYLONE.

Nous n'avons donc rien à emporter que nos dieux?

L'ANGE.

Ils vous attendent.

BABYLONE.

En quel endroit?

L'ANGE.

Là, dans ta vallée ombreuse.

BABYLONE.

Et notre hôte, quel est-il?

L'ANGE.

Lève-toi sur ton séant, tu le verras sur sa porte.

(Il se tourne du côté de l'Occident.)

Et toi aussi, ville du soir, qui te caches la tête dans la brume, entends-moi.

PARIS.

Où trouver à présent mon toit d'osier et de houx et de ramée que m'avait fait, contre les flèches et les dards, en filant mes langes de roi, Geneviève, la bergère, tout habillée d'aube et de rosée, sur ma montagne plantureuse? Pas un bûcheron pour me montrer la pierre où je me suis assis tant de siècles. C'était là sur cette plage de craie. Mes passions l'ont rongée comme la mer ronge ses dunes; mes flots n'y ont jeté ni coquilles ni algues. Tantôt j'y retrouve le bec de bronze de mon aigle qui s'est noyé dans ma tempête, tantôt un sabre de soldat à la poignée de cuivre, tantôt une couronne d'or, tantôt une bague d'amour. Autour de moi, je ne vois, pour me secourir, qu'un oiseau des fées couleur du temps, qui baigne ses ailes, avant de partir, dans le flot que j'ai tari en y lavant chaque jour les arches de mes ponts, les câbles de mes bateaux, et l'ombre de ma cathédrale.

L'OISEAU DES FÉES.

N'est-ce pas vous, dites-moi, pauvre ville sans murailles, qui avez bâti autrefois, dans ce val aride, des tours si hautes à créneaux, pour que les petits oiseaux des fées de Normandie y viennent nicher sans crainte? N'est-ce pas vous qui avez élevé, ici, dans ce bois feuillu, des arcs-de-triomphe et une colonne de bronze, pour que les sansonnets et les bergeronnettes s'y aillent reposer quand ils sont fatigués? N'est-ce pas vous, dites-moi, qui avez jeté au vent, dans cette chênevière de fleurs et de menthe tant de froment doré, tant de poussières de ruines, tant de festins de rois, et si bien secoué votre van que le blé s'en est allé avec l'ivraie, pour mieux nourrir nos couvées autour de vous?

PARIS.

Oui, c'est moi.

L'OISEAU DES FÉES.

Eh bien! ne craignez rien, venez avec nous vers notre juge.

PARIS.

Mais lui aussi, j'ai balayé son nom; et je l'ai jeté à vos petits.

L'OISEAU DES FÉES.

Il ne s'est pas perdu; nous l'avons ramassé et emporté sur nos ailes dans le bois du ciel.

PARIS.

Mais le juge s'en souvient.

L'OISEAU DES FÉES.

N'ayez pas peur, nous parlerons pour vous.

PARIS.

Donc, terre de France, levons-nous! la trompette de l'ange ressemble aux clairons des combats. Levez-vous tous, mes soldats, avec vos habits rongés par les vers! Je ne vous ai donné, pour vous couvrir, que la poussière des batailles, pour que votre tombeau fût plus léger et que le sommeil de vos paupières fût plus facile à secouer. Holà! ramassez vos restes de hallebardes et vos flèches émoussées, serfs de Bovines et d'Azincourt. Ma pucelle d'Orléans, lacez votre corset d'acier que la pluie a rouillé; poussez devant vous vos archers qui ressuscitent, comme vos blancs troupeaux de Vaucouleurs. Cavaliers et fantassins, déterrez vos tronçons de fusils, et la lame de vos sabres ébréchés; attachez à vos pieds vos souliers de Marengo; et déployez, avant que le soleil périsse, votre drapeau que l'araignée vient de tisser. Mon empereur, qui est venu de Sainte-Hélène, est déjà monté sur son cheval, et il court au galop. La mort n'a pas changé son épée à son côté, ni souillé ses éperons, ni fait tomber son chapeau de sa tête. A sa main, il porte le nom de toutes nos années; et c'est lui qui rangera sur la colline tous nos siècles en bataille. Allons voir, avec lui, si nous nous sommes trompés quand nous buvions notre sang comme l'eau, quand nous poussions la roue de notre chariot de guerre, et quand nous faisions depuis mille ans la sentinelle sur le bord de la haute tour que le genre humain s'était bâtie.

V.

LE DOCTEUR ALBERTUS-MAGNUS,

Enfermé dans son laboratoire et paraissant sortir d'une profonde rêverie pendant laquelle il ne s'est pas aperçu que le monde passait. Des livres ouverts et des instruments de sciences sont entassés pêle-mêle devant lui.

I.

Oui, dans mon sein qui palpite, la lumière incréée

pompe ma vie. J'en ai le pressentiment. C'est l'heure où la vérité va se révéler à moi. Le mystère des choses commence à poindre, et, dans mon abîme, mon œil va voir clair jusqu'au fond. Le dernier jour de la science est arrivé; ma méditation portera son fruit. La logique est mûre, la critique aussi. La métaphysique a enjambé à priori son cercle de diamants; et dans sa forêt enchantée la dogmatique s'est réveillée en peignant ses cheveux d'or. Tout est prêt. Six mille ans pour la préface de la science humaine, ce n'est pas trop. Des éléments dépendait la conclusion; un seul échelon brisé de cette échelle qui monte au ciel, et je dégringolais éternellement dans mon éternel problème. D'hier la méthode est trouvée : commençons.

II.

Que suis-je? corps et âme? le tout ensemble, ou plutôt l'un sans l'autre? Suis-je un rêve? une bulle de savon? un mot? ou bien un Dieu? ou bien un rien? Fatale question! Quand vous croyez passer devant elle, pieds nus, sans l'éveiller, toujours elle se met à hurler à vos oreilles, comme Cerbère à la porte de l'Élysée. Et il faut s'arrêter devant sa triple gueule, et rester là jusqu'au soir dans sa région désolée. Allons! c'en est fait! voilà encore une journée perdue. Cela est sûr; je ne ferai plus rien de cette semaine.

III.

A qui la faute? Tout à moi! la formule était claire. C'est par le ciel qu'il fallait commencer. Les lettres y sont plus larges et hautes pour épeler le nom de l'infini, et dans cette équation d'étoiles, le grand inconnu se dégage mieux. (*Il lève la tête au ciel.*) Horreur! Néant! Le ciel est vide. Un zéro infini plane sur ma tête. Les mondes sont passés. Quand mon génie allait les suivre, comme des oiseaux effarés devant un bon oiseleur, ils se précipitent sous leurs ailes. J'arrive un jour trop tard pour tout connaître.

IV.

Insensé! j'ai eu tort tout à l'heure; le premier chemin était le meilleur; reprenons cette voie. Que les mondes s'éteignent, leur foyer est vraiment en moi-même. Dans mon âme est écrite la raison de l'univers, et dans le ciel de mon cœur les étoiles qui se lèvent ne se couchent pas. Second Prométhée, si la vie succombe, en puisant là dans mon sein, que trop d'amour nuit et jour attise, je la rallumerai. Voyons. La chose en vaut la peine. Sans trembler, cette fois, redescendons plus loin dans ma pensée, par la voie de l'analyse.

V.

M'y voici. J'en touche le fond. Déjà, dans ma nuit, je sens là une plaie, et puis là une autre, et puis là une source de pleurs qui n'ont pas encore coulé! Holà! en cet endroit, voici encore, *in fundo cogitationis*, un souvenir qui saigne. Sur ma foi, je suis comme un vieil arsenal plein de haillons envenimés, d'épées ébréchées contre mon seuil, de cuirasses meurtries sur mes dalles, d'armes qui blessent quand on les touche, et de dards suspendus à ma muraille qui font mourir ceux qui les remuent. Sous ces débris qui sanglotent, sous ces regrets gémissants, quelque chose brille là. Oui. — Non. — Un Dieu peut-être ? — Point. C'est une larme encore qui tombe de ma voûte.

VI.

Au bruit que ma pensée fait en marchant sur ma ruine, mille images ressuscitent tout debout dans mon âme. Le frond pâle, sous leur linceul, mille espérances à demi mortes, à demi vives, se redressent dans mon cœur. Rendormez-vous, mes espérances. Ah ! tous mes désirs, rendormez-vous, d'un long dormir. Dans ma cendre que je remue, il n'est point d'or. Tout est poussière qui s'attiédit.

VII.

La chose est certaine. Je débute mal. Un cœur d'homme tout seul ne vaut rien pour y puiser la science. Trop de dards bien aiguisés l'ont percé et troué comme un crible. La vérité y passe, elle ne s'y arrête pas. Le genre humain ferait certainement mieux mon affaire.

VIII.

Par où le prendre aussi ? Son bruit est déjà effacé. Dans son livre, le ver a rongé son image ; et la page qui portait son nom tombe en poudre sous ma froide haleine. Aujourd'hui il est trop tard pour déchiffrer comment ses empires et ses peuples s'appelaient. Ma lampe s'use ; elle pâlit. Ah ! qu'il fait noir dans ma science !

IX.

Monde qui clos ta paupière sur mon âme sans pleurer, vide infini, noir néant, dis-moi donc au moins, toi, qui tu es. A ton dernier moment, exhale comme un soupir un mot de vérité. Avant de s'engouffrer dans l'Océan, le fleuve se retourne et donne son secret au brin d'avoine qu'il désaltère. Mystérieux torrent, veux-tu t'engloutir sans jeter seulement ton nom au roseau que tu déracines ?

LE SERVITEUR DU DOCTEUR.

Seigneur docteur, un étranger qui vient de loin demande à vous parler.

LE DOCTEUR.

Si c'est mon respectable maître de dogmatique, le docteur Thomasius de Heidelberg, ou mon doux ami Sylvio, faites-les entrer.

(Entre l'ange du jugement dernier.)

L'ANGE.

Jette-là à tes pieds tes livres et ta renommée, suis-moi.

LE DOCTEUR.

Laissez-moi ; il ne me faut plus qu'un jour pour découvrir le secret de la vie.

L'ANGE.

Viens apprendre le secret de la mort.

LE DOCTEUR.

Dans une heure, avant ce soir, j'aurai trouvé le dernier mot de la science.

L'ANGE.

Il n'y a plus ni heures, ni journées. C'est là son premier mot. Demande-le à cet enfant qui ressuscite.

VI.

LE POÈTE, *dans son cercueil et à demi ressuscité.*

I.

Mon cœur seul se ranime dans mes os. Il bat déjà dans ma poitrine, et ma poitrine est encore froide; mes yeux voient déjà celle que j'adorais, quand j'étais quelque chose; et mes yeux sont encore pleins de la terre du cimetière. Pourquoi, mon cœur, es-tu ressuscité si vite, sans seulement attendre que la lumière ait réchauffé ma place? Oh! que ferais-tu maintenant, si j'allais retourner d'un pas dans l'éternelle mort?

II

Mille images que j'ai rêvées, quand je vivais sur terre, reparaissent autour de moi. Pourtant, il n'y en a qu'une qui me ferait encore, tout mort que je suis, palpiter et pleurer.

CHOEUR DES FEMMES RESSUSCITÉES

I.

Celle que tu cherches, comment la reconnaîtrais-tu? Toutes, nous portons au cœur la même plaie : c'est, si tu le connais, le mal que rien ne guérit, ni les simples, ni le baume, ni la plaine, ni le mont, ni le désir, ni le regret, et qui croît encore dans la mort, comme une fleur dans son vase.

II.

Nos histoires sont différentes; nos paroles le sont aussi; mais toutes elles ont le même sens. Dans maints endroits, nous avons vécu loin les unes des autres. Par la douleur, nous nous touchions, sans le savoir. Dans nos pleurs, dans nos chants, dans nos soupirs, nous sommes, l'une après l'autre, l'écho toujours répété du grand amour qui fit les cieux si beaux pour durer, et le monde si triste pour mourir.

LE POÈTE.

Passez seulement et pleurez. A ses larmes plus divines, je saurai bien connaître celle qui me peut ressusciter.

(L'une après l'autre, les âmes des ressuscitées sortent de terre et passent.)

SAPHO.

J'étais Sapho de Lesbos, quand Phaon était sur terre.

La mer, la vaste mer, où je me suis précipitée, n'a pas noyé dans son abîme mon désir. Avec ma lyre, l'Océan m'a bercée pendant l'éternité sur ses meilleures rives. Rien qu'une larme, sur son sein, de celui qui m'en fit tant verser, m'aurait plus rassasiée que tous les flots de Leucade et d'Asie qui ont baisé mes lèvres, et qui s'en sont lassés sans m'avoir désaltérée.

HÉLOISE.

J'étais Héloïse, quand lui s'appelait Abailard.

Les cieux, les vastes cieux, plus grands que la mer d'Asie, ne sont pas assez grands pour l'amour de mon âme. Les piliers du cloître n'ont pas refroidi mon sein ; mon espérance a couvé sous la mort. Plus d'une fois, sous mes dalles, je me suis relevée sur mon séant, pour embrasser mon Abailard. Dans son cœur, mes sept cieux rayonnent. Lui, c'est mon Dieu ; il est ma foi ; il est mon Christ. Je suis sa mystique fiancée ; et notre tombe est notre paradis. N'en sortons pas. Nos os sont mêlés, notre cendre aussi ; non, je ne veux pas ressusciter.

LA REINE BERTHE LA BLONDE.

Sur un trône tout pavoisé d'oriflammes, souvent j'ai pleuré quand je devais sourire. Dix nations baisaient ma robe, si je passais sur mon cheval amblant ; si je filais ma quenouille, un grand empire faisait : chut ! pour entendre gronder mon fuseau. Mais, sous le dais et dans ma chambre dorée, et dans mes peuples innombrables, il me manquait plus qu'un empire. Sans marchander, j'aurais donné tout mon trône empanaché pour moins qu'un soupir, mes villes et mes comtés pour une douce haleine, et mes trois royaumes, remplis de barons, et d'écuyers, et de carrousels, et de longs cris de guerre, pour ces trois mots : JE VOUS AIME, dits, et écoutés et répétés le soir, tout bas, à la forêt, sur un banc, dans une chambre de ramée.

GABRIELLE DE VERGY.

Écoutez-moi, reine d'amour, et dites-moi si j'ai raison de détourner ma bouche du pain de la vie, et de n'en vouloir ni la mie, ni le levain. Le dernier repas que j'ai fait sur terre est encore amer à mon palais. C'était dans la tour de Vergy. Le jour brillait en mai ; le bouvreuil chantait dans le buisson. Celui que je ne sais comment nommer, était à table avec moi ; si bien que son éperon toucha maintes fois ma robe, et que j'en tremble encore jusqu'au mourir. Nous étions seuls, sans parler. Après le bénédicité, mes yeux regardaient la nappe ; mais mon cœur était loin, sur le chemin de Terre-Sainte, dans l'attente d'une peine nouvelle. Le cruel seigneur me dit : Que songez-vous, ma mie? vous ne mangez point; prenez ceci. Et, quand j'eus approché mes lèvres: Ah! sire! que c'est amer! j'en mourrai, je le vois. Qu'ai-je mangé? — Vous avez mangé, madame, le cœur de votre amant, le sire de Coucy.

Voilà comment je fis mon dernier repas, et pourquoi le goût de mon poison est encore dans ma bouche, si bien que tout le pain des anges ne me l'ôtera jamais.

BÉATRIX.

Sur mes lèvres, la vie ne m'a laissé ni doux, ni amer. Son goût est passé ; je ne sais plus ce qu'il était. Celui qui mit en vers le paradis, et l'enfer, et le purgatoire, et qui m'a rencontrée près de Florence, en montant à San Miniato, le sait à ma place. Sans le voir, j'ai suivi mon chemin. Étais-je un rêve de son cœur? fus-je un soupir de sa bouche? ou un fantôme dans sa nuit? ou une fleur trop tôt cueillie? ou une Florentine trop tôt fiancée ? ou un flot de l'Arno gémissant? ou rien qu'un nom? ou rien qu'une ombre qu'il a vêtue jusqu'aux pieds de son long désir? Ce n'est pas moi qui le dirai. Soupir ou songe, onde qui passe, fleur qui s'effeuille, ou ombre, ou jeune fille, ce que je veux s'appelle éternité d'amour avec celui qui m'a rêvée.

MADEMOISELLE AÏSSÉ.

Et moi, je me souviens trop bien que c'est sur terre

que j'ai vécu ; si je l'oubliais jamais, cette blessure au cœur, que voilà, me le rappellerait. Dans le monde j'ai aimé, dans le monde j'ai souffert. Autour de moi brillait la fête, et dans le bal je jouais. Pour m'amuser, comme les autres, j'effeuillais ma couronne. Ma bouche encore souriait, que déjà le ver avait rongé ma joie. Pendant le jour, je vivais de désirs ; pendant la nuit, de remords. Une fois, seulement, en tremblant, le mot qui m'était le plus doux à dire a passé mes lèvres ; et ce mot, trop bien entendu, m'a conduite où je suis.

LA COMTESSE GUICCIOLI.

Celui pour qui j'ai quitté le comte, après mon mariage, tous les autres l'appelaient Byron, quand seule je l'appelais Noël. Lui, que n'avaient pu désennuyer la Tamise, ni le Rhin, ni le Tage, ni Venise, ni tous les minarets au delà des Dardanelles, restait tous les longs mois d'été, assis près de moi, à compter mes cheveux d'or. Pour un jour d'absence, ses larmes recommençaient à couler dans le jardin de Ravenne, et ses lèvres à pâlir. A la Mira, à Bologne, à Gênes, mais surtout à Pise, près de l'Arno et de la Strada-Longa, dans le palais Lanfranchi, que d'heures, mon Dieu ! toutes à se voir, à s'écouter, puis à se taire, et à se revoir toujours, qui jamais ne reviendront au ciel, ni si belles, ni si tièdes de doux soupirs ! Sous un pin d'Italie, j'ai guéri d'un sourire la plaie de Lara, du Corsaire, de Manfred, d'Harold. Avec l'étoile de Toscane, toujours vermeille, avec l'haleine de la mer, toujours à moitié assoupie ; avec le baume des villas, j'ai apaisé, moi aussi, pour un soir, la dure peine d'un esprit immortel. C'est là ce que j'ai fait sur terre; et je ne m'en repens pas, quand même le comte le saurait.

CHOEUR DE DESDÉMONE, JULIETTE, CLARISSE HARLOWE, MIGNON, JULIE DE WOLDEMAR, VIRGINIE, ATALA.

Entre la terre et le ciel, toujours nous flottons sans nous reposer une heure. Jamais nous n'avons eu ni figure, ni forme, ni sens, ni abri, hormis dans le songe qui nous a faites. Nous sommes des images d'en haut, des larmes vivantes, d'éternels pleurs sans paupières, d'infinis soupirs sans voix, d'impalpables caresses, des pensées toutes nues, des âmes qui nous cherchons un corps aussi pur que nous, sans pouvoir le trouver dans ce noir limon de l'univers.

Répondez, mort, dans votre cercueil; est-ce nous que vous attendez pour vous ressusciter?

LE POETE.

Non, ce n'est pas vous. Celle que j'attends a la voix encore plus douce. Son air est aussi plus céleste. D'un regard elle m'aurait déjà, comme Lazare, tiré du fond de ma poussière. Passez toujours, et dites-moi ce qui vous a fait mourir.

UNE VOIX.

Mon front était pur comme le front d'un ange, mais mon cœur était vide. Mes yeux étaient profonds comme le ciel, mais comme le ciel sans une étoile. Le monde m'appelait sa divinité; moi, je ne croyais à aucun Dieu. Je n'ai rien aimé. — VOILA POURQUOI JE SUIS MORTE.

DEUXIÈME VOIX.

I.

Sur un tilleul mon nom est écrit à l'endroit d'où les Vosges regardent Spire. Quand le Rhin coulait, c'est lui que je voyais, les jours de fête, en sortant de ma ville. Il y a dans les vignes, là, au pied du Mont-Tonnerre, sous les noyers, en face de l'église, un sentier où mon cœur s'est brisé de lui-même. Je croyais cueillir un baume dans la mort; mais en me réveillant, ma peine trop tôt recommence. L'espérance me fatigue autant qu'un brin d'herbe à soutenir. Ah! mon père, où êtes-vous pour m'apporter à boire? J'ai la fièvre. Où êtes-vous, mon petit frère, pour relever mon chevet? Si vous voulez que je revive, allez dire au Seigneur d'effacer dans mon âme, avec son doigt, la vigne, la montagne, le noyer, le sentier, et mon nom aussi, comme sans peine il les a effacés de la terre.

II.

Ni demain, ni après, celui qui sait qui je suis ne reviendra plus jamais. Ce n'est pas dans ses bras que je me suis jetée, mais c'est son cœur que j'ai navré. Ce n'est pas sa voix que j'ai suivie, mais c'est son sein que j'ai meurtri. Ce n'est pas à sa porte que j'ai frappé, mais c'est son espoir que j'ai foulé. J'ai voulu tout aimer. — Voila pourquoi, moi, je suis morte.

TROISIÈME VOIX.

I.

Mon nom veut dire Sagesse et il sonne comme Amour. Dans le pays où croule la tour de Gabrielle de Vergy.

j'ai demeuré sans compter les mois ni les années. La ville ou la campagne, tout m'était indifférent. Je ne désirais rien, ni soir, ni matinée, ni lendemain. Assise à ma fenêtre à demi close, à peine si mes yeux se levaient pour regarder dans ma cour qui montait par mon perron. Mais un mot que j'ai entendu m'a réveillée par un sanglot. Depuis cette heure, cieux et douleurs me sont ouverts. — Voila pourquoi je suis née.

II.

Pendant sept ans, en faisant mon ouvrage, j'ai attendu sur mon balcon, tout proche du canal, que celui qui avait un jour baisé la fleur qui tomba de ma main à ma fête de mai, vînt à passer. J'ai retenu, dans mon cœur, tant que j'ai pu, mon souffle pour entendre seulement son cheval hennir sous ma fenêtre. Mais le vent a emporté le bruit. Le monde a passé à sa place. Dans mon foyer, j'ai couvert, matin et soir, mon souvenir sous ma cendre. Sans pleurer, j'ai fait ma tâche comme autrefois. Comme autrefois j'ai souri. — Voila pourquoi je suis morte.

III.

Dans mon sein, j'ai gardé en silence, la foi des temps qui n'étaient plus. Quand tout disait : C'est un rêve, j'ai cru seule au long espoir. Une pensée, un songe, une chimère m'étaient sacrés. Sous mes larmes aveuglantes j'entrevoyais des cieux meilleurs. J'ai vécu dans un rêve que personne n'a eu. Pour ma fête, je me parais ; et ma fête était au delà de la terre. Le monde m'appelait, et sans rien dire, je répondais tout bas au ciel : Me voici. — Voila pourquoi je revis.

LE POETE.

I.

Une voix, une voix a percé mes os. Deux larmes en tombant sur ma cendre ont refait l'argile de mon cœur ; je suis ressuscité.

II.

Par ce sentier, laissez-moi suivre celle qui m'a fait renaître. Mes jours, quand j'étais sur terre, ont été trop courts pour verser à loisir sur ses pas, comme une huile de parfum, ma vie tout entière. Maints secrets inachevés qu'elle devait connaître, maintes paroles à moitié prononcées sont restées sur mes lèvres. C'est bien le moins, mon Dieu! que je voie passer ici cette âme sans son corps, comme un aveugle voit une fleur dans son parfum.

III.

De tout un monde, il m'est resté cet anneau à mon doigt; et sur mon cœur cette lettre que la mort n'efface pas, à peine lue, à peine close, d'une encre plus pâle que des larmes, et dont la réponse doit se trouver au ciel. Ciel, rends-moi-la, celle qui l'écrivit. Une heure seulement, que sa lumière m'éclaire! Et puis je redeviendrai poussière; ah! oui, poussière, pour sécher dans mon livre ces derniers mots que tu lui montreras.

VII.

Une contrée déserte. Au loin, la mer vide, et une ruine, qui figure celle du monde.

AHASVÉRUS, RACHEL.

RACHEL.

Oui, si tu le veux, Joseph, je le veux; nous resterons ici dans cette vallée sans nom; ce jasmin fera notre berceau. Pendant que les mondes achèveront de mourir, toi et moi, ici, sans nous quitter une heure, nous recommencerons à vivre, comme nous faisions à Linange. Tout l'amour de la terre sera renfermé entre ces deux rochers. Avec toi, sans Dieu, sans Christ, sans soleil, je te le jure, je n'ai besoin de rien. Les âmes remonteront au ciel; et nous, nous ne dépasserons jamais cette bruyère fleurie. Je ne verrai que toi; tu ne verras que moi. Pas une étoile ne me dira plus : C'est le soir, quand je voudrais que ce fût encore le jour. Ma main toute dans ta main, mes yeux dans tes yeux, nous passerons ici, sous ce tilleul, l'éternité.

AHASVÉRUS.

Nous pourrions être heureux ainsi, je le crois. Mais ce bonheur est trop facile; demain ou après, nous le retrouverons, quand nous voudrons. Allons encore plus loin; jusqu'au bout du monde; c'est là, c'est là que je voudrais être.

RACHEL.

Nous y sommes; après cela vient le ciel.

AHASVÉRUS.

Quoi! voilà tout? C'est là déjà notre barrière! elle est trop près. Je m'ennuie de la terre; au ciel, je crois, je serais mieux.

RACHEL.

Autrefois, quand je te donnais une fleur, tu ne désirais plus rien. A présent, que je suis tout à toi, je ne suis plus rien pour toi; dis la vérité?

AHASVÉRUS.

Pardonne-moi, mon cœur. Ce ne sont que des moments qui passent. Il y en a, tu le sais, où un brin d'herbe me ferait pleurer de joie, et d'autres où tout un ciel ne me suffirait pas.

RACHEL.

Ce monde, qui s'en va, ne me fait pas pleurer, moi. Mais je ne suis plus pour toi ce que j'ai été; c'est là ce qui me fait mourir.

AHASVÉRUS.

Le mal ne vient pas de moi, sois-en sûre; mais, ici, je ne peux pas guérir. Quand je suis le plus à toi, et que je sens mon cœur respirer dans ton cœur, c'est précisément alors que mes oreilles tintent, et qu'il y a une voix qui me crie : Plus loin! plus loin! va-t'en jusqu'à ma mer d'amour.

RACHEL.

Quoi! aussi, lorsque je te serre dans mes bras, je ne te suffis pas?

AHASVÉRUS.

C'est là la maladie de mon âme. Quand mes lèvres

ont bu ton haleine, j'ai encore soif, et la même voix me crie : Plus loin ! plus loin ! va-t'en jusqu'à ma source ; et, quand je te presse sur mon sein, mon sein me dit : Pourquoi n'est-ce pas la vierge infinie qui demeure au ciel ?

RACHEL.

Oh ! Ahasvérus ! ne me rends pas jalouse de Marie. Pour un sourire de toi, je me perdrais encore mille fois.

AHASVÉRUS.

Je ne t'en aurais jamais parlé le premier ; mais, dans toutes mes joies, il y a une peine au fond ; et cette peine est si amère, si amère, que tes baisers jamais ne m'en ont ôté le goût : j'ai cru que cela passerait, et cela ne fait que s'accroître !

RACHEL.

Tes désirs sont trop immenses ; c'est ma faute de ne les avoir pas su remplir.

AHASVÉRUS.

Non, ce n'est pas ta faute. Pour me faire illusion, j'ai voulu t'adorer dans toutes choses. Si j'entendais le ruisseau passer, je me disais : C'est son soupir ; si je voyais l'abîme sans fond, je pensais : C'est son cœur. De la vapeur des îles, et des nues, et de l'étoile, et du souffle haletant du soir, je me faisais une Rachel éternelle qui était toi, et toi encore, et toujours toi, et toi partout, toi mille fois répétée. Pardonne-moi : je te dis la vérité ; c'est là mon désespoir. Tout ce monde a passé ; il s'est séché sur mon cœur.

RACHEL.

Je ne peux donc plus rien pour toi ? Oui ! le voilà l'enfer! Moi qui voulais être tout ton ciel et tout ton paradis!

AHASVÉRUS.

Écoute-moi! Si, seulement une heure, je savais ce que c'est que d'être aimé du ciel, je serais plus tranquille, j'en suis certain. Je me fais mille chimères sur l'amour divin : si je pouvais le goûter, sûrement elles se dissiperaient; car c'est une folie plus forte que moi qui me pousse à aimer plus que d'amour, et à adorer je ne sais quoi dont je ne connais pas même le nom. Ce soir, pour en finir, je voudrais me noyer dans cette mer d'infini que je n'ai jamais vue. Avec toi m'y plonger! avec toi y mourir! oui, c'est là ce que je veux. Conduis-moi sur son rivage.

RACHEL.

Mais mon Christ est cette mer; viens, viens t'y perdre avec moi.

AHASVÉRUS.

Sa roche est-elle haute? sa grève escarpée? son eau est-elle assez profonde pour noyer deux âmes?

RACHEL.

Oui, et tous leurs souvenirs aussi.

AHASVÉRUS.

Es-tu bien sûre, dis-moi, que je ne sentirai plus là ce dégoût, ni ce désir non plus que tout attise? et que mon cœur à la fin s'arrêtera?

RACHEL.

J'en suis sûre.

AHASVÉRUS.

Et que ton Dieu, dans cet abîme, me suffira toujours, et qu'il ne m'en faudra pas demain un plus grand pour un plus grand désir?

RACHEL.

Non, viens; tu n'en voudras plus jamais d'autre.

AHASVÉRUS.

Plus jamais d'autre? c'est la seule chose dont je doute.

RACHEL.

Eh bien! viens donc! mon Dieu! La terre n'a plus d'eau; mais mes larmes te baptiseront. Mets-toi là, à genoux, comme au temps où tu m'adorais.

AHASVÉRUS, *à genoux, pendant que Rachel le baptise avec ses larmes.*

Encore des larmes! les tiennes sont trop tièdes. Pleure donc sur mon cœur; là; oui, là; c'est là que j'ai soif.

RACHEL, *en elle-même.*

Et moi, c'est là aussi, sans le vouloir, que tu me fais mourir pour ne plus jamais ressusciter.

VIII.

On entend dans l'éloignement Mob qui poursuit les morts sortis de terre.

MOB.

I.

Ressusciter! la chose est usée et le mot aussi. Qui

vient là de le redire si bas? l'écho, je crois. Les morts l'ont entendu; les morts le répètent. Là ils vont, là ils viennent; là ils passent, là ils courent. Mais surtout ils bâillent et chuchotent : J'ai encore sommeil.

II.

Courage, bravo! dressez-vous sur vos membres, messeigneurs, comme si mon cheval ne vous avait pas foulés aussi bien que le vigneron fait son vin dans sa cuve. Courage, maudits! germez dans mon sillon, comme si je ne vous avais pas moissonnés avec ma faucille et battus dans mon aire. Sans rire, rois et reines, remettez sur votre chef votre couronne que j'avais emportée sous mon toit. A mon trousseau pendait et carillonnait la clef des tombeaux et des caveaux; qui me l'a prise pour ouvrir la serrure? J'avais moi-même couché sous sa dalle chaque homme en lui sifflant mon air pour l'endormir; qui est venu les éveiller à ma porte? Ça, maudit troupeau, entends-tu ma cornemuse? retourne dans mon enclos avant que le maître te voie. Que ferais-je à présent pour remplir toutes mes tombes vides, si, par hasard, il les heurtait du pied, en passant?

AHASVÉRUS, *à Rachel.*

Entends ce berger.

RACHEL.

Ce n'est pas un berger; c'est Mob qui poursuit les morts avec son fouet. La voilà qui descend par notre sentier.

MOB, *à Ahasvérus.*

Toi encore ici, Ahasvérus! Toujours errant! je te

croyais assoupi sous quelque tombe. Veux-tu aujourd'hui que je te fasse ton lit, comme à un roi sculpté dans la pierre? Je te donnerai, si tu le veux, le mausolée d'un empereur ou le caveau d'un doge en beau marbre de Candie. Si tu le veux, j'entasserai pour toi, en un seul tombeau, tous les tombeaux que les rois m'ont laissés. Ils monteront plus haut que la plus haute colline. Tu dormiras à ton aise sur leur penchant.

AHASVÉRUS.

De sommeil, je n'en ai plus.

MOB.

Et qui te l'a ôté?

AHASVÉRUS.

L'espérance.

MOB.

Bah! c'est le mot que je donne aux morts à presser entre leurs lèvres, avec leur poussière, pour les amuser; mot doucereux et vide, et qui n'est fait que pour eux : laisse-leur ce jouet. Qu'espères-tu?

AHASVÉRUS.

Une autre vie.

MOB.

C'est trop modeste, mon cher. Et quoi encore?

AHASVÉRUS.

Mon pardon.

MOB.

Je te le donne.

AHASVÉRUS.

Non pas de toi, mais de ton maître.

MOB.

S'il te poursuit, je te cacherai dans mon ombre.

AHASVÉRUS.

Et mon âme, où la cacheras-tu ?

MOB.

Ame, esprit, vie, amour, espérance, grands mots que j'ai taillés moi-même, je te dis, comme mes cinq grandes pyramides du désert où je n'ai fait entrer que trois grains de sable et un banc pour m'asseoir.

AHASVÉRUS.

Tu me rends le fardeau que j'avais sur la poitrine.

MOB.

Jusqu'au dernier jour, continueras-tu à te prendre au sérieux ? la vie n'est pas possible avec ces folles rêveries. Tu as encore une minute, et il n'y a que le positif qui dure.

AHASVÉRUS.

Ce que tu appelles le positif, est-ce ce que je vois de mes yeux ?

MOB.

Sans doute.

AHASVÉRUS.

Mais regarde ; le soleil pâlit, l'Océan se retire, la forêt se dessèche ; ils ne seront plus ce soir.

MOB.

Et moi je serai toujours. Vraiment que deviendrais-je si je faisais comme vous ? Heureusement, mes ailes sont assez grandes pour couvrir l'univers, et mes idées ne dépassent jamais le manche de ma faux.

AHASVÉRUS.

Le jugement approche; tes genoux ne tremblent-ils pas en y pensant?

MOB.

L'imagination frappée exagère toutes choses, mon cher. Ce sera une journée comme une autre, un peu de fumée, surtout de cendre, et puis ce sera tout.

AHASVÉRUS.

A chaque mot de ta bouche, mon cœur devient plus pesant.

MOB.

C'est un organe en effet fort incommode dans les chemins montants. J'en ai souffert beaucoup dans ma jeunesse; et j'en ai encore, à cette heure, le hoquet, comme vous voyez.

AHASVÉRUS.

Laisse-moi; tu me glaces, et tu ne peux pas me tuer.

MOB.

Eh bien! garde-les donc les songes que cet ange t'a apportés en dot. Beau couple, qu'ils vous suivent à Josaphat; vous verrez là comment ils vous seront payés. Mais prenez le plus court. — Par ici, toujours à gauche. Du haut en bas, le firmament est lézardé. Avant une heure, il va crouler. J'entends déjà l'éternel essaim de mes chauves-souris qui bruissent à la voûte des cieux, et là-bas, la dernière goutte d'eau qui pleure et glousse et se lamente en s'abîmant pour la dernière fois dans la mare du monde.

IX.

La vallée de Josaphat se remplit peu à peu de morts pendant les chœurs qui suivent. Les saints chantent les litanies et les prières de la Vierge.

LA VIERGE MARIE.

Les fleurs flétries sur les tombeaux sont les premières ressuscitées; je les vois d'ici qui se rhabillent sur leurs tiges.

CHOEUR DES FLEURS.

Si c'est le jour du jugement, nous nous levons au plus haut de nos tiges, pour que notre jardinier nous cueille. Nous n'avons rien à craindre du jardinier de Golgotha. Nous avons fait la tâche qu'il nous avait donnée. Chaque matin nous avons lavé nos écharpes et notre tunique dans la rosée, pour que le baiser de l'abeille n'y laissât point de traces. Chaque soir, nous avons filé, sur notre quenouille, notre fuseau parfumé dans nos doigts. Pas une fois le soleil, en se levant, tout éclos au plus haut du feuillage du ciel, ne nous a trouvées endormies sur notre chevet. Pas une fois, la mer, en se couchant dans sa corolle de rocher, ne nous a appelées à demi-voix de son dernier murmure, sans que nous n'ayons laissé tomber sur elle notre corbeille pleine de feuilles de citronniers et de roses sauvages. En hiver, nous avons mis sur nos épaules notre manteau de neige. En été, nous avons pris dans notre coffre notre ceinture qu'un rayon des étoiles nous tissait. Si une larme d'une femme tombait par hasard sur la terre, toujours nous l'avons recueillie sur le bord de notre calice. Si Ahasvérus passait par notre chemin, toujours nous avons baigné notre couronne dans le sang de Golgotha.

ROSA MYSTICA.

J'ai mis tous vos parfums dans ma cassolette; n'ayez pas peur, ils ne sont pas perdus; je vous les rendrai pour l'éternité.

CHOEUR DES FLEURS.

Sans jamais nous lasser, nous avons grimpé par les sentiers des chamois jusqu'au sommet des Alpes, pour voir notre Seigneur de plus près. Sans jamais plier sur nos genoux, nous sommes descendues fraîches et matinales jusqu'au fond des grottes, pour demander si notre maître ne s'y était point endormi. De nos sommets nous avons vu, sans avoir peur, la lave des volcans frapper à la porte des villes et s'asseoir, comme une foule, au seuil des maisons et sur le banc des théâtres. Du bord de nos cavernes, nous avons vu en souriant les armées, les chariots de guerre, les chevaux à la croupe bondissante, se baigner dans leur rosée de sang, les cimiers se dresser, les écus flambloyer et les épées cueillir leurs fruits mûrs sur la branche de l'arbre des batailles. Quand les sceptres des rois se desséchaient entre leurs mains, quand les peuples, l'un après l'autre, se fanaient dans leur automne, nous venions à leur place germer dans leurs vallées, et oindre nos couronnes dans la pluie de leurs caveaux. De notre passé nous ne regrettons pas une heure; à présent qu'allons-nous devenir?

MATER SANCTISSIMA.

Ne craignez rien, je vous cueillerai dans votre haie pour me faire une guirlande, comme une jeune jardinière.

CHOEUR DES OISEAUX.

Et nous aussi, nous avons fait ce que notre oiseleur nous avait commandé; nous avons trempé au fond des bois les plumes de nos ailes dans des ruisseaux d'argent qui coulaient goutte à goutte, et que personne autre que nous ne connaissait. Nous avons aiguisé nos becs d'aigle sur le bord des nuages enflammés, et rougi nos gorges de fauvette au feu de bruyère des laboureurs. Oh! que les villes étaient petites quand nous passions avec la nue, le cou tendu, sur leurs broussailles! Avec leurs ponts et leurs murailles à sept enceintes, avec leurs vaisseaux dans le port, avec leurs clochers qui chantaient dès le jour, que de fois nous avons dit en les voyant sous l'ombre de nos ailes : Allons! fondons sur elles; c'est la couvée d'une fauvette qui se penche sur son nid pour prendre sa becquée. Sans jamais nous inquiéter, dans nos voyages, nous avons été, chaque année, chercher le grain d'or que notre oiseleur nous tendait, dans le creux de sa main, à travers l'Océan et le désert. A présent, nos ailes sont lassées; nous allons tomber dans l'abîme, si un doigt ne nous retient. Tous les mâts sont rentrés dans le port; toutes les villes sont fermées. Nous avons mendié chez les rois de la terre : « Donnez-nous, rois de la terre, un brin d'herbe pour nous y reposer. Donnez-nous dans vos royaumes une branche de bois sèche pour nous y asseoir une heure. » Pas un d'eux n'a pu trouver, chez lui, ni brin d'herbe, ni branche sèche. Les vallées tremblent, les sommets frémissent comme un feuillage d'automne.

MATER CASTISSIMA.

Ne craignez rien non plus : dans la tour du ciel, je vous ferai un nid de soie, au coin de ma fenêtre.

CHOEUR DES MONTAGNES.

Comme un troupeau de cavales sauvages qui s'éveillent au jour et soulèvent leurs cheveux de leur front, si un bruit leur arrive, ainsi nos croupes et nos flancs se sont dressés sous le fouet des tempêtes. Notre crinière est faite de forêts, la corne de nos pieds est faite de marbre blanc; l'arçon de notre selle et le mors de notre bouche sont de nuage doré; notre écume est un fleuve qui blanchit notre frein; et nos naseaux, quand l'aiguillon nous éperonne, vomissent leur lave dans l'Océan. Tous les dieux, l'un après l'autre, ont passé sur nos sommets. De leurs trésors nous n'avons gardé, Seigneur, que votre croix pour couvrir notre cime dans l'orage. Par nos petits sentiers, nous avons monté jour et nuit pour prendre dans nos coupes les fleuves et les fontaines. Chaque soir, nous avons enfermé dans le fond de nos grottes, les brises embaumées et les parfums d'été que nous recueillions le jour. Pour vous plaire, chaque hiver, nous avons roulé sur nos têtes nos neiges entassées; et nous avons gémi, au fond de nos volcans, comme un homme qui s'endort oppressé, dans son lit, sous le poids de votre nom.

VOIX DU MONT-BLANC.

J'ai mené paître devant moi mes génisses blanches : les montagnes des Alpes sont mes blanches génisses; leurs cornes sont de neige; elles secouent sur leurs têtes les nuages d'hiver, comme une touffe d'herbe fauchée. Pour taches sur leurs flancs, elles ont trois forêts de sapins noirs; leurs mamelles sont de cristal; leur queue balaie mon chemin. En mugissant sous le vent et sous la bise, elles lavent la corne de leurs pieds dans le lavoir des lacs. A leurs cous sont pendus des villes et des villages, des voix de peuples et des états croulants, comme des clochettes d'acier fin, pour être entendues de loin dans le pâturage du Seigneur.

CHOEURS DES ALPES.

Cherchez où vous voudrez vos génisses blanches : nous ne connaissons plus votre cornemuse. Nous sommes, nous, une ronde de filles à marier qui nous donnons la main. Seigneur, changez, de grâce, pour un habit de fête, notre ancienne robe de vapeurs. Pour amoureux, jamais nous n'avons eu à notre porte que l'aigle qui nous baisait de son aile noire; pour fiancé, que le chamois, et pour époux, que le torrent qui roule sous nos pieds. Sans faute, chaque jour nous avons porté les fleuves dans nos jattes, comme la laitière qui descend du chalet. Mais l'été est fini; l'hiver du monde approche.... Laissez-nous aussi, nous, descendre de nos cimes pour voir, à notre tour, dans la vallée, passer sur notre seuil ouvert les voyageurs, les marchands, les moines et les joueurs de chalumeaux.

LE PÈRE ÉTERNEL.

Vous avez douté une heure dans le fond de vos grottes. Allez, je me ferai de tous vos sommets ensemble, l'un sur l'autre, un banc de pierre pour m'asseoir sur ma porte.

L'OCÉAN.

Souvenez-vous, Seigneur, du jour où vous me meniez paître pour la première fois; souvenez-vous de l'heure où j'étais seul, sous vos yeux, dans votre immensité. Alors votre main me caressait comme son chien fidèle; alors vous me preniez vous-même dans vos bras pour m'apprendre à bondir sur mon roc, comme un petit chamois que son père mène pour la première fois dans la prairie des Alpes. Vous m'aimiez dans ce temps-là; ma brise était si fraîche! mon sable était si neuf! Je me voyais moi-même azuré et mes membres limpides jusqu'au fond de mon lit, comme une jeune fille sous ses rideaux de fiancée. Maintenant qu'ai-je donc fait, Seigneur? J'ai baisé mes rivages; est-ce d'eux que vous êtes jaloux? J'ai bercé dans mes vagues des ombres qui passaient. Quand vous m'avez quitté pour une autre, plus belle que moi, j'ai jeté mes soupirs sur le vent qui m'éveillait, sur la dalle du môle, sur la grève du rocher, dans la nasse du pêcheur, dans la voile qui m'habillait de lin. Êtes-vous jaloux de la voile, ou de la nasse du pêcheur, ou de la grève du rocher, ou de la dalle du môle? Je ne vois plus dans mon abîme que des carcasses de barques naufragées; mon flot ne roule plus que des algues arrachées de ma rive; mon sable est fait de la poussière des morts, tant de couronnes et de sceptres rompus, tant de proues de vaisseaux, tant de villes englouties, tant de boucliers et de sabres rouillés, s'entrechoquent dans mes flots, qu'ils empêchent ma voix d'arriver jusqu'à vous!

LE PÈRE ÉTERNEL.

Tu as douté jusqu'au fond de tes vagues. Va! je prendrai toute ton eau dans le creux de ma main pour en laver la plaie et le calice de mon fils.

CHOEUR DES ÉTOILES.

Comme un pèlerin de Palestine emporte sur son habit les coquillages de la rive, ainsi vous nous aviez attachées au bord du manteau du matin. Comme les mules d'un évêque qui s'en va à Tolède secouent sous leurs crinières des clochettes dorées, ainsi nos voix argentines pendaient et résonnaient sous la crinière des mules de la nuit. Pour abréger notre voyage, il ne fallait qu'une goutte de rosée où nous nous mirions en passant. Jusqu'à ce que le jour vînt à luire, nous nous contions nos rêves; et si quelque nuage mouillait notre chevelure, nous lui demandions en souriant notre chemin dans le désert. Mais, à cette heure, l'orage nous chasse avec les feuilles dans la forêt de Josaphat.

STELLA MATUTINA.

Vous n'avez pas assez pleuré dans la nuit d'orient de la Passion, quand je tenais mon fils mort dans mes bras sur le Calvaire, et vous avez souri dès le lendemain!

CHOEUR DES ÉTOILES.

Pardonnez-nous, Marie!... Quel crime encore avons-nous fait? Est-ce d'avoir effleuré dans la nuit les lèvres closes et la paupière d'une femme de Turquie, d'avoir baisé son turban, son poignard avec ses tresses, et encore sa ceinture dénouée sous sa tente? Est-ce d'avoir été trop lente à me lever dans le golfe de Naples, ou trop paresseuse à me bercer aux vignes grimpantes de ses îles? Est-ce d'avoir oublié l'heure dans les gondoles de Venise, à la porte des palais déserts, ou d'avoir pris tant de fois le message du poëte, sur sa fenêtre, pour le porter au bout de l'infini?

LE PÈRE ÉTERNEL.

C'est assez! Vous aussi vous avez douté, à votre heure, sous votre tente de lumière. Rendez-moi tous vos brillants pour m'en faire un pendant d'oreille. De l'aurore jusqu'au couchant, au loin, à l'entour, des plis du firmament, du sommet de la vague, de la cime de l'arbre, où vous vous éveillez, rendez-moi tous vos joyaux, qui étincellent, pour m'en faire une bague à mon doigt.

CHOEUR DES FEMMES.

I.

Le chemin de la terre que nous suivons en pleurant, est trop rude pour nos pieds. On s'y blesse sans épines, sans pierres on s'y meurtrit. Quand elle s'est lassée, la fleur s'est penchée sur sa tige. L'étoile fatiguée s'est reposée sur un nuage. Mais notre cœur hors d'haleine n'a plus pour s'appuyer ni nuage ni tige.

II.

Maints soupirs, que personne n'a entendus, ont consumé notre souffle sur nos lèvres; un mal de chaque jour, sans nom, sans cicatrice, a usé comme une lime l'espérance dans notre sein. J'aimerais mieux compter les cheveux de ma tête que les larmes invisibles qui ont coulé dans mon âme. Sans me plaindre, dans ma maison, j'ai fait mon ouvrage, j'ai filé mon rouet, j'ai soufflé dans mes cendres ; mes cendres sont éteintes. Trop de pleurs y sont tombés l'un sur l'autre ; et le fuseau, où mes désirs murmurants roulaient et déroulaient leur lin à la veillée, s'est brisé entre mes doigts.

MATER DOLOROSA.

Pitié ! pitié ! *Miserere !*

CHOEUR DES FEMMES.

I.

Je n'étais rien que soupir et que rêve. Avant que mon cœur fût rempli, tous mes jours ont coulé ! ma vie s'est usée entre mes doigts ; et mon âme est restée au milieu de sa tâche d'amour, comme un ouvrage, qu'on laisse à peine commencé, retombe sur vos genoux, quand l'aiguille et le fil sont rompus. Je voudrais une autre vie, et la donner dès demain à celui qui m'a rendu pour la première tout un regard.

II.

Oui, tout un regard ! rien qu'un regard ! Et point de ciel, s'il le faut, point d'étoiles ! point de Dieu ! point de Christ ! Rien qu'un soupir, rien qu'une haleine, rien qu'une fleur qu'il a touchée. Et puis après l'abîme, la nuit sans lendemain, sur ma tête le vide, sous mes pas le néant.

LE PÈRE ÉTERNEL.

Dans cet amour si long, vous seules avez gardé sans le savoir mon souvenir. La terre a été votre temps de fiançailles. Vos noces seront aux cieux. Voici pour votre dot la bague que j'ai faite de tout l'or des étoiles.

X.

La vallée de Josaphat. Tous les morts y sont rassemblés.

LE TEMPS, *au père Éternel.*

Seigneur, j'ai ménagé, tant que j'ai pu, mon sablier. Grains à grains, lentement, j'ai laissé retomber ma poussière sur les pas du genre humain. Si quelque année plus rapide, et que le bonheur faisait légère, s'échappait par hasard de mes doigts, je rendais après cela toutes les autres plus pesantes qu'un siècle. Heure à heure, j'ai versé sa vie au misérable dans son cœur ulcéré, comme la goutte d'huile dans sa lampe de plomb qui n'éclaire plus sa table. Comme une larme dévorante qui brûle le regard et qui ne peut pas couler, j'ai suspendu dans la pensée du poëte, sous sa paupière sans sommeil, ses souvenirs et la sueur de ses années. J'ai donné, goutte à goutte, à Ahasvérus le venin de ses jours innombrables partout où il s'arrêtait. Et pourtant, à la fin, mon sablier s'est épuisé. Pardonnez-moi : je n'ai pu épargner mon sable ni mon huile si bien qu'une âme fait sa vie, et un esprit son souffle.

MOB.

Voici ma faux, Seigneur. Quand vous me l'avez donnée, elle brillait au soleil, et je pouvais y mirer ma figure; mais il m'a fallu faucher dans votre pâturage tant de villes crénelées, tant de tours et de poternes, tant de phares sur les grèves, tant de pyramides dans le sable, que son tranchant est ébréché. Donnez-m'en une autre, je vous prie.

LE PÈRE ÉTERNEL.

Ma prairie est fauchée, et les faneurs ont porté dans leurs bras mon foin pour mes cavales sous le toit de mon étable. Maintenant, pends ta faux à l'entrée. Fais passer devant moi tous tes morts, pour que je sache tes journées et quel salaire t'est dû.

MOB.

Comme une procession à Pâques sort des portes de Saint-Marc de Venise ou de Saint-Pierre de Rome, essaim mitré qui bourdonne votre nom en quittant sa ruche; ainsi, de ma noire cathédrale, par ma porte entrebâillée, vont sortir à la lumière mes peuples et mes essaims d'empires. En tête, je porterai la bannière; le Néant qui se prélasse, se tiendra sous le dais. De leurs corbeilles, les nations laisseront tomber, en passant, maintes fleurs fanées, maintes espérances trop tard cueillies. Dans leurs mains l'encensoir ne jettera que cendre, et ma cloche fêlée dans ma tour hurlera pour appeler leur nom. — Mes meilleurs morts sont les dieux, c'est par leurs Éternités que je commence, en entonnant avec eux le psaume 99, verset 5, pag. 13.

CHOEUR DES DIEUX MORTS.

AMEN.

I.

Pour des hommes, il est dur de mourir; mais pour des dieux, cent fois pire est l'agonie. Le glas tinte pendant mille ans; notre haleine, en s'éteignant, fait soupirer tout un monde. Sur notre invisible tombe, la lampe, sans le savoir, illumine notre néant; et le ver qui a rongé notre éternité, trône et sibyllise à notre place, habillé de notre nom.

II.

Nos funérailles sont plus tristes que funérailles de rois, ou de doges; notre vie est partout, notre mort aussi; notre cadavre gît dans tout ce qu'on respire, dans l'air, dans la nuit, dans l'étoile, dans la fleur, et dans le son, et dans la haine, et dans l'amour, et dans le cœur qui nous a faits. Pour nous creuser notre fosse, il ne faut rien qu'un nom plus grand que le nôtre. Ce nom tombe sur nous comme la terre qu'on jette aux trépassés; et le grand fossoyeur, qui nous brouette dans l'abîme, écrit sur nos têtes : Ci-gît un dieu; et c'est fini.

III.

Qui sommes-nous? ou tout ou rien; ou l'univers ou moins qu'un mot; peut-être une ombre; ombre de quoi? de l'infini qui va, et vient, et monte, et descend tout le jour dans sa tour? dites-le nous : fumée ou cendre, que sommes-nous dans l'encensoir?

LE PÈRE ÉTERNEL.

Vous avez été poussière et vous êtes poussière. Titans et géants de cent coudées, Brama, Jupiter, Mahomet, éternités d'une semaine, vous serez mes écuyers, mes cavaliers, mes fous de cour et mes nains couronnés, pour m'amuser, quand je voudrai, dans ma vide infinité.

MOB.

Approchez, villes, tours et colosses d'Orient.

BABYLONE, *avec les villes d'Orient.*

Malheur! nous sommes les premiers.

LE PÈRE ÉTERNEL.

Qui es-tu?

BABYLONE.

Babylone.

LE PÈRE ÉTERNEL.

Et ces peuples qui se pressent dans ton chemin, plus nombreux que les flocons de ma barbe sur ma poitrine?

BABYLONE.

Ils sont tous de l'Orient. C'est Ninive, c'est Bactres, c'est Thèbes.

LE PÈRE ÉTERNEL.

Qu'avez-vous fait?

TOUTES LES VILLES D'ORIENT.

Seigneur, Babylone est notre sœur aînée. Quand nous étions toutes petites, assises sur nos seuils, c'est elle qui nous apprenait à monter par nos degrés au plus haut de nos tours; c'est elle qui parlera pour nous.

LE PÈRE ÉTERNEL.

Je le veux bien.

BABYLONE.

Le désert que vous aviez fait autour de nous était nu et sans voix. Pour le peupler, nous avons envoyé paître dans le sable, nos sphinx, nos boucs de porphyre et nos griffons aux ailes d'or, fondues dans nos creusets. Pas un oiseau n'y faisait sa couvée; nous y avons engraissé, de nos mains, sur nos obélisques, des éperviers à la poitrine d'homme, des ibis ciselés dans le roc et des cigognes de granit. Montées chaque soir sur nos terrasses, nous regardions à la voûte du ciel si vous écriviez quelque ligne nouvelle sur votre table, avec l'or des étoiles. Quand le désert, dans la nuit, se levait en sursaut, éveillé par le vent du sirocco, et disait sur son séant : Où est allé mon maître? nous répondions : Il est là, sur la nue. Quand la mer, en secouant son rivage, disait à la tempête : Savez-vous où est allé mon pilote? nous répondions : Voyez, il est là, sur le sable Érythré. Quand les cavales d'Arabie disaient en hennissant : Holà où est notre divin cavalier, avec son frein de diamant et ses éperons d'azur? — Voyez! il est là, sur la cime d'Oreb, qui noue à son fouet les aiguillons des orages. C'est nous qui vous chantions des cantiques, dès le matin du monde, en nous agenouillant sur nos degrés; c'est nous qui portions sur nos têtes des mitres de rochers crenelés, et qui prenions sur nos épaules, comme un prêtre, notre aube de murailles; c'est nous qui, depuis quarante siècles, sans relever nos fronts, baisons sous nos portes écroulées le sable et la poussière de nos ruines, comme un esclave de Chaldée, quand il a donné à son maître sa coupe pleine et ses sandales brodées. Et nous, maître, nous vous avons donné nos cultes et notre foi; l'Inde sous sa montagne secouait son encensoir; la Perse allumait son candélabre dans le feu du désert; Memphis penchait sur le Nil pour y laver le plat du sacrifice; la Judée buvait, sans prendre haleine, le calice de sang, au plus haut de l'autel; et nous toutes, les mains jointes, perdues dans la foule, Ninive, Thèbes aux dents d'ivoire, Bactres aux prunelles d'antilope, Ecbatane à la ceinture d'or, Tyr aux mamelles gonflées d'amour, nous marchions vers l'autel, en faisant un pas tous les mille ans, sous la nef du firmament que vous aviez bâtie de belles briques d'azur.

LE PÈRE ÉTERNEL.

Je m'en souviens. Mais pourquoi avez-vous élevé si haut votre tour de Babel, qu'il m'a fallu, avec mes anges, descendre sur le perron pour renvoyer les ouvriers et pour briser leurs truelles ?

BABYLONE.

Seigneur, tout en Orient dépassait nos têtes de plus de dix coudées. La montagne de Cachemire était un mur qui nous fermait le ciel; les palmiers que vous aviez plantés étaient montés jusqu'à toucher les nuages; les fleuves couraient si vite le soir du jour où vous avez rempli leurs urnes, que nous ne pouvions enjamber leurs rivages; la mer était si large, que nous ne pouvions suivre des yeux son cours jusqu'à sa source. Quand nous élevions nos tours plus que vous vos palmiers et que votre mont de Cachemire, nous voulions monter ainsi, par l'art de nos mains, plus haut que votre création, pour vous voir passer au delà de votre œuvre, comme un homme que des enfants regardent dans sa cour derrière l'enclos de son champ d'héritage. Maintenant laissez-nous renaître; laissez-nous retourner en arrière, vers la citerne où nous buvions. Si vous voulez, nous chargerons de nouveau nos chameaux pour repasser, en caravanes, le désert de la mort. Cette fois, Seigneur, nos vases seront d'un or plus pur ; nos murailles seront mieux peintes; et nous polirons nous-mêmes, de nos mains, nos nouvelles pyramides.

TOUTES LES VILLES D'ORIENT.

Oui, Seigneur, laissez-nous revivre; nous vous ferons encore des obélisques de porphyre et des temples souterrains pour y rester à l'ombre encore plus de mille ans. Cavaliers, archers, fantassins, nous renverrons nos armées en messagers par le même chemin; nous compterons les mêmes siècles sur nos doigts, sans ennui, comme une femme compte à son cou les perles de son collier, après qu'elle a fini; nous jetterons les mêmes noms, je vous jure, dans notre sable et nos tombeaux, comme le bouc de l'Iran, qui revient sur ces pas, jette après lui même poussière. Nous savons encore nos vieilles hymnes et nos poëmes dont vous étiez le héros; en suspendant nos harpes aux mêmes saules, nous les redirons à la même heure; et quand nous nous pencherons sur le puits de nos déserts, le crocodile, en nous revoyant, croira que nous sommes allées, dans notre absence, porter l'eau de nos cruches pour abreuver nos troupeaux sur nos places.

LE PÈRE ÉTERNEL.

Moi-même, je ne peux pas retourner en arrière dans mon jardin d'Eden. Comment feriez-vous, pour repasser votre seuil et votre porte que j'ai fermée? Mon fils et moi nous marchons en avant dans notre infinité, en poussant devant nous notre troupeau d'étoiles et de mondes. Et vous, vous croiriez retrouver toutes seules, dans la nuit qui se fait après nous, votre banc pour vous asseoir? Ce que vous avez été, vous ne le serez plus. Je connais vos obélisques et ce que pèsent vos temples. J'ai tenu dans ma main vos murailles et vos tours crénelées, avec les marguerites et les fougères des prairies. Pour remplir mon éternité, il me faut à présent des noms qui n'aient jamais été, des bruits qui n'aient jamais retenti, des épées qui n'aient jamais brillé hors du fourreau. Pour bâtir la ville que je fais, il me faut des tours qui n'aient jamais résonné sous les pas. Rendez-moi vos murailles empourprées et l'or du soleil que je vous avais donné. Allez, si vous voulez vous asseoir, à la porte de ma cité nouvelle, comme des reines mendiantes, pour montrer le chemin à ceux qui le demanderont. Pour vos peuples ressuscités, j'ai planté hors de mes murailles, mille tentes dans cet endroit de mon ciel, là, sur le bord de ma voie lactée, qui blanchit sous mes pas, plus que le chemin de l'Assyrie. Les rois en auront d'émeraudes ; les princes, d'argent, et les esclaves, de lin fin, que mes anges ont filées.

ATHÈNES.

De mon rivage, maître, j'entendais en naissant le bruit qu'elles faisaient en Orient sur le bord de leurs murs. Pour les écouter, je me penchai sur la mer ; et, pour me faire plus belle, je me mirai dans son flot, à son miroir. Leurs bandelettes de prêtresses les gênaient ; je déliai sur mon front de marbre mes longs cheveux qui secouaient de ma colline l'aurore sur le monde. De mon ciseau, j'ai sculpté, dans mon rocher de Pentélique, les blocs que vous aviez ébauchés de votre main dans l'atelier de l'univers. Si une idée errante, une image, une pensée, était restée par mégarde inachevée sous vos mains, ou sur les flots, ou sur les monts, ou dans l'air qui m'entourait, c'est moi qui finissais de la créer avec mon ciseau, et qui l'envoyais légère, sous le marbre, demander sans crainte à votre porte sa vie de chaque jour avec l'étoile, avec la source, avec la mer, à qui vous donniez, sans refuser jamais, leur existence matin et soir. Si vous faites, Seigneur, un nouveau monde, prenez-moi à votre service. Je pétrirai dans mes doigts, avec mon argile de Corinthe, des urnes pour y mettre les larmes du nouveau genre humain. Dans votre cour, je taillerai d'avance des tombeaux de cornaline pour y verser la cendre des peuples à venir ; et j'élèverai, si vous voulez, une colonne funéraire du beau marbre de mes îles sur le monde qui se meurt.

LE PÈRE ÉTERNEL.

Tu n'as jamais songé qu'à ta beauté. La vie n'a été pour toi qu'une grâce de plus, une parure à ton néant, une écharpe luisante qui te voilait mon astre. Encore à présent, avec la poussière d'albâtre que tu foules à tes pieds, avec les acanthes de marbre rongé dont tu couronnes ta tête, avec l'odeur de jacinthe que tu sèmes après toi, avec tes dalles qu'ont usées les chevaux des vaivodes, avec tes colonnes étendues dans les blés comme de blanches moissonneuses qui se reposent à l'ombre, tes charmes sont plus grands que dans tes fêtes païennes.

ATHÈNES.

Rappelez-vous, Seigneur, l'ouvrage de vos mains : vos

montagnes étaient de marbre. Si je levais les yeux, les étoiles germaient dans mes nuits de printemps. Leurs fleurs embaumées se retournaient vers moi sur leurs tiges d'azur, pour me dire : Vois-tu, pauvre ville de roseaux ? je suis plus belle que toi. Si je les baissais vers la mer, vos îles, sous leur brume bleuâtre, naviguaient comme un troupeau de cygnes, et semblaient dire : Vois-tu ? nos ailes de rochers qui rasent tes rivages sont plus blanches que tes murailles; et ton golfe d'amour nous aime mieux que toi, dans ton vaisseau de misère. Seigneur, j'étais jalouse des étoiles et des îles, de l'ombre de vos bois d'oliviers, des larmes de cristal de vos grottes. Pour vous plaire autant qu'elles, j'ai cueilli dans le marbre mes guirlandes d'acanthe; j'ai versé à pleine main ma gloire rapide et mes jours impatients. Jusque sur les sommets où les bois d'oliviers s'arrêtent, où le chamois n'arrive pas, où l'épervier a le vertige, où la bruyère a peur de monter, j'ai porté sur mes épaules ma charge de colonnes pour vous voir, toute seule, sans rivale, auprès de moi.

LE PÈRE ÉTERNEL.

Va! laisse à présent à tes pieds ta charge de colonnes païennes. Leur fût est trop brisé pour servir à mon œuvre. Prends ton nouvel habit de Klephte que Botzaris et ton évêque t'ont donné. Attache à ta ceinture ton sabre de pacha et tes pistolets d'argent; prends à ton col ton amulette. Je te ferai, dans ma cité nouvelle, aux pieds de mes murs de diamant, une cabane de roseaux pour y chanter, sur ta guzla, tes chants de guerre mieux qu'un oiseau de Romélie aux ailes d'or.

MOB.

Voici Rome, Seigneur !

TOUS LES MORTS A LA FOIS.

Condamnez-la! maudissez-la! c'est elle qui nous a menés les mains liées derrière le dos, pour nous donner dans son cirque à ses lions d'Abyssinie. C'est elle qui nous a fait cette froide blessure à la poitrine avec l'épée de son gladiateur.

LES VAUTOURS, *au sommet de la vallée.*

Pardonnez-lui! bénissez-la! c'est elle qui a engraissé nos petits chaque matin, sur sa table, des restes de ses champs de bataille.

ROME.

Ne les croyez pas, Seigneur; je labourais tranquillement mon champ sur ma colline. Appuyée sur le front de mes bœufs, je regardais mon blé pousser et mûrir mes raisins sur ma treille, quand tous vos peuples, échappés de vos mains, comme des chevaux sauvages qui ont brisé leur enclos, passèrent près de moi, dispersés au hasard par le monde, en ruant contre votre fouet. Chacun montait par un sentier différent; chacun suivait l'aiguillon d'un autre dieu que vous. L'Orient avait rompu son anneau; la Grèce, échevelée, s'en allait en criant dans son île : Le Dieu Pan est mort cette nuit. Alors je pris sur mon sillon mon épée dans ma main, comme un berger d'Albano prend son bâton noueux pour ramener ses buffles dans le chemin de mes marais. Dans l'Asie, dans l'Afrique, et là où le Rhin se retourne dans son lit, j'allai chercher leur troupeau. Jusque dans l'enclos de mes murailles, je poussai leur foule, devant moi, hennissante, furieuse. Pendant trois siècles, je muselai à mon aise leur colère ; et quand mon cirque les enferma tous, assis par terre sur leur séant, qui n'avaient plus que leurs larmes, et qui criaient avec des voix d'enfants : Merci, merci ! j'allai moi-même vous chercher dedans Bysance, avec mon empereur, pour vous donner la clef de votre étable.

Oh ! qu'il m'eût été plus facile de mener sur mon sillon mes deux bœufs obéissants, de courber ma vigne sur ma treille, et de faire un sentier pour mes chèvres, au lieu de ma route triomphale !

LE PÈRE ÉTERNEL.

C'est toi qui as tué mon fils à Golgotha.

CHOEUR DES SAINTS, SAINTE BERTHE, SAINT HUBERT, SAINT BONAVENTURE.

« Qu'elle soit châtiée et condamnée, et que sa tour s'écroule avec son créneau ! Si vous nous voulez croire, Seigneur, point de pardon ! Sa faute est trop grande ; dès demain, elle la referait. ITE, MALEDICTI. »

ROME.

Le Vatican expie le Golgotha. Pour effacer mon crime, c'est moi qui, la première, ai crié dans mes murailles : Le Christ est mon roi. Pour payer la tunique que mes soldats ont déchirée, c'est moi qui ai donné à votre fils la maison de mes empereurs avec leur héritage ; et pour essuyer son sang à son côté, c'est moi qui lui ai tendu au bout de mon épée le linceul du vieux monde. Dans mes muraille, il y a deux Romes : l'une agenouillée sur les places, parmi l'encens et les soupirs, vous supplie, jour et nuit, de pardonner à l'autre. Le pape rachète l'empereur, le Vatican le Capitole; l'église prie pour le temple, la croix prie pour l'épée, la mitre pour la couronne, la bure pour la pourpre, la ruine pour le triomphe, la lampe des madones pour la torche des dieux. Et, chaque soir, la cloche que les saints m'ont donnée s'en va, en foulant de son pied argentin les degrés du Colysée, et les dalles de mes portes, et les créneaux de mon mur de Bélisaire, chercher au loin dans ma campagne quelque reste de voûte résonnante, pour y pleurer, comme un oiseau de nuit, sur mes fautes écroulées.

CHOEUR DES SAINTS, SAINTE BERTHE, SAINT HUBERT, SAINT BONAVENTURE.

« Sa parole me touche, je suis tout ébranlé de ce qu'elle vient de dire, et ne sais plus que conseiller. Elle, autrefois si grande, à présent si petite! mon cœur en veut pleurer. Ayez pitié, ayez pitié de Rome? mettez-lui un peu de miel sur ses lèvres amères : moi je lui pardonnerais. MISERERE! MISERERE. »

LE PÈRE ÉTERNEL, à Rome.

Donnez-moi ton épée, tes javelots, ta cuirasse d'airain, ta croix d'or, ta mitre. J'en ferai un trophée que j'attacherai à la rampe de l'escalier de ma cité nouvelle. J'emporterai tes murs et ton histoire entière, comme un tableau gravé sur mon bouclier, que je pendrai, durant mon éternelle nuit, au-dessus de mon chevet. Dès ce soir, quatre comètes sanglantes s'attelleront pour traîner jour et nuit, dans mon cirque, tes âmes qui pleurent sur ton char triomphal; et le monde tremblera quand elles secoueront sur leurs épaules leurs chevelures souillées dans ta poudre.

PEUPLES DU MOYEN AGE.

Comme un enfant penche sa tête vers la terre, quand son maître l'appelle pour épeler son livre, ainsi, sous nos arceaux, sous nos créneaux, nous tremblons à cette heure. Pour nous faire une boisson de héros, nous avons mêlé dans notre creuset de sorcier les ongles des griffons de la Perse, la myrrhe de l'Arabie, les coquilles des golfes de la Grèce, le miel des abeilles d'or de nos rois chevelus, tous les noms, tous les dieux, toutes les larmes à la fois. Sur la poussière du genre humain, nous sommes montés comme sur notre colline. A ce sommet du passé, nous avons bâti notre tour pour voir venir de plus loin le messager du dernier jugement. Si un bouleau tremblait dans notre cour, si la visière d'un casque se baissait, si Ahasvérus frappait à notre porte nous pensions en nous-mêmes : voilà le messager qui vient avec ses souliers de fer ; il faut partir. Nos pâles années ont germé à l'ombre de nos vitraux, sans que nous ayons pensé à nous baisser pour en cuillir le fruit. Sous le monde réel, nous avons cherché en tâtonnant votre esprit invisible, comme au défaut de la cuirasse on fouille avec sa lance le cœur chaud d'un chevalier. Nous n'avions fait, Seigneur, sur nos fenêtres, nos coonnettes si frêles, que pour durer jusqu'au soir. Aujourd'hui. Babylone a les débris de ses terrasses ; Rome a les degrés de son cirque pour s'y asseoir ; Athènes a son banc de marbre sur sa porte. Mais moi, mes degrés sont vermoulus ; mes tours, mes tourelles, et mes cellules fragiles, sont cachées sous les ronces. Que vais-je devenir ? pauvre âme nue que la foi vêtissait, peuple d'esprits sans corps, foule sans ville et sans murailles, qui n'ai songé à me faire d'autre abri que mon cœur contre la nuit et la tempête de votre éternité.

LE PÈRE ÉTERNEL.

Les songes de vos cœurs qui vous couvrent de leurs ailes valent mieux que les terrasses en briques de Babylone et que le cirque de Rome. Entrez dans ma ville. Tous vos rêves y sont bâtis en pierres de diamant. Enluminez de vos âmes diaphanes, que j'ai pétries de vermillon et d'or, les vitraux de mon porche ; et si le vent du matin frappe jamais vos paupières retentissantes, remplissez la ville et les carrefours de soupirs et de mystères, comme du murmure d'un monde qui n'est plus et qui redemande la vie. Voyez ! je vous ai fait votre demeure dans ce carrefour de l'empyrée, là-haut où mes étoiles du soir amassées l'une sur l'autre, et mes soleils, comme des briques encore ardentes, se bâtissent en tourelles et en donjons blasonnés, en ogives reluisantes d'onyx et d'opales, et en cathédrales de lumière.

(A Mob.)

De ce côté, qui sont ces peuples que je ne connais pas ?

MOB.

Ils viennent du pays où l'encens croît sur les arbres.

CHOEUR DES ARABES.

Un sabre ciselé à Damas, quand on le tire de son fourreau, brille mieux qu'une torche dans la nuit : Et moi mon maître m'a tiré de ma nuit, comme un sabre ciselé, pour me faire étinceler à l'arçon de sa selle à l'heure des batailles. Mon tranchant s'est aiguisé sur la pierre du sépulcre du Calvaire, et ma lame a retenti sur la cuirasse de Cordoue et de Grenade-la-Belle. Quand votre fils est mort et que le Carmel a tremblé, je suis parti pour semer devant moi le sable et le sel, partout où me menait mon prophète de colère. Sur mon écu enluminé, je portais pour devise : Feu et sang. J'ai élevé mes minarets dans le désert, comme des phares sur la mer. Et si quelque ville égarée, se croyant seule, se relevait sur son séant pour regarder du côté du Golgotha, je la décapitais; et j'enterrais dans mes citernes sa lourde tête, avec sa chevelure de colonnes que je dénouais sur ses épaules. J'ai conduit par la bride et éperonné dans le chemin le vent de l'Arabie jusque dans la vallée de Roncevaux, sous la bannière de Charlemagne. J'ai noué dans l'Alhambra, par mon anneau de fer, deux rivages qui se cherchaient en murmurant tout haut, l'Atlas et les Espagnes, l'Orient et le Couchant, que vous aviez oublié d'attacher l'un à l'autre. Quand mon désert se fut ainsi accru à l'entour du tombeau de votre fils, je m'assis pour veiller sur son roc, de peur qu'une gazelle, ou une cigogne, ou un chamois sauvage ne vînt s'y abriter. A présent que j'ai fini ma journée, où sont les vierges que le prophète m'a promises? Quel vaisseau vous les a pu apporter sans que sa voile se soit penchée pour prendre leur haleine? Dans quelle étoile vous les a-t-on vendues, sans que l'étoile ait songé à les baiser de ses rayons? avez-vous peint vous-même leurs sourcils avec le pinceau dont vous faites les nuits d'hiver? avez-vous roulé sur leurs têtes un turban de lumière comme aux femmes d'émirs? avez-vous blanchi leurs épaules, comme à la source du Guadalquivir son écume? et leur avez-vous appris déjà à filer leur coton sur leurs nattes, jusqu'à ce que leur maître, en arrivant, secoue de ses pieds, à leur porte, le sable de la mort?

PEUPLES DU MOYEN AGE.

Arrière! Maures et Sarrasins. En entendant leur voix, l'épée claque dans le fourreau; la bouche de fer du haubert crie sous le cimier; et Babiéça, le bon cheval du Cid, don Rodrigue de Bivar, pleure sous ses caparaçons de fer que Valence lui a faits. Nos casques sont bridés. Si vous voulez, Seigneur, nous allons retourner tous, avec notre targe dorée, avec notre épée d'acier fourbi, avec nos haumets de couleur, avec nos rondaches, pour vous aider à les mieux désarçonner.

CHOEUR DES ARABES.

Nous sommes prêts à la joûte, nos chevaux alezans aussi; nos flèches sont sur la corde.

CHOEUR DES SAINTS.

Encore un combat! Que va-t-il arriver? Là ils courent; là ils crient. Le levant et le couchant, qui croisent la lance! Deux mondes armés! deux tombeaux ouverts! lequel sera rempli? Dans son carquois chacun porte autant de flèches emplumées. Je tremble qu'un dard empoisonné ne monte jusqu'ici pour faire, sans le savoir, à un esprit divin, une éternelle plaie.

SAINT CHRISTOPHE.

Je suis le plus fort : sur mon épaule, loin de la mêlée, j'emporterai, l'un après l'autre, le Christ, et la Vierge, sa mère, et son père aussi, comme des voyageurs pressés qui passent sans payer de péage.

SAINT MICHEL.

Le père est trop vieux pour quitter désormais ses cieux accoutumés. Devant lui, dans la bataille, j'étendrai mon aile, comme un bouclier.

SAINT GEORGE.

Sous mon écu azuré, j'abriterai le firmament, comme une poule sa couvée, et les cieux sous mon fer de lance.

LES CIEUX.

L'arc est tendu. Devant la flèche, moi aussi je veux m'enfuir.

LE PÈRE ÉTERNEL.

Cieux, ne tremblez pas, ne fuyez pas; restez ici. Saints, repliez ma bannière. Sans sourciller j'ai vu assez longtemps joûter entre eux l'orient et le couchant. De la tour du Bosphore jusqu'au môle où se baignent les citronniers d'Andalousie, chaque jour ces deux mondes se sont levés avec leurs rivages, pour s'aborder et se heurter l'un contre l'autre. Toujours leurs promontoires ont étendu leurs bras, armés de villes et de créneaux, comme de gantelets, pour se chercher et s'assaillir dans leur lutte éternelle. Dépouillez là vos gantelets sur le chemin, Maures et Sarrasins; je vous ai fait d'avance des éperons d'azur; sellez vos chevaux d'Arabie; loin d'ici, en avant, courez, pendant mille ans, à toute bride dans mon désert, pour savoir où commence le bord de mon immensité. Dites au Néant, en passant: Lève-toi, sors de ta tente: voici mon maître qui me suit.

A ma gauche, j'entends bourdonner d'autres peuples. Leurs rois n'ont plus ni sceptres, ni noms, ni couronnes; on ne les reconnaît qu'au bandeau que j'ai attaché sur leurs yeux. Point de cœur ne bat dans leur poitrine; ils s'en vont pieds nus, devant la foule, comme une femme qu'on lapide.

MOB.

Ce sont vos peuples de France, d'Allemagne, d'Angleterre. Je les ai si bien blessés à l'âme, qu'ils ne vous reconnaissent pas, et qu'ils passent sans vous voir. Écoutez leurs chansons.

CHOEUR DES SAINTS.

I.

Ne les écoutez pas. Leurs chants sont enivrés, vos yeux en pleureraient de dures larmes de géant. Sur votre barbe de mille ans, Seigneur, ce pleur éternel coulerait; et demain, et toujours, il ferait une mer, oui, une mer sans fond, où se noierait toute nacelle, avec son mât, avec sa voile gonflée d'amour, avec son ancre d'espérance.

II.

Fermez, fermez votre grande paupière pour ne plus voir l'univers passer tout debout sur vos dalles, sans plier le genou. Comme l'oiselet qui, trop matin dans son nid, s'est réveillé, et, sans rien dire, à demi emplumé, a quitté l'aile de son père ou de sa mère, qu'il aille, lui, pour sa faute, se prendre dans la maille de votre oiseleur, et nicher dans le Néant. Plus douces, sans lui, nos voix chanteront; n'écoutez que nos chœurs.

LE PÈRE ÉTERNEL.

Rien ne me fait pleurer; et il me faut tout connaître.

PEUPLES MODERNES.

« Sous le vent et la tempête, dans la bruyère et sous « les ronces, nous allons cherchant notre Dieu que nous « avons perdu. Il n'était pas dans la vie; fouillons tous « les recoins de la mort. (*Au Père Éternel.*) Holà! vieil- « lard, qui nous regardes du haut de ta muraille, que « fais-tu là? Ne vois-tu pas que nos pieds sont meur- « tris, et que nos lèvres se dessèchent sous notre souffle? « Dis-nous donc, si tu le sais, par quel chemin notre « Dieu a passé. »

LE PÈRE ÉTERNEL.

Jusqu'au bout, sans détourner la tête, poursuivez votre route qui descend dans l'abîme; quand vous serez au fond, vous trouverez un sentier que j'ai fait pour remonter vers lui.

LES PEUPLES.

Adieu, vieillard! bon sommeil! la nuit s'entasse; nous ne voyons plus que ta barbe, qui blanchit sur ton sein, comme un torrent des Alpes.

LE PÈRE ÉTERNEL.

Marche, marche!

LES PEUPLES.

A présent, nous ne voyons plus que la ceinture de ta robe, qui brille autour de toi, comme un fleuve de lave autour des reins de la montagne.

LE PÈRE ÉTERNEL.

Marche, marche!

LES PEUPLES.

A présent, nous ne voyons plus que l'écriteau de ta croix qui flamboie dans tes mains, comme une châsse d'étoiles dans la nuit. Oh! lève-la sur nous.

LE PÈRE ÉTERNEL.

Marche, marche!

LES PEUPLES.

A présent, je ne vois plus que le tranchant de ton glaive à ton côté; oh! lève-le sur nos rois.

CHOEUR DES ROIS.

Seigneur, c'est nous qui, jusqu'au bout, avons rempli votre lampe d'huile. Montrez-nous le chemin de nos trônes futurs.

LE PÈRE ÉTERNEL.

L'huile que je voulais s'allume dans les âmes et non pas dans la lampe.

CHOEUR DES ROIS.

C'est nous qui avons écrit en lettres d'or votre nom sur notre couronne de laiton.

LE PÈRE ÉTERNEL.

Arrière, loin d'ici! vous avez assez longtemps rongé, comme le comte Ugolin, le crâne de mes peuples. Maudits, disparaissez! je ne veux point de vous dans ma nouvelle cité.

LE NÉANT.

Maître, donnez-moi leurs manteaux pour m'habiller, et pour pâture leur pleur amer.

LE PÈRE ÉTERNEL.

Prends aussi à ta main leurs sceptres fleurdelisés. (*A Mob.*) Maintenant, ai-je tout vu? le monde est-il fini?

MOB.

Pas encore, mon Dieu! Voici l'Amérique qui sort de sa pirogue.

L'AMÉRIQUE.

Quoi, déjà, Seigneur! à peine si l'eau du déluge était essuyée de mes épaules. Je ne connais pas encore mes rivages, ni les sentiers de mes forêts, ni les sources de mes pampas. Je ne me suis regardée qu'une fois en passant dans les lacs de mes savanes. En un jour, j'ai amarré mes îles dans mes golfes, comme des pirogues toutes neuves. Sur mes torrents, j'ai jeté mes ponts de lianes où je n'ai point encore passé. Pourquoi aviez-vous fait dans ma vallée l'ombre si épaisse pour ne m'y laisser reposer qu'un soir? Comme un enfant que sa mère berce sur une branche de palmite, l'Océan me berçait sur son flot; et j'écoutais avec la brise la plainte du vieux monde qui mourait. Ah! lui, s'il est las de ses longues années et de ses souvenirs, si ses tours et ses lourdes murailles lui pèsent à garder, emportez-le sur votre sommet, comme le vautour royal emporte dans ses serres le serpent à sonnettes qu'il trouve mort sur la plage. Mais moi, Seigneur, mes tours sont légères, et la liane de mes forêts n'est pas plus facile à porter que la mémoire de toutes mes années. Une fleur du Mexique éclose le matin contient dans son calice toutes mes larmes. Mes rois sont de jeunes dattiers qui sont debout sur leurs montagnes; mes nations sont des ananas sauvages qui se penchent sous leur ombre, et que personne n'a cueillis. Seigneur, quand le condor a fait son nid sur mon sommet, avec l'écaille du crocodile, avec la laine du cotonnier, avec la canne des roseaux, il y dépose sa couvée; et vous, votre aire est faite des flancs de mes montagnes, des troncs de mes forêts, de la goutte d'eau de mon lac, des brins d'herbe de mon champ, et des rives de mes îles. Pourquoi n'y voulez-vous pas aussi couver à loisir vos peuples sous votre poitrail, jusqu'à ce qu'ils puissent vous suivre, les ailes étendues, dans votre éternité.

LE PÈRE ÉTERNEL.

Je t'avais fait moi-même, en creusant ta profonde vallée, un moule pour y jeter ta pensée et ton âme. J'avais envoyé tes fleuves en avant pour montrer le chemin à tes villes. Comme un maître épèle à son enfant le mot qu'il doit redire, j'avais rempli tes forêts et tes rivages des voix de mes cataractes, pour que tu apprisses de bonne heure à retentir dans la voix de tes cités, à gronder dans tes foules de peuples, aussi haut qu'elles avec leurs ondes. J'avais bâti pierre à pierre le sommet de tes Cordillères, pour que tu visses jusqu'où devait monter ton orgueil et tes tours. Mais, quand mes peuples travaillaient depuis plus de mille ans, toi, nonchalante, sur ton coude, en jouant avec tes coquillages, tu n'avais pas encore tourné la tête vers ce monde-géant qui t'envoyait tant de soupirs. Maintenant qu'il se repose, élève autour de moi ton génie aussi haut que les Andes. Donne-moi, pour les effeuiller dans mes doigts, plus de noms en un jour qu'un palmier n'a de fleurs au printemps. Déroule à mon oreille le poëme de tes années mieux qu'une liane des forêts ne court d'un tronc à l'autre tronc, et d'une rive à l'autre rive. Comme le cotonnier tisse son coton sur sa branche, désormais, tisse pour moi l'avenir chaque jour. Si tu me fais une bannière, je veux qu'elle soit brodée mieux que la ceinture de tes rivages ; si tu me fais une église, je veux que, sous ses voûtes, les arceaux soient plus touffus que ne le sont mes forêts vierges, et que les piliers s'y épanouissent, au sommet mieux qu'un aloës sur sa tige ; je veux que l'orgue y ait plus de tuyaux que n'ont de voix dans la journée le balancement des dattiers, le sifflement des herbes des pampas, la sonnette du serpent, le mugissement du buffle, la mâchoire du caïman, et l'Océan qui te fouettait de ses verges sans t'éveiller.

ILES DE LA MER PACIFIQUE.

Et nous, que vous avez menées si loin, au bout de l'univers, pour en fermer la chaîne à votre cou, nous avons appris à polir nos fleurs de diamant. Nous vous ferons, si vous voulez, une Babylone avec des tours de bois d'ébène, et une autre ville de Bethléem, avec une crèche de saphir pour un Christ nouveau s'il doit jamais renaître.

LE PÈRE ÉTERNEL.

J'y consens. Travaillez. Voilà dix siècles que je vous donne dans votre sablier. — A présent, dans la terre, dans l'écume du flot, dans le nuage du ciel, ne reste-t-il plus un secret qu'une voix n'ait prononcé?

MOB.

Plus un seul. Si quelque fleur trop timide dans sa haie, si quelque source trop pudibonde sur son sable, n'ont pas osé vous dire leur mystère, les grandes voix des villes et des peuples vous l'ont dit à leur place à son de trompes.

LE PÈRE ÉTERNEL.

I.

A présent, ma cité est achevée et peuplée et pleine d'âmes jusqu'aux combles. Tous les mondes ne font qu'une ville close de créneaux et de murailles d'azur. Chaque étoile est la maison où une âme demeure. De sa terrasse, elle regarde en souriant, sous sa paupière peinte, mes rues remplies de gens, mes ponts tout dorés sur l'abîme sans fond, mes palais bâtis des pierres du firmament, l'escalier luisant où monte et descend, sans peur, mon écuyer, et les astres qui jaillissent sous la corne du pied de mon cheval. Mes faubourgs vont jusqu'au bout de l'univers, sans craindre de se perdre; et rien ne frappe à ma porte que le flot du ciel quand il est en colère.

II.

Flot du ciel, entends-moi. Ne brise plus ma barque. Elle est remplie, à cette heure, d'esprits ressuscités que ton écume salirait. Cavales aux cheveux d'or, ne bronchez plus sur mon seuil. Vous traînez, tout maintenant, dans votre char, des pensées immortelles que votre salive souillerait.

III.

Dans ma cité des âmes, partout une même langue se parlera, qu'on appelle poésie. Faite, sans lettres et sans paroles, des soupirs de l'eau qui baisse, de la dernière plainte de l'oiseau qui s'endort, et de la voix de la fleur primeraine dans sa cloche argentine, du murmure du coquillage sur sa rive et du désir sur son déclin, chacun l'entendra sans l'avoir apprise. Toute lasse de la veille, quand une étoile arrivée le matin, à la maison du Sagittaire ou des Jumeaux, voudra s'arrêter, qu'elle dise seulement : Ouvre-moi, beau Sagittaire; ouvrez-moi pour m'abriter. Et les cieux la comprendront.

IV.

Mieux rassemblés dans ma main, désormais mes peuples m'écouteront mieux. De cent royaumes, je ne fais plus rien qu'un royaume, plus grand, et plus beau, et plus puissant. De mille lois, j'en fais une seule, plus facile à obéir. Écrite à ma voûte chaque jour, avec un rayon de soleil, pour la voir il ne faudra que lever la tête. En suivant dans leurs ornières profondes leurs orbites d'or, mes empires vont circuler chaque année autour de moi, dans mon carrousel, sur leurs roues embrasées. Voyez! ils sont repartis. Derrière eux le firmament chancelle. Courage! plus vite! allons! plus vite! je les attends pour les regarder passer. Échevelés, hors d'haleine, qu'ils se penchent en avant sur leurs constellations, avec leurs fouets qui flambent. Le premier qui touchera, sans tomber, ma barrière, je le couronnerai.

V.

Comme à Rome la Sainte, quand c'était l'heure de l'Ave, les clochers byzantins frémissaient et s'écriaient : Kyrie eleison, et les clochetons répondaient plus bas, en foule, eleison ; et chaque homme sortait de sa maison et entrait à l'église ; et le bruit montait jusqu'à moi sur ses roues de bronze ; ainsi bondissent, ainsi tressaillent, ainsi bourdonnent les mondes dans ma campanille d'azur. Pour ma fête, ils tintent d'aise comme un oiseau qui bat de l'aile. Si je veux, c'est un glas ; si j'aime mieux, c'est le baptême d'un nouvel univers. Sous leurs marteaux d'or, en vibrant, les soleils mugissent et grondent éternellement. Pour le jour qui se meurt, les étoiles du soir ont des plaintes argentines ; celles du matin ont une aubade et un chant cristallin pour le jour qui reluit. La terre a un murmure qui jamais ne s'arrête, ni jour ni nuit ; et toutes ces voix de mondes font une voix, tous ces soupirs font un soupir d'airain qui appelle du néant pour s'agenouiller, pieds nus, sous ma nef, les jours à venir, les empires futurs, les espérances à demi nées, et les regrets qui déjà recommencent.

VI.

Il se fait tard ; de mon tertre je vois, comme un berger, mon troupeau qui rentre dans l'étable. Sur l'herbe de ma colline, mon Taureau, qui a creusé, tout seul, sous mon aiguillon, le sillon de mon zodiaque, s'est couché ; et il pense en ruminant : J'ai fait mon ouvrage.

Dès l'aube, mon Bélier a laissé, en marchant à l'aventure, sa laine floconneuse pendre en vapeur à la haie du firmament. En bondissant, mon Capricorne, qui broutte la bruyère des nues, frappe déjà du front le seuil pourpré du lendemain. Dans son carquois bleu, couleur du temps, mon Sagittaire a remis sa flèche emplumée; et là mon Scorpion, avec ses cent pattes d'étoiles, s'est traîné, hideux, sur son ventre d'or, dans la ruine du vieux monde.

VII.

C'est assez. La terre a écouté, la terre en a pleuré, la terre a poussé un soupir vers les cieux lointains. Comme un écho, sa plainte venimeuse, les cieux l'ont entendue, les cieux l'ont rejetée; oui, les cieux dans leur vide abîme. Et à cette heure tout se tait. N'ai-je plus rien à pardonner?

L'UNIVERS.

Non, Seigneur.

LE PÈRE ÉTERNEL.

Ni plus rien à maudire?

MOB.

Il y a encore un homme qui marche jour et nuit. Sa barbe tombe jusqu'à ses pieds. Il reste dans mon ombre pour que vos yeux ne le voient pas. Il plie la tête sur ses genoux pour que vous n'entendiez pas son souffle. Il s'appelle Ahasvérus.

LE PÈRE ÉTERNEL.

Où est-il?

MOB.

Là, au fond de ma vallée. Pour monter, il traversera tous les morts.

LE PÈRE ÉTERNEL.

Saint Michel, faites-le approcher.

XI.

ROME, *à Ahasvérus.*

Va-t'en ! Je ne te connais pas. Ne monte pas par mes degrés.

BABYLONE, *à Ahasvérus.*

Maudit ! plus loin ! Ne passe pas par mon seuil.

ATHÈNES, *à Ahasvérus.*

Plus loin ! plus loin ! Ne touche pas mon marbre.

LE SENTIER.

Marche ailleurs que sur ma trace.

LA MONTAGNE.

Si j'étais ton seigneur, Ahasvérus, je te ferais ton Calvaire au sommet de tous mes mondes, pour que tu eusses plus longtemps à gravir.

LES FORÊTS.

Et moi, pour ta croix à porter, je choisirais dans un bois du Carmel tous les cèdres les plus lourds que je pourrais trouver.

LES FLEUVES.

Et moi, je changerais, pour te donner à boire, tous mes flots en hysope.

MOB, *à Ahasvérus.*

Laissez-les dire ; je vous suis. Ils vous envient ma compagnie. Voyez ici, dans la foule, vos vieux parents qui vous regardent, et vos frères qui vous parlent. Écoutez.

JOEL, *frère d'Ahasvérus.*

O mon frère! d'où venez-vous? sans tribu, tout seul, après les morts? oh! que votre barbe est longue et que vos sandales sont usées! Une femme vous suit, comme un esprit suit pas à pas chaque homme dans sa vie. Qu'avez-vous fait? La forêt du Carmel était grande et touffue; est-ce là que vous vous êtes perdu? La grotte du Calvaire était sombre, le roc était taillé pour le sépulcre de Jésus; est-ce là que vous vous êtes endormi dans votre rêve? Nous n'avons rien rapporté de notre vie, que nos cruches du désert. Prenez et buvez pour vous donner courage.

AHASVÉRUS.

Merci, mes frères. Dites-moi; quel est ce vieillard endormi sur ce banc de pierre que j'ai dépassé et vers lequel je ne puis plus redescendre.

JOEL.

Sur ce banc de pierre? C'est notre père Nathan qui dort. Tous les cent ans, il se réveille une fois pour demander où vous êtes; puis il referme les yeux, et il appuie la tête sur son coude. Les anges du jugement n'ont pas pu le réveiller. Mais regardez, voici qu'il va lever la tête.

NATHAN, *en secouant la tête.*

Ahasvérus est-il venu?

ROME.

Vieillard, rendors-toi; pourquoi l'as-tu envoyé ce matin au Calvaire?

NATHAN.

Ahasvérus est-il venu? dites-moi où il est?

ATHÈNES.

Vieillard, êtes-vous fou? pourquoi ne l'avez-vous pas mieux gardé dans votre maison?

NATHAN.

Et vous, savez-vous quand il viendra?

PEUPLES DU MOYEN AGE.

Vieil aveugle, lève-toi, si tu veux; tu vas le voir juger.

AHASVÉRUS, *à Rachel.*

Nous avons dépassé tous les morts; il ne nous reste que la montagne nue à gravir. Ah! que leur voix était dure à écouter! Reste avec eux. Ils ne te connaissent pas; tu trouveras quelque reste de mur pour te cacher.

RACHEL.

Oui, c'est sous ton manteau que je veux me cacher.

AHASVÉRUS.

On voit encore d'ici leurs yeux qui nous maudissent.

RACHEL.

Ne regarde pas en bas; lève tes yeux plus haut, toujours plus haut! vois-tu les anges qui pleurent? ils ont pitié de nous!

AHASVÉRUS.

En relevant la tête, j'ai vu le bord d'une tunique bleue, pareille à celle que les soldats ont déchirée sur ma porte. Je ne puis plus monter; laisse-moi redescendre.

RACHEL.

Encore! encore! appuie-toi sur mon épaule. Oh! regarde plus haut! Ne vois-tu pas des esprits et des anges qui battent de l'aile? dis-le, dis-le, mon Dieu! ne les vois-tu pas?

AHASVÉRUS.

Non! je ne vois rien sur le sommet qu'une croix de bois avec des clous de bronze qui attendent un damné. S'il y a ici un sentier, prenons-le pour retourner sur nos pas.

RACHEL.

Les larmes t'ont-elles aveuglé pour toujours que tu ne reconnaisses pas sur la cime les patriarches qui nous montrent déjà du doigt? et la vierge Marie qui demande notre pardon à mains jointes, ne vois-tu pas sa robe sous le nuage?

AHASVÉRUS.

Un fardeau pèse sur ma tête; mon cœur est trop lourd dans ma poitrine; il me courbe vers la terre.

RACHEL.

Laisse-moi essuyer tes pleurs de sang avec le voile de sainte Véronique, encore humide des pleurs du Christ. Tu approches de la cime. Petits anges, que j'ai autrefois menés par la main dans la ville du ciel, ne me connaissez-vous plus? étoiles que j'ai semées, rayons de lumière que je filais, dragons que je nourrissais chaque matin sur vos nuages, n'avez-vous rien à dire pour lui?

Vous ne l'avez pas rencontré comme moi : oh! vous en auriez pitié, vous crieriez avec moi : Pardonnez! Pardonnez!

XII.

LE CIEL ET L'ENFER.

L'ENFER, *au Ciel.*

Ciel, abaisse-toi. Je n'en puis plus. Un moment pour respirer, conversons ensemble.

LE CIEL.

Je touche à ton gouffre ; je t'entends.

L'ENFER.

Au moment de ma sentence, regarde dans ta plaine. Qui vois-tu paraître pour me secourir?

LE CIEL.

Je vois mes soleils qui reluisent ; je vois mon abîme qui se creuse.

L'ENFER.

Et à cette heure?

LE CIEL.

Je vois mes flots qui s'entassent et une étoile qui se noie.

L'ENFER.

Et à présent? ne tarde pas.

LE CIEL.

Je vois, comme un cavalier, la poussière qui poudroie sur le chemin de l'infini.

L'ENFER.

C'est un nouveau Dieu qui vient.

LE CIEL.

Je le crois comme toi.

L'ENFER.

Je suis sauvé. Plus tard, le jugement dernier sera refait, et le juge sera jugé.

XIII.

LE CHRIST, *juge*.

Ahasvérus, m'entends-tu?

AHASVÉRUS.

J'ai déjà entendu cette voix.

LE CHRIST.

Regarde, si tu me reconnais?

AHASVÉRUS.

J'ai déjà vu ces yeux qui flamboyaient, et ces lèvres qui me disaient : Sois maudit!

LE CHRIST.

Où m'as-tu rencontré?

AHASVÉRUS.

Sur le Calvaire, à côté de mon banc, devant ma porte.

LE CHRIST.

Et qui suis-je?

AHASVÉRUS.

Vous êtes mon Seigneur.

LE CHRIST.

Qui te l'a dit?

AHASVÉRUS.

Mon banc devant ma porte, ma langue sous mon palais, mes pleurs sur ma natte, et Rachel à mon côté.

LE CHRIST.

Qu'as-tu fait depuis que tu as quitté ta maison?

AHASVÉRUS.

J'ai cherché le repos, et j'ai trouvé l'orage; j'ai cherché l'ombre, et j'ai trouvé le soleil; j'ai cherché le chemin de mes jeunes années, et j'ai trouvé le chemin de l'éternelle douleur.

LE CHRIST.

Quand tu rencontrais un passant, que lui disais-tu?

AHASVÉRUS.

Si je rencontrais un passant, je lui disais, en marchant par mon sentier : Je suis un voyageur qui marche jour et nuit dans la ville du genre humain, sans trouver ni banc, ni table pour m'asseoir. Les peuples sont à leur fenêtre; les rois sont sur leurs balcons; la rue s'allonge sous mes pas. Sur son fleuve de larmes, des bateliers emportent les années dans des gondoles noires. Ses lions blasonnés rugissent le soir dans les carrefours; ses aigles couronnés glapissent sur leur écusson. Son Dieu ne luit plus dans sa lampe pendue sous sa muraille. Je me suis égaré. Dites-moi mon chemin, et la meilleure hôtellerie, pour y trouver une table pour ma faim, un lit de soie pour m'endormir.

LE CHRIST.

Et quand tu trouvais une ville, que disais-tu?

AHASVÉRUS.

Je disais à ses gardes sur les tours : J'ai trop vu de tours et de châteaux et de balcons suspendus aux fenêtres. Je sais trop, en entrant, comme le pain y est amer, comme le chevet est dur, et comme mon cœur y boira dans mon verre son vin de larmes et de fiel. Ouvrez-moi déjà la porte, si le verrou est mis; si le pont est levé baissez-le, je vous en prie. Ce n'est pas là la ville que je cherche. La ville où je veux demeurer a des murs éternels. Les roues des chariots y tracent des cercles infinis. Les forgerons sur leurs enclumes y font jaillir des étoiles immortelles. Les anges y sont penchés sur leurs créneaux d'or. Les ponts y sont faits de nuages. Non, ce n'est là ni son pont, ni son veilleur, ni ses tourelles. Encore une journée pour arriver avant la nuit au bas de ses murailles.

LE CHRIST.

Et quand tu entrais dans une hôtellerie, que disais-tu à l'hôtelier?

AHASVÉRUS.

Je lui disais : Mon hôtelier; ah! remportez votre vin dans votre cellier. Il est salé à mon palais comme si je buvais mes larmes. Le vin que je demande ne tarit pas dans son outre et son verre est sans bords; cherchez plus loin au fond de votre caveau. Reprenez aussi votre chevet et vos beaux rideaux de soie. On n'y peut pas dormir. Sur le chevet que je demande dans mon hôtellerie, tous les rêves sont vrais, les songes sont la vie ; et les rideaux qu'il me faut dans mon lit m'habilleront de leurs ténèbres, jusqu'au nouveau matin du monde.

LE CHRIST.

Je t'avais envoyé du Calvaire pour cueillir après moi dans chaque lieu ce qui restait de douleur dans le monde. Es-tu bien sûr de l'avoir toute bue ?

AHASVÉRUS.

D'un regard, vous aviez rempli mes yeux de larmes éternelles. J'ai versé déjà tous mes pleurs pendant la nuit que j'ai vécu. Vous m'aviez laissé en héritage une coupe toujours pleine de fiel. Rachel, en buvant sa part, l'a vidée avec moi ce matin. Si vous voulez que je recommence mon chemin, ah ! donnez-moi d'autres larmes dans mes yeux et d'autre fiel dans ma coupe. De vos mains vous aviez attaché à mon front une auréole, non pas de lumière ou d'amour, mais de deuil, de ténèbres et d'obscurs soucis. C'est là pour moi mon diadème ; quand les rois me rencontraient, ils m'ouvraient le passage, et ils murmuraient entre eux : L'avez-vous vu ? vraiment notre couronne, à nous, de diamant et de saphir, n'est pas encore si pesante ni si bien nouée sur notre tête que sa noire couronne. Quand le flot me maudissait dans ma barque, l'orage dans mon sentier, l'épée dans son fourreau, la foudre sur ma tête, ils se disaient tout bas : Prenons garde de le toucher, puisque les doigts du Christ l'ont touché avant nous.

LE CHRIST.

Le monde me dira si tu as laissé quelque peine en ar-

32.

rière. Vallées, peuples, montagnes, est-il vrai qu'il n'est pas resté dans l'abîme une douleur qui n'ait été cueillie?

L'UNIVERS.

Tout ce que vous aviez semé de douleur dans mon sillon a été moissonné en son temps. Toujours il s'est trouvé quelqu'un auprès de moi pour boire ma ciguë. Toujours, si mon flot était livide, si mon ciel se voilait, si mes fleurs se fanaient, il s'est trouvé à l'entour une âme qui se fanait, qui se voilait, mieux que mes fleurs, mieux que mon ciel. Le matin, je trempais mon éponge de fiel et de vinaigre; toujours quelqu'un la pressait sur ses lèvres dans la nuit jusqu'à la dessécher. Quand mon soir a approché, j'ai rempli ma table de fruits empoisonnés, de trompeuses écorces, et mon verre de larmes, jusqu'au bord. En voyant le festin, les dieux s'en sont allés; puis les rois, et les peuples après eux. Ahasvérus seul est resté au bout de ma table vide, comme un compagnon insatiable qui ne se retire qu'au matin.

LE CHRIST.

Puisque tu as fini la tâche que je t'avais donnée, je te rendrai ta maison en Orient. Y veux-tu retourner?

AHASVÉRUS.

Oh! non, Seigneur.

LE CHRIST.

Que voudrais-tu?

AHASVÉRUS.

Ni ici, ni là, je ne peux plus m'asseoir. Je demande la vie, non pas le repos. Au lieu des degrés de ma maison du Calvaire, je voudrais sans m'arrêter monter jusqu'à vous les degrés de l'univers. Sans prendre haleine, je voudrais blanchir mes souliers de la poussière des étoiles, monter, monter toujours, de mondes en mondes, de cieux en cieux, sans jamais redescendre, pour voir la source d'où vous faites jaillir les siècles et les années. Je voudrais, comme je frappais au seuil des hôtelleries d'Espagne et d'Allemagne, aller frapper toujours à des étoiles inconnues, à une vie nouvelle, à des seuils entr'ouverts au bout de l'infini et à des cieux meilleurs.

LE CHRIST.

N'es-tu pas fatigué de ton premier voyage?

AHASVÉRUS.

Votre main, en se levant sur moi, a déjà séché ma sueur. Bénissez-moi, et je partirai ce soir vers ces mondes futurs que vous habitez déjà.

LE CHRIST.

Mais, qui voudrait te suivre?

VOIX DANS L'UNIVERS.

Non pas nous. Si vous voulez, nous retournerons sur nos pas; mais nous ne pouvons pas monter plus haut. Nos flots, nos cavales sauvages, nos tempêtes sont lassés.

RACHEL.

Et moi, je le suivrai; mon cœur n'est pas lassé.

L'UNIVERS.

Une femme m'a perdu, une femme m'a sauvé.

LE CHRIST.

Oui, cette voix t'a sauvé, Ahasvérus. Je te bénis, le pèlerin des mondes à venir et le second Adam. Rends-moi le faix des douleurs de la terre. Que ton pied soit léger ; les cieux te béniront, si la terre t'a maudit. Porte à ta main, au lieu de ton bâton de voyage, une palme d'étoiles. La rosée du firmament te nourrira mieux que la citerne du désert. Tu fraieras le chemin à l'univers qui te suit. L'ange qui t'accompagne ne te quittera pas. Si tu es fatigué, tu t'assiéras sur mes nuages. Va-t'en de vie en vie, de monde en monde, d'une cité divine à une autre cité ; et quand, après l'éternité, tu seras arrivé de cercle en cercle à la cime infinie où s'en vont toutes choses, où gravissent les âmes, les années, les peuples et les étoiles, tu crieras à l'étoile, au peuple, à l'univers, s'ils voulaient s'arrêter : Monte, monte tou-toujours, c'est ici.

MOB.

Et moi, Seigneur, faut-il aussi le suivre ? Qu'aurai-je pour salaire ?

LE CHRIST.

Tu n'as plus ni faux ni aiguillon pour presser ton cheval. D'un bond, redescends sur la terre. Étreins-la de tes ailes, et couve ton néant pendant l'Éternité.

LES PEUPLES.

Écoutez le chant d'Ahasvérus qui continue de marcher.

AHASVÉRUS.

I.

Adieu, mon père ; adieu, mes frères. Entendez-vous ?

Le seigneur m'a pardonné. Mon voyage recommence. Que votre paradis est déjà loin de moi ! La route est pavée de nuages. Oh ! ne viendrez-vous jamais ici ? Les étoiles qui s'épanouissent sur leurs tiges, y sont plus belles que dans votre nouvelle cité. Ici croît la fleur, qui, toute seule, embaume leur chemin. Sur sa feuille est écrit : AVENIR. N'y viendrez-vous jamais la cueillir après moi ? Quand je serai à la cime du monde, je me ferai un ermitage pour vous voir arriver. Ma chapelle sera teinte de la couleur du soleil. Son toit sera d'azur ; et je ferai résonner ma cloche, comme la foudre, pour vous appeler de plus loin, si vous êtes égarés.

II.

Comme une flèche d'une nef, quand l'église est achevée, mon chant monte, s'aiguise, lèche les cieux. Un délire éternel me flagelle le cœur. Je veux voir ce qu'aucun œil ne voit ; je veux toucher ce qu'aucune main ne touche ; jusqu'au mourir je veux aimer ce qui n'a point de nom. Sous la voûte surbaissée des nues, tout me gêne, tout m'embarrasse. Contre un passant, contre un mot, un souvenir, moins qu'un soupir, ma pensée se meurtrit à chaque pas. Par-delà l'univers, je vais cherchant un sentier pour respirer dans mon abîme.

III.

Sur ma route les soleils poudroient : en courant, ils vont prendre haleine dans la grande ombre du lendemain qui fuit toujours. L'univers haletant est un soupir de l'infini ; c'est un instant qui va et vient et qui chancelle entre deux éternités. Chaque empire remplit un monde.

Les cieux s'entassent; leurs flots débordent dans l'immensité comme le vin dans sa coupe. Tout néant déshabité est repeuplé; et tout vide est comblé, hors un seul endroit, là dans mon cœur, étroit, obscur, imperceptible, à peine grand pour y cacher une larme. Ni Dieu, ni fils de Dieu, ni Christ, ni Ange, ni Créateur, ni mondes ne l'ont pas encore rempli. Demain peut-être! C'est là tout le mystère.

IV.

Tout est fini, tout recommence. Des cieux nouveaux se déroulent. L'arbre de mai de l'univers a refleuri sous une haleine printanière qui jamais n'a baisé ni côte ni rivage. Montés sur des chars qui n'ont point usé leurs timons ni les pieds de l'attelage, mes espérances et mes désirs me devancent partout d'un jour. Sous leurs pas le chemin s'accroît : Plus loin, plus loin il faut aller. L'hôte qui leur a préparé la table pleine et le banquet demeure par-delà l'éternité.

V.

Un monde errant sur mes pas déjà me crie : « Maître, ma ceinture de voyage est usée. Le firmament noué à mon côté s'est dénoué, et le néant qui m'habillait s'est déchiré. Attendez-moi. » Plus loin, plus loin! j'ai hâte. Rien ne m'arrête. Rien ne m'amuse. Où une étoile a rompu son essieu, une autre a dressé pour moi son chariot. Où ma cavale trop rapide vient à mourir, une autre plus rapide a mis déjà pour moi son mors et sa selle de lumière. Les temps passent, le lendemain n'arrive pas; et mes pieds ne se reposeront, croisés l'un sur l'autre, que sur le banc de l'infini.

LE PÈRE ÉTERNEL, *au Christ.*

Ahasvérus est l'homme éternel. Tous les autres lui ressemblent. Ton jugement sur lui nous servira pour eux tous. Maintenant, notre ouvrage est fini, et le mystère aussi. Notre cité est close. Demain, nous créerons d'autres mondes. Jusqu'à cette heure, allons nous reposer tous deux sous l'arbre de notre forêt dans notre éternité.

XIV.

CONCERT ET HARMONIES DES ARCHANGES,

assis en cercle sur les nues.

LES ARCHANGES.

En enflant nos joues, finissons cette journée par l'universelle harmonie de nos violes, de nos clairons, de l'orgue, de la lyre et de tous nos instruments. En haut, en bas, grande, petite, chaque étoile qui scintille est une note de la divine symphonie; et le monde est une gamme qui commence par Terre et Pleur et qui finit par Ciel et Joie. Entonnons avec les trompes.

LES TROMPES.

Avec ma forte haleine, ma tâche est la plus belle et la plus aisée. Toujours la même note, toujours le même son, toujours le même mot : SANCTUS, SANCTUS, SANCTUS. Rien qu'en le répétant comme il est écrit, je fais tant de bruit, que le néant frissonne et rebondit; et les cieux m'aiment mieux que les violes, et les mandores et les clairons.

LES VIOLES.

I.

Sous un archet d'or qui me harcèle, et m'aiguillonne et me déchire, je palpite, je frémis, je gémis. Comme la vierge sous son voile, je sanglote. Ma voix roule des larmes. Je voudrais chanter ; et mes pleurs vibrants ruissellent sur ma corde déjà détendue. Toujours rampante au pied de notre édifice de bruit, je m'épuise à monter par ses degrés retentissants jusqu'à sa cime d'où le vertige me fait descendre. Douleur ! Douleur ! Douleur ! voilà le mot que je sais le mieux, et Amour celui qui me plaît le plus, et Infini celui qui me fait tant soupirer.

II.

Seule je chante, seule je m'écoute, seule je descends jusqu'au fond dans mon puits d'harmonie. Dans les cieux lointains, personne ne me comprend, personne ne me répond, personne ne m'aime. Ah ! que mon âme est triste ! je suis poëte et je n'ai point de paroles. Je n'ai que mes sanglots. Et à présent, archet d'or, laisse-moi ; c'est aux clairons à résonner.

LES CLAIRONS.

Sur vos âmes vibrantes, sur vos murmures, sur vos soupirs filés d'argent luisant, j'étendrai, comme un manteau de prince, mes chants d'or et de pourpre. Mieux que le cheval, je hennis. Ma voix resplendit mieux qu'un glaive au soleil. Dans la bataille, j'ai résonné. Sur les lèvres du héraut d'armes j'ai publié, dans les tournois, les volontés des rois et des reines. Tout maintenant, je publie, sur les lèvres des anges, des cieux nouveaux.

L'ORGUE.

Beaux clairons d'or, taisez-vous. J'ai gonflé d'air mes poumons. C'est à mon tour de chanter.

Ouragans, grêles, tempêtes sont amassés dans mon outre de géant. C'est moi qui fais le tonnerre. Tout ce qui résonne sous la voûte du ciel, forêts qui grondent, nations qui tombent, villes qui bourdonnent, noms qui retentissent, sort de mes mille tuyaux divins. Je suis la voix qui parle et qui crie dans les royaumes et dans les ruines. Quand je lève ma touche de diamant, un peuple se lève et retentit; quand je la laisse retomber, lui retombe et se tait. Et la plainte des empires, en croulant l'un après l'autre, est le chant dont je m'amuse avec mes notes mugissantes, dans mon buffet d'or.

A cette heure, voici un mot que je ne puis pas dire. Ma voix n'est pas encore assez mêlée d'encens. La lyre le saura mieux que moi.

LA LYRE.

I.

Avenir! Avenir! Avenir! est-ce le mot ailé qui manque à vos mille tuyaux? Seulement l'haleine du matin, en me touchant, le fait résonner. De lui-même, sans archet, il vibre. Pour l'écouter, les cieux s'arrêtent. Comme une fleur, ils ouvrent leur calice pour recevoir sa rosée.

II.

Pendues à la voûte, mes trois cordes sont aussi grandes que le monde. Sous le doigt de mon joueur de lyre, qui va, qui vient, qui jamais ne se lasse, la première, toute filée des cheveux des étoiles, est la voix de l'univers. La seconde, toute d'or, est la voix d'un empire. La troisième que j'aime le mieux, la plus petite, la plus douce, toujours tiède de soupirs, est la voix d'une jeune fille virginale comme moi; et le mot qu'elles savent toutes ensemble sans se tromper, s'appelle Harmonie.

III.

Vous qui passez par ce carrefour de l'infini, arrêtez-vous; faites cercle autour de moi. Quoique vieille, ma mélodie est toujours nouvelle. Celui qui l'a faite est le maître à qui j'appartiens. Sous ses doigts durcis, depuis mille siècles je l'ai apprise pour faire tourner et balancer autour de lui la ronde des étoiles, et des mondes, et des cieux, et des peuples, et des heures qui se donnent la main. Encore, encore! que la ronde recommence! que les soleils tournent plus vite! que la walse des sphères avec leurs satellites, passe, repasse, tourbillonne, jusqu'au vertige, si bien qu'elles disent en chancelant : Nos satellites, où sommes-nous? Que les étoiles amoureuses, en soulevant leurs voiles, laissent tomber leurs bouquets de leur sein. Pendant que je joue plus doucement, en hochant la tête, l'Éternité dit sa chanson :

IV.

« Quand je suis née, en quel endroit, je n'en sais rien.
« Sans m'inquiéter, dans ma tour, je filais, filais à mon
« rouet des cieux et des astres nouveaux pour en broder
« ma robe. »

V.

« Maints Dieux l'un après l'autre sont venus à ma

« porte pour m'épouser sans demeurée, tous habillés de
« rubis, tous portés sur des nues, tous avec des globes
« d'or qu'ils tenaient dans leurs mains : choisissez-moi
« pour votre fiancé ; je vivrai bien mille ans. »

VI.

« Mais celui qui me plaisait n'avait ni rubis, ni or.
« Sa tunique était déchirée. J'ai voulu la lui recoudre.
« A son côté, saignait une plaie de lance, j'ai voulu la
« guérir. Sa couronne était d'épines de Judée ; j'ai voulu
« la porter. »

VII.

« Son père était trop pauvre pour l'habiller de gloire ;
« j'étais riche pour deux. De mon manteau je séchais
« ses dures larmes. Mais mille ans et mille ans ont
« changé ma fantaisie. Mes messagers, cherchez-moi
« un autre dieu plus jeune, que j'aime davantage. Sans
« tromperie, cette fois je lui serai fidèle. »

LES VIOLES.

Assez ; je n'en puis plus. S'il faut gémir, comme des sœurs échevelées, ensemble nous pleurerons nos pleurs filés de soie vierge et d'argent.

LES TROMPES.

Je m'ennuie trop de mon silence. Les morts sont morts. S'il faut les réveiller, je retentis mieux que la lyre.

LES CLAIRONS.

S'il faut combattre, je vais hennir avec ma bouche d'airain.

LA LYRE.

I.

Alléluia! Alléluia! Plus de mort! plus de guerre! plus de larmes! toute douleur est consolée, quand je résonne.

II.

Voyez! deux âmes amoureuses qui ont longtemps pleuré, et dont un poëte m'a parlé, vivent ici dans un même sein, dans un même cœur, et ne font plus qu'un ange. Comme la couvée d'une hirondelle de printemps, tous deux ils se voient rassemblés en un seul être, sous une même aile transparente. Dans une seule poitrine tressaillent deux bonheurs, deux souvenirs, deux mondes. Moitié homme, moitié femme, pour deux vies, ils n'ont qu'un souffle. Et quand ils effleurent mes cordes, ils n'ont tous deux qu'une bouche pour dire : Est-ce ta voix? Est-ce la mienne? Je n'en sais rien.

III.

Ainsi, désormais, cieux et terre sont fiancés. C'est au bout de l'univers qu'ils se doivent marier. Ensemble ils seront un archange infini, qui sous son vol cachera toute vallée amère. La terre sera le corps plus vil, et plus pesant pour ramper. Les cieux seront les ailes azurées, déployées et plus sublimes pour planer. Le cortége qui les suivra sera riche et populeux. Ce sont les étoiles du matin, les plus diligentes, puis celles du soir les plus vermeilles, puis celles de la nuit, les mieux parées. Allons les voir sur le chemin, avant qu'elles soient toutes passées.

CHOEUR FINAL.

Tout finit par un accord. Le mystère est clos. En emportant leurs siéges, les dieux déjà s'en sont allés. Spectateurs, rentrez aussi, sans bruit, comme auparavant, chacun dans votre peine commencée, où votre vie doit s'user. A travers monts et vaux, en haut, en bas, ainsi qu'un cavalier chargé de messages, notre harmonie, sans peur, a monté, est descendue, a passé, a rebondi. Du front, elle a heurté l'abîme; l'abîme la répète; et puis le ciel; et plus bas l'étoile; et plus bas la terre, sur sa corde qui se brise. En rentrant chez vous, écoutez encore ce murmure de l'infini qui gronde après nous, — et ce soupir, — et ce silence, — et ce son qui surnage; — et, à cette heure, plus rien; — non, rien, ai-je dit; — et, dans ce rien sonore, un mot encore, là-bas, qui vibre éternellement, — et éternellement s'évanouit.

ÉPILOGUE.

ÉPILOGUE.

LE CHRIST, *seul, à la voûte du firmament.*

I.

Depuis l'heure où Ahasvérus m'a rendu mon calice, ma plaie s'est rouverte à mon côté; mes larmes pleuvent dans l'abîme. Les quatre vents se partagent au sort ma tunique de nuages. Le souffle de ma poitrine fait vaciller la lampe du monde qui s'éteint. Autour de mes degrés, mes pas se traînent comme autrefois les couleuvres sur les pierres du Golgotha; et mes longs cheveux s'amassent sur mon cœur, comme un orage tout gonflé des pleurs de la terre.

II.

Univers, basilique ruinée, qui avais un escalier d'étoiles pour monter à ta tour infinie, et qui m'as attaché à ta voûte, pourquoi as-tu laissé l'heure s'arrêter sur ton horloge? Pourquoi as-tu laissé tomber à moitié sur ton pavé ta nef du firmament? Pourquoi as-tu brisé, en colère, tes vitraux d'azur du ciel à ta fenêtre? Pourquoi as-tu dit aux orties de monter jusqu'à ma place, au ver de scier mon banc par le pied, et aux étoiles d'argent de sonner leur glas dans le ciel, comme le soir de la fête des morts?

III.

Ah! c'est que le ciel est vide; c'est que je suis seul au firmament. L'un après l'autre, tous les anges ont plié leurs ailes, comme l'aigle quand il est devenu vieux. Ma mère Marie est morte; et mon père Jéhovah m'a dit sur son chevet : Christ, mon âge est venu. J'ai vécu assez de siècles de siècles; les mondes me pèsent à soulever. Ma paupière de diamants s'est usée à regarder mes soleils allumés. Ma tête chauve a été trop battue par l'inexorable tempête. J'ai froid. Mes pieds ont fait trop souvent jusqu'au bout leur course éternelle. Je suis las. Ma langue dans ma bouche a appelé du néant l'un après l'autre trop de mondes. J'ai soif. Ma vieillesse est trop grande; je ne vois plus luire ton auréole. Va! ton père est mort.

IV.

Le firmament a secoué son dieu de sa branche comme le figuier ses feuilles. Mon toit a été enlevé et la mort pleut sur ma figure. Si loin que les mondes fourmillent, je n'entends plus que mon cœur qui bat; si loin que mes yeux puissent voir, je ne vois plus que mon sang qui dégoutte de ma plaie. Oui, coule, mon sang; coule du plus loin de mon cœur : cette fois le lin de Judée ne t'étanchera plus, le baume de Syrie ne te séchera plus, et l'eau de source ne te lavera plus.

V.

Où sont mes nasses et mes filets de pêcheur dans ma maison de Nazaréth? où sont les cadeaux que m'ont donnés les rois mages dans mon berceau? où est mon agonie dans le jardin des oliviers? Alors, le soleil me faisait mon auréole, les lions du désert et les griffons léchaient ma blessure en pleurant. A présent, les soleils me regardent et ne réchauffent plus mon sein; le vent passe sans demander qui je suis; le néant sur sa porte coud mon linceul, et pour mon auréole, il met sur ma tête sa vide couronne.

VI.

Adieu, mondes, étoiles, rosée du matin et du soir qui m'avez salué par mon nom, quand j'étais petit enfant. Adieu, lacs de montagnes dont je remplissais la coupe, nuées que je portais sur mes épaules, comme une palme bénite. Mer, oh! qui prendra soin demain de tous tes flots quand tu seras endormie? oiseau des bois, qui fera à ton petit son habit de duvet, pendant que tu iras par les champs? désert d'Arabie, qui te donnera à boire sur le bord de ta citerne, quand tu auras soif? pauvre étoile voyageuse, qui te réchauffera dans ses mains, quand tu seras égarée dans la nuit froide? flot de soleils, vague infinie, qui te dira demain, à toute heure, dans toute langue, en tout lieu : Je t'aime, quand tu soupireras si tristement en léchant tes rives?

VII.

Mondes, étoiles, rosée du matin et du soir, est-il donc vrai? dans la nuit, dans le jour, au loin, à l'alentour, n'y a-t-il donc plus personne?

L'ÉCHO.

Personne.

LE CHRIST.

I.

Plus noir que le fiel de Pilate, le doute remplit ma coupe et mouille mes lèvres. Si je ne mettais pas le doigt dans ma plaie, ma bouche ne saurait plus dire mon nom, et le Christ ne croirait plus au Christ.

II.

Qui ai-je été? qui suis-je? qui serai-je demain? verbe sans vie? ou vie sans verbe? monde sans Dieu? ou Dieu sans monde? Même néant.

III.

Mon père, ma mère, mon église avec l'encens de tant d'âmes, était-ce donc un rêve? ah! un rêve de Dieu dans ma couche éternelle? et ce cri de l'univers, entrecoupé d'un soupir si long, était-ce ma voix qui, toute seule, sans ma pensée, balbutiait dans mon sommeil?

IV.

Ma bannière du ciel, n'était-ce rien que mon suaire? et ce pleur infini que pleurait toute chose, étaient-ce donc mes larmes qui tombaient de ma paupière trop lassée pour les sentir couler?

V.

Vie, vérité, mensonge, amour, haine, fiel et vinaigre mêlés ensemble dans mon ciboire, oui, l'univers, c'était moi. Et moi, je suis une ombre; je suis l'ombre qui toujours passe; je suis le pleur qui toujours coule; je suis le soupir qui toujours recommence; je suis la mort qui toujours agonise; je suis le rien qui toujours doute de son doute, et le néant qui toujours se renie.

Quoi! personne après moi dans la nuit? personne dans le jour? personne dans le puits de l'abîme?

L'ÉTERNITÉ.

Moi, je suis encore dans le puits de l'abîme. Mon sein est celui d'une femme, mais je ne suis pas ta mère Marie; mon front est celui d'un devin, mais je ne suis pas ton père Jéhovah.

LE CHRIST.

Aidez-moi à pleurer.

L'ÉTERNITÉ.

Je n'ai point de larmes pour pleurer dans ma grande paupière.

LE CHRIST.

Où les avez-vous versées?

L'ÉTERNITÉ.

Mes yeux sont secs.

LE CHRIST.

Les mondes sont orphelins. Aimez-les à ma place, quand je ne serai plus.

L'ÉTERNITÉ.

Dans mon sein, je n'ai ni amour, ni haine.

LE CHRIST.

Est-ce une vierge qui vous a nourrie comme moi?

L'ÉTERNITÉ.

Personne ne m'a nourrie. Je n'ai ni père, ni mère.

LE CHRIST.

Qui donc vous ensevelira, quand, vous aussi, vous monterez votre Calvaire?

L'ÉTERNITÉ.

Je ne monte, ni ne descends; je n'ai ni sommet, ni vallée, ni joie, ni douleur.

LE CHRIST.

C'est moi qui ai tari votre douleur dans votre puits; c'est moi qui me suis levé avant vous pour me rassasier des larmes de toutes choses; c'est moi qui ai bu toute amertume dans la coupe du jour, dans la coupe de la nuit; c'est moi qui ai crié, dès le matin : Donne-moi ta tristesse, au vent qui passe, au jour qui baisse, au flot qui coule, au soleil qui se noie, au firmament qui se retourne sur le côté pour soupirer. Mon calice s'est creusé lentement dans ma main, aussi profond que le monde; prenez-le à ma place.

L'ÉTERNITÉ.

Voilà qu'il s'est brisé dans mes doigts d'airain; il est tombé dans le gouffre.

LE CHRIST.

Et moi aussi, tu m'as brisé : ma vie était dans mon calice; tu l'as vidé trop tôt.

L'ÉTERNITÉ.

I.

Non; c'était l'heure. Sur le Golgotha du ciel, recommence ta passion. Dans le champ du potier où je fais sécher l'argile de mes vases, resème-toi une seconde fois dans le tombeau, comme un épi que toi-même tu moissonneras. Le firmament, désormais, sera ta croix; les étoiles d'or seront tes clous à tes pieds; maints nuages, qui passeront, te donneront leur absinthe. Les temps sont épuisés. Redescends dans la mort, comme un hôte dans son caveau, pour en rapporter la vie; et va chercher encore un peu de ta poussière dans ton nouveau sépulcre, pour pétrir un nouveau monde, un nouveau ciel et un nouvel Adam.

II.

Autour de ton sépulcre, taillé dans le roc, gisent là, sur leurs coudes, les peuples endormis, comme tes gardes sur ton Calvaire, dans la nuit de ta passion. L'un a délacé son haubert, l'autre sa cuirasse, l'autre sa cotte de maille luisante; et le glaive de leur foi, qui pend sur leur cuisse, leur est tombé, à tous, des mains. Rien ne visite plus ta cime que l'aigle affamé qui cherche sur ta croix sa curée et sa pâture de Dieu. Tout dort. Soulève donc ta pierre trop pesante; ressuscite une seconde fois. Grandi par la mort, de plus de vingt coudées, viens marcher côte à côte, céleste revenant, avec l'univers, ton disciple égaré, qui s'en va dans son chemin d'Emmaüs, sans te reconnaître; romps avec lui, sur sa table, un second pain d'un blé plus doré. Avec ta plaie plus profonde à ton côté, les pieds dans l'enfer et la tête au firmament, reparais, ah! reparais sous mon toit dans l'assemblée des mondes, un doigt sur ta bouche, comme tu fis à l'assemblée de tes apôtres, dans la maison de Madelaine.

III.

Pour te transfigurer une deuxième fois, va-t'en dans une nouvelle Béthanie, sur un nouveau Thabor, fait de tous les sommets entassés l'un sur l'autre. Comme tes apôtres, dans la poudre, pendant que l'univers se pâme au pied de ta colline, Dieu-Géant, monte, monte plus haut de tout un ciel. Les bras étendus pour étreindre toutes choses, emporte avec toi les sphères et les nues jusqu'à ma dernière cime encore déshabitée.

LE CHRIST.

Tout est fini. Étends-moi dans le sépulcre de mon père. Ainsi soit-il.

L'ÉTERNITÉ

Au père et au Fils j'ai creusé de ma main une fosse dans une étoile glacée qui roule sans compagne et sans lumière. La nuit, en la voyant si pâle, dira: C'est le tombeau de quelque dieu.

Et à cette heure, je suis seule pour la seconde fois. Non, pas encore assez seule. Je m'ennuie de ces mondes qui, chaque jour, me réveillent d'un soupir. Mondes. croulez! cachez-vous!

LES MONDES.

En quel endroit?

L'ÉTERNITÉ.

Là, sous ce pli de ma robe.

LE FIRMAMENT.

Faut-il emporter toutes mes étoiles, comme un faucheur l'herbe fleurie qu'il a semée?

L'ÉTERNITÉ.

Oui, je les veux toutes cueillir; c'est leur saison.

LE SPHINX.

Quand vous avez sifflé pour m'appeler en messager, je vous ai suivie en tous lieux; et j'ai creusé de ma griffe votre noir abîme; laissez-moi encore me coucher à vos pieds.

L'ÉTERNITÉ.

Va-t'en comme eux. J'ai déjà jeté dans l'abîme mon serpent qui se mord la queue de désespoir.

LE NÉANT.

Au moins, moi, vous me garderez; je tiens peu de place.

L'ÉTERNITÉ.

Mais tu fais trop de bruit. Ni être, ni néant; je ne veux plus que moi.

LE NÉANT.

Qui donc vous gardera dans votre désert?

L'ÉTERNITÉ.

MOI!

LE NÉANT.

Et, si ce n'est moi, qui portera à votre place votre couronne?

L'ÉTERNITÉ.

MOI!

Icy finit le mystère d'Ahasvérus.
Priez pour celui qui l'écrivit.

www.ingramcontent.com/pod-product-compliance
Lightning Source LLC
Chambersburg PA
CBHW070203240426
43671CB00007B/535